高等职业教育物流类专业系列教材

物流项目运营

主　编　花永剑　顾　典
副主编　王亚楠
参　编　周宁武　沈嘉铭　虞　最

机械工业出版社
CHINA MACHINE PRESS

本书按照物流项目运营的五个阶段来设计教学内容，针对高等职业教育的人才培养要求，融合了项目管理的数字化技术应用。结合职业教育教学的实际情况和实际岗位要求，本书对教学内容进行了精心设计，以培养学生具备企业物流项目运营所需的素养、知识和技能。本书着眼于帮助读者快速熟悉企业物流项目运营的各项任务，树立数字化管理的意识，能够应用主流的项目管理数字化工具实施跟进管理。本书在编写中充分体现了以能力培养为主的思想，在对必要的理论知识进行阐述的基础上侧重实践操作能力的培养。全书共分物流项目启动、物流项目规划、物流项目执行、物流项目监控、物流项目收尾五个模块，每个模块又分为若干个单元。每个模块都设计有案例导入、情景导航、资料链接、即问即答、模块小结、课后练习等栏目，便于读者结合物流项目的实际运作来学习。

本书的设计与内容顺应国家推进企业数字化管理转型升级的趋势，适合高职和本科物流类专业学生学习使用及企业相关人员参考使用。

图书在版编目（CIP）数据

物流项目运营 / 花永剑，顾典主编 . -- 北京：机械工业出版社，2025.4. --（高等职业教育物流类专业系列教材）. -- ISBN 978-7-111-77838-7

Ⅰ. F252.1

中国国家版本馆 CIP 数据核字第 2025LX8149 号

机械工业出版社（北京市百万庄大街 22 号　邮政编码 100037）
策划编辑：董宇佳　胡延斌　　责任编辑：董宇佳　胡延斌　施　红
责任校对：贾海霞　刘雅娜　　封面设计：王　旭
责任印制：张　博
固安县铭成印刷有限公司印刷
2025 年 6 月第 1 版第 1 次印刷
184mm×260mm・12 印张・271 千字
标准书号：ISBN 978-7-111-77838-7
定价：45.00 元

电话服务　　　　　　　　网络服务
客服电话：010-88361066　　机　工　官　网：www.cmpbook.com
　　　　　010-88379833　　机　工　官　博：weibo.com/cmp1952
　　　　　010-68326294　　金　书　网：www.golden-book.com
封底无防伪标均为盗版　机工教育服务网：www.cmpedu.com

前言
Foreword

2022年1月，国务院印发《"十四五"数字经济发展规划》，提出要大力推进产业数字化转型，加快企业数字化转型升级，全面深化重点行业、产业园区和集群数字化转型，培育转型支撑服务生态。随着数字技术在各领域的快速应用，我国物流产业的数字化转型也进行得如火如荼。这对高职领域物流人才的培养提出了新的要求，学生既要掌握物流业务的运营，又要熟悉数字化技术的运用，两者结合的复合型人才是我们的培养目标。为了达到这个目标，我们通过校校合作、校企合作的方式组建编写团队，经过近一年时间的打磨，完成了本书的编写工作。

本书在编写过程中贯彻"立德树人"教育根本任务，融合"创新、联结、便捷"的数字化管理理念，内化精神追求，外化自觉行为。在践行社会主义核心价值观的同时，提升学生项目数字化管理素养，培养学生开拓创新、合作共赢的行为理念。

本书按照企业物流项目的实际运营与管理过程来设计教学内容，将传统的物流项目运营方式与数字化的工具运用融合在一起，并在编写时力求体现以下几个特点：

第一，业务与数字理念融合。根据习近平新时代中国特色社会主义思想中对数字经济发展战略的论述，本书着力体现物流项目管理的数字化理念，对项目的各个阶段从连接性、协同性、敏捷性等多个方面展开介绍，体现了数字理念中的开拓创新精神、系统规划视野和细节完善意识，以帮助学生在学习过程中逐步建立起用数字化解决问题的意识。

第二，业务与数字技术融合。与一般的物流项目管理教材不同，本书着力于将物流项目管理的业务知识与数字化管理工具的使用结合起来，在将项目管理各模块内容按实施阶段重新整合的同时，适时穿插相关数字化技术的应用介绍。

第三，教学按模块单元设计。本书在编写过程中借鉴了大量企业物流项目数字化应用实际案例，将一些项目数字化管理的资料设计成学生易学的小单元，便于学生循序渐进地学习。

本书注重理实一体化，从高职专科和职业本科学生的培养目标出发，遵循"理论够用、重视实践"的编写思路，将理论和实践有机结合在一起，方便学生学中练、练中学。本书是浙江商业职业技术学院在线精品课配套教材，在智慧职教学习平台上建有资源丰富的线上课程。

本书的编写团队包含经验丰富的学校教师和韵达等物流企业的高管专家等。其中，花永剑负责全书架构的统筹与模块一、模块二的编写；王亚楠负责模块三的编写；顾典负责模块四、模块五的编写；周宁武、沈嘉铭、虞最参与了书中部分内容的编写；韵达控股股份有限公司的尚村为教材的编写提供了部分案例。本书由浙江商业职业技术学院陈君审稿，在此一并对以上人员表示感谢。

  本书在编写过程中参考了许多同行的教研成果,参阅了大量的国内外著作、教材和专业网站上资料,借鉴了中国物流与采购网(http://www.cflp.org.cn)上的一些案例资料,在此特向这些资料的作者表示衷心的感谢。

  由于编者水平有限,书中不足之处在所难免,敬请广大读者批评并提出修改意见,以利于本书后续改进完善。

编 者

二维码索引
QR Code

序号	名称	二维码	页码	序号	名称	二维码	页码
1	项目运营中的不合理做法		7	8	实训2		99
2	项目与作业的关系		10	9	打造高效率的项目团队		117
3	L市农产品冷链物流园项目可行性分析		15	10	实训3		131
4	实训1		38	11	物流公司的项目变更实施		151
5	WBS的分解原则		43	12	实训4		154
6	创建物流项目的工作分解结构图		48	13	项目选择的评价模型		164
7	平台临时运输成本管控		82	14	实训5		182

目 录
Contents

前言

二维码索引

模块一　物流项目启动

单元一　物流项目运营的认知 / 3

单元二　物流项目可行性分析 / 13

单元三　物流项目团队的组建 / 32

模块小结 / 37

课后练习 / 38

模块二　物流项目规划

单元一　物流项目任务拆解 / 40

单元二　物流项目计划安排 / 55

单元三　物流项目成本分析 / 70

单元四　物流项目风险评估 / 82

模块小结 / 98

课后练习 / 99

模块三　物流项目执行

单元一　物流项目团队管理 / 103

单元二　物流项目工作协调 / 119

模块小结 / 131

课后练习 / 132

模块四　物流项目监控

单元一　物流项目数据分析 / 134

单元二　物流项目质量控制 / 143

单元三　物流项目变更实施 / 150

模块小结 / 154

课后练习 / 154

模块五　物流项目收尾

单元一　物流项目验收评价 / 159

单元二　撰写物流项目总结报告 / 166

模块小结 / 181

课后练习 / 182

参考文献

模块一
物流项目启动

知识目标

- 了解项目的生命周期划分。
- 理解物流项目运营学习的必要性。
- 掌握物流项目启动阶段应完成的主要内容。

能力目标

- 能搭建物流项目可行性研究报告的框架。
- 能熟练计算项目经济评价中的几个主要指标。
- 能根据背景资料分析不同项目团队组建的优缺点。

素质目标

- 形成从企业整体考虑问题的大局观。
- 养成用创新解决业务问题的意识。
- 树立从细节优化的精细管理理念。

关键词

项目运营；项目生命周期；项目可行性研究；项目团队组建

案例导入

某物流产业园建设项目可行性研究报告立项报告

一、项目基本概况

本项目占地面积33万 m^2，建筑面积10万 m^2，用来建设年货物吞吐量120万 t 物流产业园区，涵盖综合物流区、快递分拣中心、厂房、库房、综合楼等配套设施。

二、项目简介

物流业是为保证社会生产和社会生活的供给，由运输业、仓储业、通信业等多种行业整合的结果。物流园是指在物流作业高度集中的区域，特别是在多种运输方式衔接的节点上，将各类物流设施和不同类型的物流企业进行空间上集聚布局的场所，也是一个有一定规模的和具有多种服务功能的物流企业的集结点。随着铁路网、高速公路网、水运网、管道运输网、航空网、通信网、计算机网等的不断升级，物流速度越来越快，也越来越精准，由"门到门"进一步发展到"桌到桌"服务。随着时代的发展，物流园将在现代物流业中发挥着越来越重要的作用。

本项目通过实现集约化、智能化建设，引入智能分拣设备，形成智能化、信息化、标准化、绿色化的枢纽节点，提高中转效率，打造物流骨干企业的集聚区和覆盖全市及周边区域的重要物流枢纽，为本市货物集散和全市及周边区域采购、分销，提供高效、便捷的物流服务综合性平台，建设年货物吞吐量120万t、年交易额9.2亿元的产业园。

……

三、项目行业背景

1. 我国社会物流现状情况分析

（1）我国社会物流总额不断增加。

……

（2）我国物流行业总费用呈下降趋势，物流业成本逐渐降低。

……

（3）中国物流业总收入增长快。

……

2. 我国物流行业未来发展前景

……

四、项目优势

1. 政策优势

2021年是"十四五"规划的开局之年，党中央、国务院高度重视构建现代物流体系，物流产业地位稳中有升。交通运输部、发改委、商务部、农业农村部等多部委针对我国物流产业的发展规划、体系构建、组织管理、服务标准等多个方面密集出台了一系列政策，为我国物流产业健康发展提供了坚实的政策保障。

……

五、项目投资预算

项目总投资50 000万元，其中建设投资40 000万元，建设期利息3 200万元，流动资金6 800万元。

六、项目效益评价

项目达产后，年销售收入40 000万元，利润总额7 700万元，投资回收期9.4年（税后，含建设期2.5年），投资利润率15.4%，如表1-1所示。

表 1-1　项目效益评价表

序号	名称	单位	指标	备注
1	销售收入	万元	40 000	正常年
2	利润总额	万元	7 700	正常年
3	全部投资财务内部收益率	%	13.18	所得税后
4	财务净现值（I_c=10%）	万元	13 959	所得税后（运营期20年）
5	全部投资回收期（税后）	年	9.4	包括建设期2.5年
6	投资利润率	%	15.4	

本项目可以建设成物流骨干企业的集聚区和覆盖全市及周边区域的重要物流枢纽，为本市货物集散和全市及周边区域采购、分销，提供高效、便捷的物流服务综合性平台，可以推动全市物流产业降本增效，提高物流产业社会化、专业化和现代化水平，有利于促进流通业的发展与带动流量经济的发展、物流产业的发展，有助于物流与商流、信息流、资金流之间的关系更为密切与顺畅。物流产业园的建设将有效推进周边地区市场经济的发展。

请问：你认为该物流产业园建设项目是否可行？如果可行，接下来应如何组建项目团队？

单元一　物流项目运营的认知

情景导航

近年来，物流运营模式的创新层出不穷，致力于在快递终端网点进行资源整合的网络仓项目在有些龙头企业运营得不错。某快递企业老板也想在自己公司内试点推行网格仓项目，那么该公司应如何启动这个项目呢？

第二次世界大战期间，项目管理主要在军事工业内应用，随后逐步进入了民用工业领域。20世纪90年代，项目管理的应用领域越来越广泛，进入了普及阶段。这个阶段出现了许多项目单列式组织，其业务运作的主导形式是一个个项目，如工程建设公司、咨询公司。而那些非项目单列式组织也大规模引入项目管理，像IBM、微软、惠普和宝洁等跨国公司不仅将能够项目化的工作尽量项目化，还要求公司新入职的员工都学习项目管理。这些公司已经将项目管理视作一项基本的管理技能来进行培训、推广。

当今社会，项目无处不在，很多与我们的日常生活息息相关，如城市地铁建设、商业大厦建设、新产品开发与推广、生产线改造、新房装修、公司旅游活动组织等，这些活动虽然规模差异大、持续时间长短不一、所需资金也有区别，但它们都具有项目的基本特征，可以采用专门的方法来推进运营与管理。即使以往不注重项目管理的行业，如物业管理、美容业、教育业等也纷纷引进项目管理来管理过去用非项目管理方法管理的活动。甚至在百姓的居家生活中，也能发现项目管理的缩影，比如网络上热度很高的装修日记、旅游笔记等，就是一个个典型又接地气的项目管理案例。

项目运营已成为组织中经常需要完成的工作，如果采用的方式方法得当，可以提升项目推进的效率，较好地完成项目目标，达到多方利益的共赢。

一、项目的定义

项目的定义有多种版本，具有代表性的有以下几种：

美国项目管理协会（PMI）认为，项目是为创造独特的产品、服务或成果而进行的临时性工作。项目创造的产品可以是终端用户使用的产品，如计算机；也可以是其他产品的组成部分，如计算机芯片。

克利福德·F. 格雷（Clifford F.Gray）认为，项目是以一套独特而相互联系的任务为前提，有效地利用资源，为实现一个特定的目标所做的一次性的努力，它受时间、预算和资源的限制。

罗伯特·K. 威索基（Robert K.Wysocki）认为，项目是由一些独特的、复杂的相关活动组成的一个序列，它有一个必须在特定时间内、在预算之内及根据规范完成的目的或目标。

德国标准化协会（DIN）认为，项目是指在总体上符合如下条件的唯一性任务，即具有预定的目标；具有时间、财务、人力和其他限制条件；具有专门的组织。

中国项目管理协会认为，项目是由一组有起止时间的、相互协调的受控活动所组成的特定过程，该过程要达到符合规定要求的目标，包括时间、成本和资源约束的条件。

业内专家郭致星在《极简项目管理》一书中提出，项目在本质上是独特的、临时的非重复性工作，要求使用有限的资源，在有限的时间内为特定的人（或组织）完成某种特定目标（产品、服务或成果）。项目的这个定义非常简洁，但是含义非常深刻。本书后续将采用这一定义进行阐述。

二、项目的特性

独特性、临时性和渐进明细性，是一般项目最显著的三大特性，其中独特性和临时性是最基本的特性，渐进明细性是在这个基础上衍生出来的。

（一）独特性

独特性意味着项目成果的"不重复性"。每个项目创造的可交付成果（产品、服务或成果）都是独特的。当前的项目与以前的项目相比，会或多或少存在不一样的地方，也就是具有一定的"不重复性"。例如，核电在国内发展很快，在广东、浙江、山东、广西、福建、辽宁都有相关项目，而且进展都比较顺利。但同样的项目在湖南桃花江和湖北咸宁实施就遇到了困难。项目遭到当地百姓的强烈反对，施工进程也因此一拖再拖。虽然项目得到了相关部门的批准，人力、物力、财力、技术也不是问题，但终究还是不得不面对被搁置的局面。

如果是创新性很强的项目，将完全没有可以参考的以往的项目。这种创新带来的独特性意味着项目中有新的知识有待认知。知识仅是对现实世界的近似描述，人不可能掌握任何事物的全部知识。不能认知和掌握的事物会显得比较复杂，对于复杂的事物，人们无法一开始就掌握完备的认识，需要循序渐进，而没有掌握完备的知识，往往就会犯错误。已经发生的错误称作问题，可能发生的错误称作风险，我们应该通过完善的程序来管理这些错误（问题和风险）。

（二）临时性

临时性是指项目有明确的起点与终点。商业机会是稍纵即逝的。快速变化的环境会使过去赚钱的产品很快变成明日黄花，未及时交付的项目成果将失去商业价值。临时性是变化的结果。商业环境的变化会产生新的需求，从而催生新项目的出现，项目就是为满足新产生的需求而启动的。需求是基于人的，它可能是对原来需求的完善，也可能是全新的。当需求得到满足或者需求不再存在时，项目就会结束。

临时性并不意味着项目的持续时间短。任何具有明确开始和结束时间的工作都是临时的，不会无限期延续下去。临时性与项目持续时间的长短没有关系，历时一个月的项目是临时的，历时十年的项目也是临时的。临时性的项目也不意味着成果的临时性。临时性的项目所创造的成果往往具有可持续的长期生命力，并持续地对环境造成影响。例如，都江堰水利工程至今还在发挥作用。

（三）渐进明细性

渐进明细性是指逐渐细化，意味着项目是在连续积累中分步骤实现的，即逐步明确项目的细节特征。由于项目在实施过程中可能发生变化，因此应该在整个项目生命周期中反复开展计划工作，对工作进行逐步修正。在项目中，需要渐进明细的方面包括项目目标、项目范围、项目计划等。渐进明细是正常的，项目范围不可能在项目刚开始的时候就非常清晰，需要不断地补充、细化、完善，这是客观规律。范围蔓延是不正常的、危险的、失控的，应该在项目实施过程中控制好这个问题。

💡 即问即答 1-1

> 如何来定义项目？它具有哪些特性？

三、物流项目的生命周期

（一）项目生命周期的四个阶段

项目的生命周期是按顺序排列而有时又相互交叉的各阶段的集合，表现了项目运营与管理的逻辑性。一般地，可以将项目生命周期分为四个阶段，启动阶段、规划阶段、执行阶段和收尾阶段。各阶段的主要工作内容如表 1-2 所示。

表1-2 项目生命周期各阶段项目运营与管理的主要工作内容

阶段	启动	规划	执行	收尾
主要工作内容	明确需求、策划项目 调查研究、收集数据 提出项目建议书 可行性研究 确定项目主要成员 明确合作关系 确定风险等级 拟订战略方案 资源估算	项目产品范围界定 实施方案研究 质量标准确定 资源保证 项目预算制订 项目程序制订 风险评估	建立项目组织 建立项目沟通渠道 建立项目激励机制 建立项目工作包 建立项目信息控制系统 执行工作分解 获得订购物品及服务 项目控制 制订赶工计划	完成项目产品 项目评价与验收 资料归档 撰写项目总结报告 资源关闭 解散项目组

在项目运营的不同阶段，需要根据当时的环境背景来有针对性地解决问题。即使是同样的问题，也应区别对待，因为在不同时期，项目进行变更所需要支付的成本以及造成的影响是不一样的。一般而言，改变项目产品最终特性的能力在项目开始时最大，随项目进展而减弱。变更和纠正错误的成本在项目接近完成时通常会显著增高。

例如某业主家里装修房子项目的计划工期是6个月，现在是第一个月，业主正在单位上班，突然接到施工人员从现场打来的电话："业主，你家的开关面板装不平，请问怎么办？"大家可以试着这样回复："我不想听这些没用的，给我想办法装好！"为什么这么强势呢？因为项目刚开始，人对项目的影响、改变的能力很强，而变更和纠正错误的成本很低。

假如装修公司在装修的第三个月反映开关面板装不平的问题，业主则可以这样回复："你给我提供三种方案，告诉我每种方案的优点、缺点，让我从里面选一种。"这时候，就不能像一开始那么强势了，因为人对项目的影响、改变的能力都在降低，而变更的成本却在增加。

如果开关面板装不平的问题发生在装修项目的第8个月（已经超期了2个月），怎么办？我们经常听到有人说："装不好就扣钱！"事实上，拿扣钱相要挟的甲方，算不上一个成熟的甲方。正确的做法是告诉工人："先把美观放一边，无论如何都要保证好用！"此时人对项目的影响、改变的能力很弱，而变更和纠正错误的成本却很高。

对应地，站在项目实施方（乙方）的角度来说，在项目生命周期中问题的处理原则可以参照如下方法：

1）项目早期的变更原则上应倾向于接受（让怎么干就怎么干）。当然必须遵守变更控制程序。

2）项目中期，要先分析变更的影响，原则上尽可能与相关人员沟通，取消变更（要变更，先谈谈）。

3）项目后期，变更成本太高，原则上应尽可能不变更。遇到大的变更时可以考虑启动一个新的项目，遇到小的变更也要到售后服务时再做。当务之急是先验收，将项目收尾。

（二）项目阶段化的好处

凡事预则立，不预则废。项目也是如此。启动阶段的项目工作是最重要的，但是很多人会把更多精力花在中间的执行阶段。前期策划还没有做好就已经仓促开工，这就时常导致错误的结果，即试错、返工。对比同一个项目在不同公司实施的情况可以发现，在立项和制定方案阶段花的时间越长，项目的周期越短，在项目的早期投入精力是非常划算的。

很多项目一开始就埋下了失败的隐患，当这些隐患积攒到项目的后期爆发出来时，项目经理已无力回天。据统计，当一个项目已实际使用 10% 的预算时，将会锁定项目 90% 的最终成本。因此，如果在项目前期不能妥善处理隐患，将会浪费实现项目最佳成果的机会。

"很花时间""我们没有时间"，这往往是某些人对低质量项目不做启动工作的托词。而事实上我们总是有时间的，只是我们没有很好地利用时间。人们总是没有时间把事情做对，却总是有时间返工。初次去一个陌生的地方，去的时候总感觉路很远，迟迟到不了目的地；而回来时，却又觉得好像没有那么远。为什么？当存在不确定性因素时，人们往往会感觉痛苦、煎熬，在返程的时候，不确定性因素的减少，降低了人们的痛苦。而不确定性也恰恰是项目管理的痛苦来源之一。

那么，有没有办法能减少这种不确定性，从而降低项目管理所带来的压力和痛苦呢？日本著名的马拉松运动员山田本一的经验也许能给我们一些启示，在每次比赛前一天，他都会开着车把比赛的线路走一遍，并把沿途比较醒目的标志记下来，比如第 20 分钟要到一个银行，第 45 分钟要到一个酒店，第 66 分钟要到一个公园门口，等等。40 多公里的赛程，他会将其分解成几个阶段目标进行管理和控制。山田本一通过阶段管控，在比赛中就可以不受别人影响，按照自己的节奏比赛，从而取得优异的成绩。他的这种比赛管控方式很值得在项目管理中借鉴。项目阶段化可以减轻痛苦、降低不确定性，从而增强项目经理成功的信心。

借助项目生命周期，可以对项目过程进行如下规划和控制：

1）确定各阶段需要完成哪些工作。
2）明确各阶段的可交付成果何时产生，如何验证和确认。
3）确定各阶段需要哪些人员参加。
4）确定如何控制风险和验收各个阶段的成果。

资料链接 1-1

项目运营中的不合理做法

一些项目的运营过程中，由于急于求成，考虑不周，往往导致最后的失败。这些不合理的做法可以概括为六拍、四没、三边、只谈。

1. 六拍

第一拍：拍脑袋——立项。有些领导有了做项目的想法后，首先做的不是组织相关人员严格论证是否可行，而是自己觉得可行就立刻拍板立项。

第二拍：拍肩膀——任命项目经理。启动会议上，为了鼓舞士气、调动项目经理的积极性，领导会拍着项目经理的肩膀进行激励："好好干，前途无量。"

第三拍：拍胸脯——向领导承诺。受到领导激励，为了让领导放心，项目经理会拍胸脯表决心，团队中的"牛人"们往往也会有所表示："选择我，没错的！""放心吧，包在我身上！"

第四拍：拍桌子——在遇到问题时相互攻击。运行一段时间后，项目进展情况远达不到预期，而且在不知不觉中陷入了墨菲定律的陷阱。压力之下，冲突开始出现，推卸责任、抓"肇事者"、互相攻击成了项目中一些脾气暴躁的团队成员在束手无策或着急上火时常做的事。

第五拍：拍屁股——干不下去走人。团队的震荡冲突、项目的种种问题使项目经理越来越难以驾驭。"不给支持、只要结果，现在项目做不下去了，就知道训我？我还不干了呢！"于是项目经理拍屁股走人了。

第六拍：拍大腿——后悔。项目结果令人大失所望，领导们开始后悔当初的决策和冲动：为什么上这个项目？为什么不认真策划？痛心不已，却又无可奈何："唉，早知如此，当初就应该……"

2. 四没

没问题：项目开始时，乐观主义情绪充斥组织上下，每个人都对项目的未来充满期待，风险意识全无，即便进行了项目可行性研究，也常是"为可行而进行研究"，研究到最后都是可行的。

没关系：项目实施中，时不时会遇到一些所谓的"小问题"，但大家都不以为意，认为没关系。

没办法：项目失败了，得到注定的结果，于是大家又用"没办法跟这种客户打交道"当作借口。

没资源：项目结束了，得出的结论是公司实施这种项目需要大家的共同努力，而市场部门没能搞定客户，各职能部门资源不能保证，项目管理经验也不足。总之，项目的时间紧、任务重，而我们的员工素质明显跟不上，根本就是先天不足，即没资源。

3. 三边

边设计：项目开始时，大家都不清楚项目目标，也不知道项目具体该如何做。范围不清、目标不明，只能盲目地凭感觉来做，边做边设计。

边实施：实施过程就像"傻媳妇和面"，面多了加水，水多了加面，最后把人都糊到面团里了。整个过程像是布朗运动，完全处于无序的混沌状态。

边修改（边返工）：所谓计划赶不上变化，项目环境实在多变，发生了很多"意外"。情况变了，就随时调整方案。改来改去，改成了什么样子谁也不知道，反正最终的结果顺其自然就好。

4. 只谈

项目初期：只谈成本。项目开始时，"钱"是每个人讨论的核心话题。讨论成本不能说是错的，但却是不完整的。即便是同一个项目，预算不同对应的实施方案和计划安排也是不同的。

项目中期：只谈进度。在项目的实施阶段，每个人都急于看到项目的成果，进度冲突逐渐成了人们关注的核心。人们看到结果的时间间隔越长，实施过程积累的进度压力也就越明显，往往会进一步激化为众人的矛盾焦点。"只要能尽快完成就行"成了很多人挂在嘴边的话。

> 项目后期：只谈质量。当项目成果终于展现在众人面前时，人们像不长记性的孩子，忘记了痛苦的过程，也不管进度和成本的限制，变得只关注交付成果的质量。
>
> 资料来源：郭致星. 极简项目管理 [M]. 北京：机械工业出版社，2022.

四、项目与作业的关系

在组织中，通常可以将组织的日常工作分为三种类型（见图1-1）：第一种，战略规划类工作，主要是确定企业发展方向和长期目标；第二种，日常作业类工作，帮助企业维持稳定和创造收入；第三种，项目类工作，帮助企业建立新的竞争优势或更科学的机制。

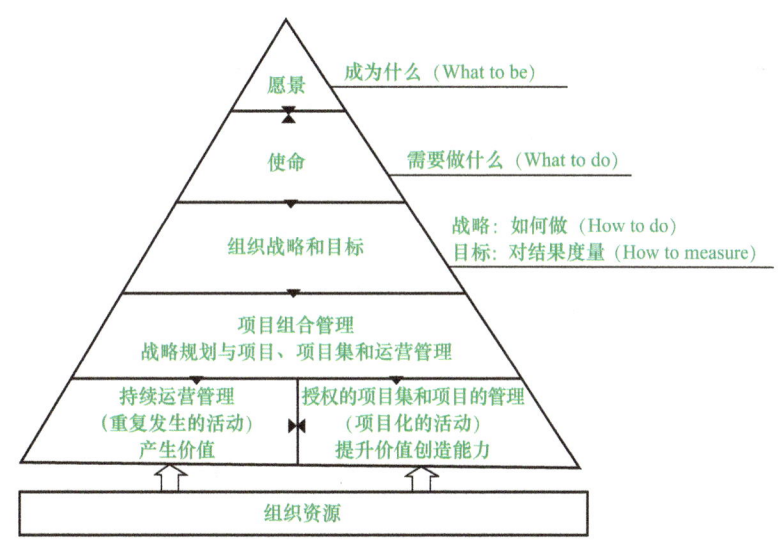

图1-1 组织的工作框架

资料来源：项目管理协会. 项目组合管理标准 [M]. 4版. 张智晓，苏金艺，译. 北京：电子工业出版社，2019.

战略一般要通过开展两种类型的工作得以实现，一类是作业（重复性工作），另一类就是项目（非重复性工作）。运营以追求效率为目的，赚钱的事要好好干，这对组织很重要。而由于外界环境在不断地变化，组织的机制和工作方式也需要随之改变，应进行内部调整，以适应环境，也就是必须做项目。实际上，项目的本质是改变业务类工作，以非重复性劳动为主要特征。

从项目的临时性、独特性和渐进明细性这三种特性方面讲，任何一项工作，如果你更看重它的临时性、独特性和渐进明细性，它就是项目；如果你更看重它的重复性，与其他工作的相似性，且一开始就能明确大部分细节，它就是运营。从这个意义上讲，组织中的许多工作都可以被看作项目，可以进行"项目化管理"。

流程和制度本质上是组织的最佳实践，是把自己或前人的经验教训总结到文档上，固化下来，以避免走弯路或犯下不该犯的错误。但是，最佳实践也不是永远适用的，随着环境的改变，原来的最佳实践可能不再适用，这就需要找到新的最佳实践，用新的制度流程去代替旧的制度流程。当然，这个转变和迭代过程也应该是循序渐进的。

相应地，整个过程需要有人专门负责，必须不断审视组织已经常态化的工作机制，评估它们与当前环境和未来发展趋势的适用程度，然后在此基础上进行调整，这就是我们所说的项目管理。当确定了新的最佳实践后，要把它固化到日常工作中去，这就要建立新的流程制度，这些新的流程制度一旦被组织成员运用到工作中，就会成为组织自身能力的一部分。

项目是一次性的，有时间期限的；而作业是持续的，它是公司或某一部门的主要工作，生产相似或相同的产品或服务。如快递公司每天要处理成千上万个包裹，配送中心每天要例行拣货发货，客服员工要不停地接待客户的反馈投诉，这些都属于作业类的工作。项目与作业的主要区别如表 1-3 所示。

表 1-3　项目与作业的主要区别

区别	项目	作业
目标	特定的	常规的
组织机构	项目组织	职能部门
负责人	项目经理	部门经理
时间	有起止点的有限时间内	周而复始，相对无限
持续性	一次性	重复性
管理方法	风险型	确定型
资源需求	不定性	固定性
任务特性	独特性	普遍性
计划性	事先计划性强	计划无终点
考核指标	以目标为导向	效率和有效性

项目的价值在于驱动变革，作业能够维持组织在一定水平上持续运行，而项目可以实现组织运营水平的提升。随着相关工作的完成，可交付的成果和知识会在项目与运营间转移。当项目开始时，资源从运营转移到项目；在项目接近结束时，资源则从项目转移到运营。因此，运营部门与项目团队之间通常都会进行大量互动，为实现项目目标而协同工作。运营实现组织的持续稳定，项目实现组织的持续发展。

例如，为满足市场需要，A 公司决定研发一款新手机（一个项目），新手机定型后转入批量生产（作业）。新手机获得了客户的喜爱，需要提高产能（一个新项目）。随着市场的变化和竞争对手的发展，该款手机已经不再满足客户的需求，A 公司决定对这款手机进行升级换代（又一个新项目）。

即问即答 1-2

如何区别临时性的项目与常规的作业运营？

项目与作业的关系

五、物流项目运营

（一）物流项目的定义、特点及分类

物流项目是指需要相关物流组织来实施完成的一次性工作。物流项目运营是指在物流项目活动中，运用相关知识、技能、工具和技术，以实现物流项目的目标。也就是说，物流项目运营就是把各种资源应用于物流项目，通过人、财、物等方面的运营，实现物流项目的目标。当今物流涵盖范围很广，物流项目的类型也是层出不穷，物流园区建设、仓库重新布局优化、快递公司"双十一"应对、物流无人车研发、物流无人车推广、物流企业收购、新的运输路线开通、物流企业新员工招聘、快递公司网点网格仓改造、某企业供应链融资、物流园区招商等都属于物流项目。

物流项目具有阶段性。物流项目的执行组织通常将物流项目过程分成若干个项目阶段，以便提供更好的管理控制，并与项目组织的持续运作之间建立恰当联系。每个项目阶段以一个或几个可交付成果的完成作为标志，可交付成果是一种切实可验证的工作成果，如可行性研究报告、详细设计或一个工作原型等。物流项目各个阶段的收尾主要由对可交付成果和项目执行情况的检查来标识。这种检查可以确定项目是否应当进入下一阶段，项目是否进行了有效的成本控制等。

除了一般项目共同的特点外，物流项目还具有周期较长、费用较大、风险较高、范围较广等特点。物流项目多数情况下涉及仓库等基础设施建设，相应的机器设备也比较多，还需要有大量的人员参与其中，这就决定了项目的费用相对较高。尤其是一些物流园区、物流枢纽的建设，所需的金额往往在亿元以上。由于基建项目涉及环节众多，而且在同一个作业区域也不能有太多人员参与，这就导致物流项目的建设周期相对会比一般项目要长。环节多了、范围广了，风险自然也就高了。

物流项目生命周期是指物流项目阶段的全体，通常与一般项目的生命周期大致相同，也可以归纳为启动、规划、执行、监控、收尾几个阶段。但是物流项目又有其特殊性，在具体操作过程中应具体问题具体分析，特殊问题特殊对待，以便在物流项目有限资源控制内，实现物流项目的目标。

以下是某物流项目的简要介绍。

例 某商厦及商品交易配送中心

项目业主：某工贸集团股份有限公司。

项目内容：该项目位于兰州西站东北角繁华地带，占地面积22.1亩（1亩≈666.67m²），建筑总面积为92 678m²，共计12层，其中地下1层，地上11层。该项目是集商品直销、配送、餐饮、娱乐、办公、商住于一体的大型综合性工业品直销市场。该中心建成后将成为西北地区的大型综合工业品集散地。

> 市场预测：由于国家产业政策向西部倾斜和国内外资金大量涌入西部地区，使西部商业门店、卖场发展迅速，因此迫切需要在西北交通枢纽——兰州选址建设一个物流配送中心。兰州西部交通发达，购物、配送潜力每日为550万元，配送中心预计可占36.3%，为200万元以上。
> 投资估计：总投资为3.659亿元，其中自筹1亿元，吸收社会投资1.159亿元，其余通过贷款或引资解决。
> 经济效益：该项目建成后，预计年销售额15.5亿元，年利税6 450万元，投资回收期7~8年。

按物流项目的投资结果不同，可将物流项目划分为工程类物流项目和非工程类物流项目。工程类物流项目是指具有实物资产的物流项目，物流系统的形成与发展都离不开实体工程项目。例如，一个提供第三方物流服务的企业也需要通过工程项目逐渐建立起经营业务所需要的各类设施（如仓储场地、办公楼宇等）、设备（如装卸机械设备、运输车辆、船舶工具等）和相关的业务信息处理和管理系统（如CRM信息管理系统、仓储、配送、运输调度等管理系统等）。非工程类项目是指没有实物资产形成的物流项目。这类物流项目往往指的是宏观、中观类战略规划、经营策略设计等政策咨询项目，以及物流新产品开发、物流企业的人才培训项目等。这类项目虽然没有形成实物资产，但"一个金点子"救活一个企业，人才的储备能够大大增强企业发展的后劲。相比于工程类物流项目，非工程类物流项目数量不多，规模也相对较小。

（二）物流项目运营的特殊性

由于物流项目具有涉及面广（如运输、仓储、包装、流通加工甚至信息系统等）、不可再造（即物流项目执行的时间、地点、人员常是变动的）、风险较大（物流系统建设成本较高）等特点，因此，物流项目运营的特殊性主要体现在以下几个方面：

1. 物流项目运营队伍专业化

物流项目涉及范围广，在项目策划与设计中除项目技术性内容外，还会用到经济、法律、商贸等多方面的专业知识。因此，项目团队中不仅需要经验丰富的项目运营人员，还需要熟悉业务的技术人员和具备有关财务和法律知识的专业人士。一专多能的复合型人才是物流项目运营最合适的人才。无论是生产型企业、商贸型企业，还是提供物流服务的物流供应商，为了保证物流项目的顺利开展并达到预期的目标，必须拥有一支专业的项目运营队伍，这是物流项目运营必不可少的人力资源基础。

2. 物流项目运营需求个性化

物流项目一般都需要根据客户的特殊要求进行设计和执行。由于物流项目要素组成具有多样性，即每一个物流项目都是以前不曾遇到过的，这就需要专门设计项目运营的程序方法，因而充满着挑战，物流项目运营的复杂性和创新性由此体现。因此，物流项目的运营和管理一方面是对物流项目运营人员的考验；另一方面也吸引了许多有识之士加入物流项目运营与管理的行列之中。

3．物流项目运营结束人为化

物流项目一般必须经过操作实践才能证明其效果。界定物流项目的结束有时较为困难，特别是当项目执行中，项目组的成员及外界环境条件已发生了较大变化或者项目组无论如何努力，项目成功的希望都很渺茫时，就需要项目参与各方人为地界定项目结束的标志以防止出现无休止的项目。

4．物流项目运营控制全程化

由于物流项目结果存在较大的不确定性，因此造成物流项目的投资风险较高。特别是有固定资产投入的物流中心、大型停车场、物流信息系统等项目，在追求物流高收益的同时也伴随着项目失败的高风险。因而，需要加强物流项目的进度计划控制和监督，实现项目管理的全过程控制，以保证物流项目按预定的目标推进；还需要建立风险预警机制，当项目出现偏差时，及时提醒项目运营者进行调整或结束此项目，以减少损失。

综上所述，物流项目运营的关键在于物流项目运营的各方本着友好合作的精神，从实际出发，结合具体物流项目的特点，认真落实项目管理的每一项要求，从而保证物流项目目标的顺利实现。

即问即答 1-3

根据已学过的专业知识，请列举三个不同类型的物流项目。

单元二 物流项目可行性分析

情景导航

某市开发区内还有 1 000 亩地暂未开发，当地有家物流配送企业拟在这个区域内建立一个 200 亩的配送中心。这家企业的负责人要求相关部门做一份配送中心建设的可行性研究报告，你认为这份报告应该从哪些方面来撰写？

一、项目可行性分析

（一）项目立项建设前的资料准备

项目可行性分析报告是在大型项目立项之前必须要有的。一般而言，要在一个地方建立一个物流园区，政府先要有用地的规划，因为物流园区占地较多，且容积率较低，而能够给地方政府产生的经济效益不高，在各级政府对 GDP 指标比较重视的情况下，地方政府对物流用地的使用多数是比较谨慎的。当然，地方政府也知道一个区域必须要有几个物流的集散地，如果没有，那么物流车辆就只能乱停，影响市容市貌。而且如果物流的集散地不能与当地的产业相匹配，也会影响地方特色产业的发展。所以，政府都会先有当地的整体发展规划，比如哪几个片区是用于物流发展的。在政府没有新地使用的时候，也可以考虑使用旧厂区腾笼换鸟，退二进三。

在政府大的规划之下，具体的物流园区建设才有可能实施。一般情况下，建一个新的物流园区，前期需要的各种材料准备的顺序是：首先需要撰写项目的可行性研究报告。在项目的可行性得到政府、专家和建设方等的认可之后，撰写项目发展规划。这个规划要列出项目中长期的目标和发展思路，要结合地方产业、地方政策、企业自身等多方面的因素进行阐述，规划相当于确定项目几年内的发展路径。在规划通过以后，就需要制订更为具体明确的项目行动方案，这个是有具体步骤的。

在这些资料都准备并得到多方认可之后，投资方就可以实施具体的投资及建设了。在项目前期，撰写项目的可行性方案或可行性研究报告是很重要的一项工作。

（二）项目可行性研究报告的框架

可行性研究是对拟投资项目进行多方面的调查研究和综合论证，为投资决策提供科学依据，从而保证所投资项目在技术上先进可靠、经济上合理有利、操作上合法可行。可行性研究是政府投资项目审批决策的依据，是企业项目申请政府投资补助、贷款贴息等资金的依据，是筹措资金和申请贷款的依据，是编制初步设计文件和建设方案的依据，也是向地方政府建设、规划、环保等部门申请办理建设许可手续的依据。可行性研究很重要，它通常以报告文件的形式提供。

可行性研究报告的编制有很强的逻辑性，同时也具有很严谨的逻辑结构。这个逻辑结构是建立在一定的逻辑框架中的。总体来说，可行性研究报告的编制要做到重点突出、逻辑清晰、主次分明。

一份完整的可行性研究报告主要涵盖的内容有：①总论；②项目背景及必要性；③建设方案；④项目区域概况及项目选址；⑤项目定位及规划方案；⑥工程方案；⑦公用工程；⑧节能分析；⑨环境影响评价；⑩安全劳动、卫生及消防；⑪项目实施进度及管理；⑫项目组织机构和人力资源配置；⑬投资估算及资金筹措；⑭财务评价；⑮结论和建议。

报告通过总论提纲挈领，展开论述。总论中有项目概述和结论、建议。围绕着结论，要论证为什么、已有什么、做什么、怎么做，具体到工艺、各环节方案、时间及金钱安排、各类评价。最后再进行总结，首尾呼应。可行性研究报告的编制就是围绕着思路框架展开，进行调研、佐证、论述。报告的概述包括：项目名称、建设地点、实施单位、建设规模与建设内容、投资估算与资金筹措、实施进度、编制依据及原则、研究范围、主要经济技术指标。报告的结论包括：简要综合结论、存在的主要问题及建议。

根据项目的类型不同，项目的可行性研究报告的内容框架会略有不同，必备的内容应包括总论、项目背景及必要性、项目定位及规划方案、建设方案、项目实施进度及管理、项目组织机构和人力资源配置、投资估算及资金筹措、结论和建议等。

二、项目机会研究

机会研究是对各种投资机会和设想做出评估，经过分析后确定发展机会，形成明确的项目意向。"先评估论证，再决策是否上马"是项目决策的基本要求，错误的项目不仅会导致投资浪费，甚至会危及企业生存。机会研究的主要任务是提出投资方向和设想，找出可以投资的项目。项目投资者收集大量信息，经过比较分析，形成项目发展方向或投资领域，经进一步调查研究和方案筛选后，将项目发展方向转变为项目建议。项目产生方式通常有以下几种：①企业寻找项目机会，项目经过论证后决定实施；②从外界引入项目，完成初步的可行性研究，项目提出者与投资者在详细研究后实施；③项目提出者做完所有的论证工作，并引入风险投资，实施该项目；④外部环境变化引发另一个项目。

不管项目从哪里来及由谁提出，前期都需要做大量工作，在分析了机遇和条件以后，还需要进一步分析项目能够在多大程度上解决组织所面临的问题。例如，一个企业发现其资源利用率很低、管理头绪太多，准备启动 ERP 项目，面对这个项目意向，首先要分析当前问题的数量和严重程度，提出项目需求报告，初步界定项目范围，规定技术标准、质量要求、进度要求及其他重要的标准，供决策层判断是否需要建立 ERP 系统。从项目团队角度出发，一旦确定了相关问题和需求，并证实项目将会获得很大的收益，就可以开始准备项目建议书了。

物流工程项目建议书主要有以下内容：①项目建设的必要性和依据；②产品方案、拟建规模和建设地点的初步设想；③资源、运输条件和协作关系的初步分析；④主要工艺技术方案和设备情况风险；⑤关于投资估算和资金筹措的设想；⑥关于项目建设进度的安排；⑦经济效益和社会效益初步估计；⑧有关初步结论和建议。

例 某物流园区方案设计的项目建议书

某物流园区方案设计的项目建议书如表 1-4 所示。

L 市农产品冷链物流园项目可行性分析

表 1-4 某物流园区方案设计的项目建议书

模块	主要内容
项目总目标	完成包含一个铁路货运站在内的物流园区方案设计
工作表述	园区占地 500 亩（1 亩≈666.67m²），园区的货物铁路和公路年总吞吐量 500 万 t，主要货类为集装箱、笨重货物、散货和零担
目标规划	1）设计方案要符合现代物流的理念，建成以公路和铁路联运为特征的城市物流中心目标规划 2）园区的布置以仓储、集装箱堆场、物品加工场等为主 3）将运输、仓储、流通加工、配送、信息处理等基本功能有机结合
提供资料	1）1:12 000 的物流园区规划地理位置图 1 份 2）1:8 000 的物流园区范围内城市道路规划图 1 份 3）1:3 000 的物流园区地形平面图 1 份
交付物	1）物流园区工程设计文件 1 册 2）物流园区管理与运作方案设计文件 1 册
付款方式	凡设计方案被选中者，将根据国家工程项目管理规定，按工程项目总造价的百分比支付。设计方案未被选中者，前期产生的费用原则上自理
进度要求	各参竞设计文件，务必于接到邀请函后 2 个月内送达××公司，截止日期为×年×月×日
未尽事宜	本项目设计最终方案需要通过评标最终确定，评标的方法按有关规定执行

三、项目选择

企业在面对多份项目建议书时，应优先选择适合自身发展战略且市场需求旺盛的项目。项目选择就是通过设置一定数量的评价标准，从市场需求、技术条件、资源要求、法律限制等各个方面对项目建议书进行比较分析，选出在现有资源和技术条件下投资收益最优的一个或若干个项目。

（一）项目选择需考虑的因素

企业选择项目时必须考虑企业的战略目标。如果企业决定不惜代价增加销售额，那么有利于增加销售额的项目就会受到青睐，如实施分销管理系统；如果企业试图掌握行业技术优势，那么技术创新的项目就会脱颖而出。在进行项目审查和评估时，通常需要考虑的因素如表1-5所示。

表1-5 项目选择需考虑的因素

因素	内容
风险因素	技术风险、金融风险、安全风险、质量风险和法律风险等
商业因素	分析投资的预期回报、回收期、潜在市场份额、长期市场优势、初始现金费用、拓展新市场的能力
内部操作因素	发展/培训新雇员的需求、人员数量或结构的改变、物理环境的改变、由项目带来的生产和服务流程的变化
其他因素	专利保护、对企业形象的影响、符合组织战略等

（二）项目选择的评价模型

1. 检查表模型

检查表模型是指建立一个检查表或指标列表，每个指标划分出若干等级，对每个项目的各个指标分别选择等级，统计每个项目获得的等级情况，比较后选出最好的项目。

> **例 恒亮公司的项目选择**
>
> 恒亮公司是一家LED产品制造商，随着低碳环保概念深入人心，LED产品需求总体呈上升趋势。但由于项目投资较大，技术复杂，产品价格普遍偏高，目前的客户主要是组织客户，产品多应用于市政照明、场馆外景照明、公安消防等行业，家庭消费市场有待开发，特别是广大农村市场难以接受目前的价格。公司现有A（特种防爆灯）、B（路灯）、C（树灯）、D（射灯）四个新产品开发项目建议，公司设定了项目成本、潜在利润、投入市场时间、项目风险四项指标，每项指标设定优、中、差三个等级，由项目筛选小组进行评价和比较，评价结果如表1-6所示。综合比较各个项目得到优、中、差的数量，结论是首选项目为D（射灯），其次是项目为B（路灯）。

表1-6 恒亮公司的项目评价结果

项目	指标	优	中	差
项目A	项目成本	√		
	潜在利润	√		
	投入市场时间			√
	项目风险			√
项目B	项目成本	√		
	潜在利润	√		
	投入市场时间		√	
	项目风险		√	
项目C	项目成本	√		
	潜在利润		√	
	投入市场时间			√
	项目风险	√		
项目D	项目成本	√		
	潜在利润		√	
	投入市场时间	√		
	项目风险	√		

这种方法的优点是简单直观，可以快速地对大量项目进行筛选。一个缺点是评判标准主观性强，例如各个项目需要投入的成本是不同的，尽管四个项目的项目成本评价均为"优"，但它们之间存在差异；另一个缺点是各个指标没有权重，无法体现项目目标的优先级，不能把项目与企业战略结合起来。

2．评分法模型

评分法模型是为每个评价指标量化打分，在多个项目间横向比较得分结果，选出最优项目建议。为了使项目与企业战略目标保持一致，可以根据指标对企业的重要程度或客户的关注程度为每个指标赋予不同的权重，以体现出企业战略导向或客户导向。操作步骤应按如下顺序进行：①为每个指标确定权重，总权重为100%；②根据不同的等级由项目评价专家委员会为每个指标打分，采取10分制；③将每个指标得分与权重相乘得到加权得分；④计算每个项目的总分并排序。

在恒亮公司的案例中，假设公司较为重视利润和风险，各指标权重确定如下：项目成本为20%；潜在利润为20%；投入市场时间为30%；项目风险为30%。项目筛选评分表如表1-7所示。

表1-7 项目筛选评分表

项目	指标	权重	得分	加权得分
项目A	项目成本	20%	6	1.2
	潜在利润	20%	7	1.4
	投入市场时间	30%	8	2.4
	项目风险	30%	9	2.7
	总分		7.7	
项目B	项目成本	20%	9	1.8
	潜在利润	20%	8	1.6
	投入市场时间	30%	7	2.1
	项目风险	30%	6	1.8
	总分		7.3	
项目C	项目成本	20%	7	1.4
	潜在利润	20%	7	1.4
	投入市场时间	30%	8	2.4
	项目风险	30%	8	2.4
	总分		7.6	
项目D	项目成本	20%	8	1.6
	潜在利润	20%	8	1.6
	投入市场时间	30%	7	2.1
	项目风险	30%	7	2.1
	总分		7.4	

对比可以看出，项目A得分最高，从评分上应该选择项目A。

四、项目可行性研究

（一）项目必要性研究

由于项目主体的战略目标和资源条件不同，对项目必要性的判断结果可能不同，是否选择该项目与项目主体的主观意图有很大关系。在明确项目主体的基础上，可从以下几个方面对项目的必要性内容进行分析，如表1-8所示。

表1-8 项目必要性内容的分析

内容	分析
项目主体的发展战略	由于资源的有限性，项目主体通常不会实施与自身发展战略无关的项目，项目必须符合项目主体的发展战略
项目产品的市场潜力	项目产品的市场潜力决定了项目建成后的收益，有效需求是项目必要性的依据
资源的有效利用	拟建项目如果能够充分利用现有资源，节约能源，实现资源的循环利用，项目投资就具有必要性
对国家及当地经济和社会的贡献	项目不仅要为本企业创造效益，还要对国家及当地经济和社会有积极贡献。项目应符合国家和地区经济发展规划及产业布局

例 亭口水库工程建设的必要性

　　咸阳市北部彬州、长武地区的彬长矿区煤炭资源丰富，是国家规划的黄陇大型煤炭基地，也是鄂尔多斯盆地能源开发的重要组成部分。近年来彬长矿区开发速度加快，规划的煤电和煤化工项目陆续开始建设，矿区开发初具规模，但彬长矿区工业及两县县城生活用水缺口较大。拟建的亭口水库是彬长矿区建设开发规划的骨干水源，已列入《咸阳市"十二五"农业发展规划》和《渭河流域重点治理规划》中。2009年5月，中华人民共和国国家发展和改革委员会（简称国家发展改革委）批准该工程项目建议书（发改农经〔2009〕1347号），此工程建设对保障彬长矿区建设开发、改善当地城镇供水条件、促进地方经济和社会发展具有重大作用。

（二）市场研究

　　市场研究的主要目的是通过市场调查与预测了解清楚项目产品的市场状况，包括市场容量、市场特征、需求量发展趋势、竞争程度、销售策略等。市场研究是解决项目必要性问题的关键，也是决定项目产品的生产规模、选择工艺技术和厂址等的重要基础。市场调查应包括产品现状、规格和性能的调查，生产能力调查，产品产量调查，消费情况调查。市场预测主要可分为市场需求预测、价格预测和项目需求量预测。

（三）技术评价

　　项目技术评价的对象是技术要素，如各种工艺图样、计算公式、设备、厂房等。技术方案应适合当地的资源条件和环境因素，如对技术的接受和吸收能力，相应的生产协作条件，劳动力的素质、结构与数量以及地方环境保护的要求等。项目技术评价是从先进性、适用性、经济性、可靠性和符合国家技术标准等方面，对生产工艺、设备选型和工程设计方案进行分析和评价。表1-9列出了项目技术评价的分析内容。

表1-9 项目技术评价的分析内容

项目	分析内容
生产工艺方案评估	1）可靠性分析 2）产品质量保证程度分析 3）经济性分析 4）生产工艺对原材料的适应性分析 5）生产工艺流程的均衡性分析
设备选型方案评估	1）确定设备生产能力 2）主要设备选型，列出主要设备方案清单，标明所用设备的类型、规格和数量 3）编制设备投资费用估算表 4）测算主要设备负荷均衡情况
工程设计方案评估	1）项目总平面布置方案评价 2）土建工程设计方案论证
施工组织设计的分析与评估	1）施工方案分析 2）施工顺序分析 3）施工进度分析 4）材料供应计划分析

（四）项目建设条件

项目的建设条件包括以下九个方面：

（1）资源需求。分析拟开发资源的可利用量、自然品质、储存条件和开发价值。

（2）工程地质。根据地质勘察报告，选择合理的地质环境，避开地震强度大、断层严重、流沙等地段，以达到延长项目使用寿命的目的。

（3）原材料、燃料条件。原材料供应数量应满足项目生产能力的要求，质量要满足生产工艺的要求，并考虑材料储存设施的建设。

（4）电力条件。分析项目所在地区电网对项目用电的保证程度，研究供电方式、供电质量与安全、项目的总用电量及保证程度。

（5）供水条件。供水数量和质量符合环保及工艺要求。

（6）交通运输条件。研究生产区内外的运输方式和运输设备，装卸、运输和储存等能力要满足项目需要，同时考虑各种运输方式的协调和经济上的合理性。

（7）协作条件。研究在设备维修、公用工程、交通运输、仓储等方面与所在城镇或相邻企业协作的可能性。在商业、服务、教育、消防、安全等方面能够利用当地现有的条件。

（8）安全防护条件。易燃、易爆、有毒产品的生产地点应远离城镇居民区。

（9）对排污的要求。厂址的方位和地形要有利于污染物的排放和扩散。

（五）项目选址

项目选址是指在一定范围内选择拟建项目的地点和区域，并确定项目的坐落位置。项目选址应符合区域和城镇总体规划及项目投产后生产的基本要求。项目选址受厂址条件和环境、地方财税政策、土地价格、材料资源、市场及运输、项目自身特点等多个因素的影响。原料消耗多且产品运输不便的项目应靠近原料产地选址，如煤电厂；成品运输不便或损耗大的项目则应靠近消费市场选址；耗电量大的项目应选择在动力基地附近建设；技术密集型的项目应靠近科技中心建设，如光伏产业项目、通信项目应选在人才密集的城市。

> **资料链接1-2**
>
> ### "哒哒智运"网络货运平台项目分析
>
> #### 一、企业简况
>
> 建龙哈尔滨物流有限公司隶属于黑龙江建龙投资集团，2019年6月25日取得无车承运人资质，于2021年7月上线网络货运平台，注册资金1亿元，是一家集网络货运、多式联运、智慧仓储、车后市场服务为一体的现代化物流企业，简称"哒哒智运"。公司以数字科技重构物流全流程服务为目标，致力于打造智慧供应链集成服务平台，实现物流全流程可视化、数字化、智能化经营。
>
> 目前，公司拥有线上、线下的汽车、火车、海运运输线路近百条，多式联运业务覆盖东北三省全境及蒙东地区，辐射华北、华东、华南区域及西南部分地区。公司主要以黑龙江省内集团四家钢铁公司稳定货源为基础（黑龙江建龙、阿城建龙、西林建龙、北满特钢的产成品及原料等物资），年钢材运输量1 000万t，以及含原、辅料等约为3 500万t的稳定优质运输资源均由我司承运。同时，我司承接建龙集团全国14个钢材仓储业务，拥有自建仓库1个（呼兰库），外部合作仓库13个（分别位于东北、华北、华南区域），年入库量达540万t。
>
> #### 二、"哒哒智运"网络货运平台的公路运输信息化解决方案
>
> **1. 公路运输痛点**
>
> （1）个体承运人占比大，运输过程中无法对车辆的全程运输进行有效监管，仅靠打电话跟踪司机途中位置，运输效率较低。个体司机运货量减少、找货时间延长、空载率高，需要奔波于实体配送站之间，其间额外支出（餐宿费用）与机会成本增加，司机利润不断被摊薄。
>
> （2）中介环节增加物流成本，且货物签收单据只能通过线下邮寄或司机带回，无法实时跟踪收货人是否签署回执。而个体承运人居多的情况下行业中普遍存在司机欺诈、操作不规范、运费难结算、无法开票等问题。
>
> **2. 平台信息化解决方案**
>
> （1）平台信息化技术可聚焦于车货匹配功能，实现降本增效，同时对司机实施有效监管，解决运输痛点。平台将实体货源进行分类线上展示，利用信息系统整合并登记社会零散运力资源，根据司机运力画像、信用画像匹配货源。平台通过中交App定位可实时查询在运途中车辆位置，对运输轨迹实时监管，有效节省司机往返时间成本和额外支出，并且系统的精准匹配有效增加了运输趟次和装载率；同时，公司物流成本有效减少，车货两端参与方效益的改善有助于平台集聚效应的逐步增强，形成较强的客户黏性。

（2）平台信息化在线跟踪功能可实时上传回执单据，查看收货人是否签收完成。同时平台整合供应链资源及司机情况打造信息化智能数据库，可对司机和车辆信息进行维护管理，实时搜索查询运力资源。平台相关政策可降低货主运费成本，有效缓解企业成本压力。

三、"哒哒智运"网络货运平台的运营逻辑

公司2021年7月正式启动网络货运平台业务，依托黑龙江省内集团四家钢铁公司稳定资源与运力资源，为智能物流服务平台构建货源池与运力池。到2022年，网络货运业务进一步升级，以数字化技术建立一体化平台，实现物流业务的线上智能化。同时哒哒智运平台不断整合优质后市场厂家入驻，拓展司机线路沿途服务资源，上游服务货主、下游服务司机，提供加油站、轮胎、维修保养、二手车交易、金融保险等多类型的后市场增值服务。"哒哒智运"网络货运平台运营逻辑主要围绕以下三方面进行延伸：

（1）实现外部运力内部化，运力结构合理化。公司将线下稳定业务资源引入网络货运平台，通过数据沉淀，将自身的物流数据进行整合，梳理长期的合同运力、临时运力，形成自己的业务体系。同时，对固定下来的运力进行业务绑定，推进物流金融、车后服务，将外部运力内部化。

（2）搭建信息化平台系统，为运力组织做支撑，实现网络货运业务线上化。系统的搭建严格按照软件逻辑、交互逻辑和使用逻辑标准。围绕可行性、周期、预算，需要调配的资源等方面，制订网络货运平台搭建计划。实现智能调度、标准化服务、系统结算三大板块的优化。通过业务流程的线上化构建，运营的线上化执行，构建运力资源池。

（3）保证运力资源池的高效运营能力。①基于系统结构做出相应配置来实现系统自动化派单；②基于供应商的固定价格、实报价格以及运营价格，通过系统配置的算法，实现系统自动下单；③将任务拆解提醒、预警、异常三种模式，并对运单执行进行评价，实现系统全流程跟单；④结合真实性、标准化、系统化的服务规则，实现标准化服务能力；⑤实时在线把控财务风险，自动生成核算报表，实现在线结算。

四、"哒哒智运"网络货运平台的信息化进程

1. 主要困难

（1）产品设计过程：①在产品的早期搭建过程中，从业务模式、协作流程、运营风控、合规性等方面来看，在没有实际参与运营的情况下，很难达到从全局到微观的掌握，面临"需求不清晰、不完整"的风险；②随着迭代设计能力、市场业务的形态、网络货运的监管要求的持续变化，由于没有足够的信息源以及创新价值甄别能力，无法保证哒哒智运在研发初期的产品竞争力。

（2）程序实现过程：需要系统在各个模块保持逻辑正确、层次递进清晰，且在日后的运行过程中，要保证对系统进行不断的修正、优化。

（3）系统测试：哒哒智运平台有着数千个功能模块，在正式使用前的测试过程中，既要保证测试效果，又要将测试过程中出现的漏洞实时记录反馈，工作量庞大。

模块一　物流项目启动

2. 解决措施

（1）在初期搭建过程中，借鉴参考其他平台研发经验，研发搭建哒哒智运网络货运平台。在业务模式、协作流程、运营风控、合规性等方面进行全方位优化，研发团队和运营团队深入业务现场，参与实际业务运作，调研需求背景及价值，解决"需求不清晰、不完整"的问题。

（2）公司致力于组建自有研发团队，大力培养技术开发人员，对系统不断修正、优化，多把自己的产品进行对比，吸收其他产品的特性，在本场景实现创新，保证哒哒智运平台在程序实现过程中的稳定性和高效性。

（3）结合同行业主流平台运营经验，不断创新发展自有特色服务，打造一流运营团队支持，每一项功能上线前都会去了解业务背景、程序的框架结构，通过不断的测试，确认功能正常使用，保证哒哒智运平台在运行过程中的稳定性和丰富性。

五、"哒哒智运"网络货运平台的主要效益分析与评估

哒哒智运平台上线后，全年业务量可达8.4亿t，营收额达19.8亿元，实现创效达940万元。哒哒智运网络货运平台的上线，为公司在业务流程和创新模式等方面产生众多影响：

（1）数据化变革。哒哒智运平台的全程数据化不仅打通了货主、车主和司机之间的信息壁垒，还通过互联互通，还赋予数据更多的动能，实现了业务流、资金流、信息流、货物轨迹流、票据流的"五流合一"。有效解决了信息互通的问题，也加速了司机与设备、设备与设备之间的联结，推动公司从数字化向智能化转变。

（2）技术化变革。哒哒智运平台中主要涉及的技术包括北斗卫星导航、GPS定位、云计算、5G、人工智能算法等，其中智能配对算法和车货匹配技术是平台的两大基础性技术应用。所以，平台的技术化变革，突破了时间和空间的壁垒，对技术的整合能力和创新性提出了更高的要求。

（3）业务形态变革。在智慧供应链的发展助力下，哒哒智运平台业务正逐步向供应链上下游延伸，通过对货源的强接触能力，实现运力端、承运商与货主端的有机互补，实现货物从源头（货主）到末端实际承运人之间的全流程运输管理和增值服务。

五、项目经济评价

（一）现金流量

在项目经济分析中，经常把被评价的项目视为一个独立的经济系统，这个系统可以是一个企业，也可以是一个地区或一个部门。现金流量是指某一个系统在一定时期内流入和流出该系统的现金量。现金是指货币资本，包括纸币、硬币、汇票等。现金流量有正负之分。通常，对流入系统的资金收入叫作现金流入量，简称现金流入，为正现金流量；对流出系统的资金支出叫作现金流出量，简称现金流出，为负现金流量；某一时期内现金流入量与现金流出量的代数和叫作净现金流量。现金流入量、现金流出量和净现金流量统称为现金流量或现金流。现金流量包含两个要素,即现金活动的方向和现金活动量。

(二)资金的时间价值

1. 资金时间价值的概念

资金与时间的关系体现在资金的时间价值中。所谓资金的时间价值,是指资金在生产或流通领域不断运动,随时间的推移而产生的增值,或者说是资金在生产或流通领域的运动中随时间的变化而产生的资金价值的变化量。资金的时间价值可以从以下两方面来理解:①将资金用作某项投资,由资金的运动(流通→生产→流通)可获得一定的收益或利润,这就是资金的时间价值;②如果放弃资金的使用权利,相当于失去了收益的机会,或牺牲了现期消费,即相当于付出了一定的代价,这也是资金时间价值的体现。

2. 资金时间价值的衡量尺度

资金时间价值是以一定的经济活动所产生的增值或利润来表达的,因此,利息、利润是时间价值的体现,是衡量资金时间价值的绝对尺度。利息是资金占有者转让使用权所取得的报酬,也是使用者所付出的代价。无论是个人还是企业,向银行贷款都要支付利息。同理,个人或企业向银行存款,银行也要支付利息。即使使用自有资金,不需要向别人支付利息,但失去了将这笔资金存入银行或贷款给别人投资而获得利息的机会,这种机会的损失也就是使用自有资金的代价。

利润是资金投入生产流通领域直接获取的增值,也是衡量资金时间价值的尺度。衡量资金时间价值除可用绝对尺度外,也可用相对尺度。通常把银行储蓄或债务资本支付中,单位时间的利息额与本金的比例称为利率,而把单位时间内直接投资生产、流通中所获得的利润额与投资额的比值称为资金利润率或投资收益率,在技术经济学中可把资金增值的利息、利润统称为收益。因此,利润率、利率也可用收益率来统称,它们是衡量资金时间价值的相对尺度。

(三)经济效果评价指标

由于项目的复杂性,任何一种具体的评价指标都只能反映项目的某一方面或某些方面。为了对项目进行系统而全面的评价,往往需要采用多个评价指标。这些相互联系又相对独立的评价指标构成了项目的经济效果评价指标体系。如何根据项目的特点选用合适、有效的评价指标,进而建立恰当的经济效果评价指标体系,以辅助科学决策,是投资项目评价的核心内容。因此,必须了解各种经济效果评价指标的含义、特点及相互之间的关系。下面将介绍一些常用的重要评价指标。

1. 净现值

净现值(Net Present Value,NPV)是指在考虑资金时间价值的前提下,将项目整个寿命周期内各年发生的现金流量按一定贴现率贴现到同时点上(通常是期初)的现值之和,计算

公式为

$$NPV = \sum_{t=0}^{n}(CI_t - CO_t)(1+i)^{-t}$$

式中，NPV 为净现值；CI_t 为第 t 年的现金流入量；CO_t 为第 t 年的现金流出量；n 为项目寿命期（一般为年）；i 为基准贴现率（基准收益率）。

在每年的净现金流量相同的情况下，则有

$$NPV = -投资额 + 净现金流量 \times (P/A, i, n)$$

式中，$(P/A, i, n)$ 为等额系列现值因子。

若 NPV ≥ 0，则表明项目超过或达到了基准收益率标准，方案可行；若 NPV<0，则表明项目不能达到基准收益率标准，可以考虑不接受该方案。

进行多方案择优时，首先要判断备选方案是否可行。若有多个方案可行，则须遵循净现值最大准则进行判断，即在投资资金充足的情况下，净现值越大的方案越好。

例

某厂拟投资一个项目，该项目各年的净现金流量如表 1-10 所示，若期望收益率为 10%，试用净现值指标判断该项目在经济上是否可行。

解：计算过程如表 1-10 所示。

表 1-10　净现值计算表

年份	投资额（万元）	收入（万元）	支出（万元）	净现金流量（万元）	因数	现值（万元）
0	−300	0	0	−300	1	−300
1	0	250	150	100	0.9091	90.9
2	0	250	150	100	0.8264	82.6
3	0	250	150	100	0.7513	75.1
4	0	250	150	100	0.6830	68.3
5	0	250	150	100	0.6209	62.1
NPV（万元）						79

注：因数的计算公式为 $(1+i)$。

由公式算出 NPV=−300+100×(P/A, 10%, 5)=79（万元）。

由于 NPV>0，故该项目在经济效果上可以接受。说明该项目在整个寿命期内除保证 10% 的收益率外，还可以多收入 79 万元。

2．投资回收期

投资回收期又称投资返本期，是反映项目投资回收速度的重要指标，它是指以项目的净收益抵偿其全部投资所需要的时间，通常以年表示。根据是否考虑资金的时间价值，投资回收期可以分为静态投资回收期 T_p 和动态投资回收期 T_d。

（1）静态投资回收期。T_p 表示累计净现金流量等于 0 的时点，即

$$\sum_{t=0}^{T_p} \text{NCF}_t = \sum_{t=0}^{T_p}(\text{CI}_t - \text{CO}_t) = 0$$

式中，NCF_t 为净现金流量。

但时点往往不是一个自然年份，因此在实际工作中，一般根据现金流量表，按照下面的公式进行计算：

$$T_p = \text{累计净现金流量开始出现正值的年份数} - 1 + \frac{\text{上年累计净现金流量的绝对值}}{\text{当年净现金流量}}$$

（2）动态投资回收期。静态投资回收期因未考虑资金的时间价值，难以正确地辨别项目的优劣，它相对应的改进指标则是动态投资回收期。动态投资回收期是指用项目各年收益的现值来回收其全部投资的现值所需要的时间。假设资金的折现率为 i，则 T_d 定义为

$$\sum_{t=0}^{T_d}(\text{CI}_t - \text{CO}_t)(1+i)^{-t} = 0$$

在实际工作中，一般根据现金流量表，按照下面的公式进行计算：

$$T_d = \text{净现金流量折现累计值开始出现正值的年份数} - 1 + \frac{\text{上年净现金流量折现累计的绝对值}}{\text{当年净现金流量折现值}}$$

对于所投资的项目，投资回收期越短，经济效果就越好。若部门或行业确定的基准投资回收期为 T_c，则项目判别标准为当 $(T_p) T_d \leq T_c$ 时，可以考虑接受该项目；当 $(T_p) T_d > T_c$ 时，则考虑拒绝该项目。

> **例**
>
> 某物流项目的投资为 140 万元，准备分 3 年投入，投产后每年都有净利润产生，项目计算（寿命）期为 8 年。试求项目的投资回收期，并且判断项目的盈利性（折现率取 15%，基准投资回收期取 6 年）。
>
> **解**：根据题意，计算得项目现金流量表，如表 1-11 所示。
>
> 表 1-11 项目现金流量表
>
> | 年份 | 0 | 1 | 2 | 3 | 4 | 5 | 6 | 7 | 8 |
> |---|---|---|---|---|---|---|---|---|---|
> | 净现金（万元） | -80 | -40 | -20 | 30 | 40 | 45 | 60 | 70 | 90 |
> | 累计净现金（万元） | -80 | -120 | -140 | -110 | -70 | -25 | 35 | 105 | 195 |
> | 净现值（万元） | -80 | -35 | -15 | 20 | 23 | 22 | 26 | 26 | 29 |
> | 累计净现值（万元） | -80 | -115 | -130 | -110 | -87 | -65 | -39 | -13 | 16 |
>
> 由公式计算得
>
> 静态投资回收期 $T_p = 6 - 1 + |-25|/60 = 5.4$（年）
>
> 动态投资回收期 $T_d = 8 - 1 + |-13|/29 = 7.4$（年）
>
> 该项目的基准投资回收期是 6 年，动态投资回收期约为 7.4 年，大于基准投资回收期。单纯依据此指标，应该拒绝该项目。

投资回收期是反映项目投资回收能力的重要指标，它的优点是：计算简单，使用方便；能反映项目的风险性。因为一般而言，时间越长，现金流量越难以正确估计，其收益也更难以保证。项目的回收期越短，说明该项目的投资回收越快，项目的风险性将越小。它的缺点是：没有考虑资金的时间价值；没有考虑项目投资回收期后发生的现金流量，无法反映项目在整个寿命期内的经济效果。因此用该指标进行计算，对短期收益大的项目更有利，这是用其进行多方案评价时必须注意的问题。

它比较适用于在技术经济数据不完备和不精确的项目初选阶段使用，被广泛用于项目评价工作中；又由于该指标兼顾了方案的经济性和风险性，在某类型的方案评价中具有特别之处（如投资者由于资金紧张、产品周期短、市场变化快等原因而希望早日收回投资）。但是必须注意的是，该指标仅适用于项目的可行性判断，多作为反映项目风险状况的辅助性指标使用，不能用来对多方案进行择优评价。

3. 投资收益率

投资收益率是指项目达到设计生产能力后在正常生产年份的净收益与投资总额的比率。由于分析目的的不同，投资收益率在具体应用中有许多不同的表达方式，在项目评价中最为常用的是投资利润率（也称为投资效果系数）。投资利润率的含义是单位投资所能获得的年净利，其计算公式为

$$E = P/I$$

式中，E 为投资利润率；P 为正常生产年份的年利润或年均利润（对生产期内各年利润变化较大的项目而言）；I 为总投资额。

若 $E_{标}$ 为标准投资利润率，则当 $E \geq E_{标}$ 时投资方案可行。

在实际应用中，可根据需要对公式计算采用不同的取值口径，以用于不同的分析目的，因而投资收益率往往还呈现出以下不同的表示形式：

投资利税率 =（年利润 + 税金）/ 全部投资额

资本金利润率 = 年利润 / 资本金

全部投资收益率 =（年利润 + 折旧与摊销 + 利息支出）/ 全部投资额

权益投资收益率 =（年利润 + 折旧与摊销）/ 权益投资额

例

某物流项目总投资 100 万元，预计正常生产年份年收入 30 万元，年支出 8 万元。若标准投资利润率为 15%，该项目是否可行？

解：$E = P/I =$（30−8）/100 × 100% = 22%

由于 22% > 15%，故该项目可行。

投资收益率指标的优点是：①该指标与国家统计资料和企业有关财务资料较为对口，计算简单方便；②该指标的基准容易确定，实际可操作性强，可以选取银行利率、企业利税率

等作为标准投资利润率。它的缺点是：投资收益率指标没有反映资金的时间价值，不能体现早期收益比后期收益的优越性。

4．内部收益率

内部收益率是使项目在整个寿命期产生的净现值为 0 的贴现率，一般用 IRR 表示。它是项目经济评价最重要的指标之一。

对常规项目而言，所取的贴现率越大，项目的净现值就越小。而我们用净现值指标的评价标准是项目净现值不小于 0。因此，内部收益率可以理解为使项目净现值指标可行的最大贴现率。也就是说，以项目在整个寿命期所产生的现金流入完全抵补其现金流出时的收益水平。内部收益率可由以下公式算出：

$$\sum_{t=1}^{n}\frac{\mathrm{NCF}_t}{(1+\mathrm{IRR})_t} - C = 0$$

式中，NCF_t 为第 t 年的净现金流量；IRR 为内部收益率；n 为项目使用年限；C 为初始投资额。

判别准则为先确定基准收益率（MARR），若 IRR $\geq$ MARR，则方案可行。

计算方法及步骤如下：

从 IRR 的计算公式可以看出，内部收益率的求解是对一元高次方程的求解，用代数法求解较为复杂，通常采用"试算内插法"求 IRR 的近似解。

第一步，初步估算 IRR 的值。先用一个贴现率 i，计算相应的 NPV（i_1）。若 NPV（i_1）>0，则表明 IRR>i_1；相反，若 NPV（i_1）<0，则说明 IRR<i_1。

第二步，观察所求得的 NPV 值，并反复试算，可得到两个较为接近的贴现率 i_m 和 i_n，且有 NPV（i_m）<0，NPV（i_n）>0，则 IRR 的值必定在两个贴现率之间。

第三步，用线性内插法求得 IRR 的近似值。计算公式为

$$\mathrm{IRR} = i_n + \frac{\mathrm{NPV}(i_n)}{\mathrm{NPV}(i_n)+|\mathrm{NPV}(i_m)|} \times (i_m - i_n)$$

内部收益率指标的优点包括：①该指标可以作为有关部门监控行业经济效果的衡量标准；②该指标能在一定程度上起到控制投资的作用。

该指标的缺点包括：①对非常规投资项目而言，内部收益率方程可能会出现多解或无解的情况，此时不能用内部收益率指标来评价方案；②在对内部收益率的计算中采用了复利计算法，这就意味着项目寿命期内所获得的净收益可全部用于再投资，再投资的收益率等于项目的内部收益率。而现实投资中，出现这种情况的概率较小。

> **例**
>
> 某工程项目需投资 1000 万元，寿命期 20 年，1～20 年的净现金流量均为 110 万元。试计算该项目的内部收益率。若基准贴现率为 10%，该项目是否可行？
>
> 解：（1）根据公式可得
>
> $$-1000+110\times(P/A, i, 20)=0$$

（2）设 i_n=9%，i_m=10%，分别计算其净现值：

$$NPV_n=-1000+110\times(P/A,9\%,20)=-1000+110\times9.1285=4.135（万元）$$
$$NPV_m=-1000+110\times(P/A,10\%,20)=-1000+110\times8.5136=-63.504（万元）$$

（3）用内插法算出内部收益率 i：

$$i=9\%+4.135/(4.135+63.504)\times(10\%-9\%)=9.06\%$$

由于 9.06%<10%，故该项目在经济效果上不可行。

5．外部收益率

外部收益率可以被认为是对内部收益率的一种修正，一般用 ERR 表示。外部收益率在计算时与内部收益率一样假定建设项目在寿命期内所获得的净收益全部用于再投资，但不同的是其假定再投资的收益率等于基准收益率。其经济含义是在基准收益率的利率下，在建设项目寿命终了时，以每年的净收益率恰好把投资全部收回。

计算公式如下：

$$\sum_{t=1}^{n}I(F/P,\text{ERR},t)=\sum_{t=1}^{n}R_t(F/P,\text{MARR},t)$$

式中，I 为投资额；R 为净收益；ERR 为外部收益率。

外部收益率法用于建设项目的经济效果评价时，也需要与基准收益率比较。其独立建设项目评判准则为：当外部收益率大于或等于基准收益率时，建设项目可行；否则，建设项目不可行。

当外部收益率法用于多个可行建设项目的优选与排序时，其评判准则为外部收益率越大，建设项目越优。

外部收益率指标的特点：外部收益率属于相对性指标，因此只能判断项目是否可行，不能用来进行方案择优；在实际中应用不普遍，但对非常规项目的评价比内部收益率指标要好，因为它不会出现多解的情况，而且求解更为简便。

资料链接 1-3

某冷链物流园建设项目可行性研究报告编写大纲

一、总论

1.1 冷链物流园建设项目工程项目名称、建设单位

1.2 冷链物流园建设项目背景

1.3 冷链物流园建设项目建设的必要性

1.4 冷链物流园建设项目概况

1.5 冷链物流园建设项目可行性研究报告的编制依据

二、冷链物流园建设项目市场分析

2.1 行业发展情况

2.2 市场竞争情况

2.3 项目产品市场分析

2.4 该项目企业在同行业中的竞争优势分析

2.5 项目企业综合优势分析

2.6 项目产品市场推广策略

三、冷链物流园建设项目产品方案和建设规模

3.1 产品方案

3.2 产品应用领域

3.3 产品特点

3.4 产品营销策略

3.5 建设规模

四、冷链物流园建设项目地区建设条件

4.1 区位条件

4.2 自然地理

4.3 产业园区发展状况

4.4 项目所在地基础设施

4.5 社会经济条件

五、冷链物流园建设项目工艺技术方案

5.1 设计指导思想

5.2 设计原则

5.3 项目主要原辅材料

5.4 项目生产工艺

5.5 产品生产技术方案

六、冷链物流园建设项目厂区建设方案及公用工程分享

6.1 厂区建设方案

6.2 公用及辅助工程

七、冷链物流园建设项目环境保护

7.1 设计依据

7.2 项目施工期环保措施

7.3 项目运营期环保措施

7.4 环境保护估算

7.5 环境影响综合评价

八、冷链物流园建设项目节约能源

8.1 用能标准和节能规范

8.2 能耗分析

8.3 节能措施综述

九、冷链物流园建设项目劳动安全与工业卫生、消防

9.1 设计依据

9.2 安全教育

9.3 劳动安全制度

9.4 劳动保护

9.5 劳动安全与工业卫生

9.6 消防设施及方案

十、冷链物流园建设项目组织机构及劳动定员

10.1 管理机构设置原则

10.2 管理机构组织机构图

10.3 劳动定员和人员培训

十一、冷链物流园建设项目实施进度安排

11.1 项目实施进度安排

11.2 项目实施进度表

十二、冷链物流园建设项目招投标

12.1 项目招标目的

12.2 招标原则及招投标方案

十三、冷链物流园建设项目估算及资金筹措

13.1 工程概况

13.2 编制依据

13.3 其他费用及预备费说明

13.4 项目估算

13.5 资金筹措与使用计划

十四、冷链物流园建设项目财务评价及社会效益分析

14.1 财务评价

14.2 营业收入及税金测算

14.3 成本费用测算

14.4 利润测算

14.5 财务分析
14.6 项目盈亏平衡及分析
14.7 财务评价结论
14.8 项目社会效益评价

十五、冷链物流园建设项目风险分析及防范对策
15.1 风险因素识别
15.2 风险防范对策

十六、冷链物流园建设项目可行性研究结论建议
16.1 结论
16.2 建议

单元三　物流项目团队的组建

情景导航

2023年8月，A物流企业在辽宁省沈阳市的某物流园区长租了一幢楼，租期为15年。该楼共5层，总建筑面积3万 m²，A物流企业拟将其改造成电商仓库和办公区，并于8个月后正式投入运营。那么，A企业应该如何组建项目团队？这个团队主要的职责有哪些？

一、项目目标确定

目标管理由管理学大师彼得·德鲁克（Peter F. Drucker）提出，他告诉人们，不能只顾低头拉车而不抬头看路，最终忘了自己的主要目标。目标管理也是项目管理者变被动工作为主动工作的有效手段，无法对目标实行管理的项目注定会失败。

项目目标应符合 SMART 法则，其具体含义如下：

S——明确的（Specific）。要用具体的语言清楚地说明要达成的标准。拥有明确的目标几乎是所有成功项目的共同特点。

M——可测量的（Measurable）。项目目标应该是可测量的，而不是模糊的，应该有一组明确的数据作为测量项目是否达成目标的依据。对于目标的可测量性，应该从数量、质量、成本、时间、客户的满意程度五个方面来进行表述。

A——可实现的（Attainable）。相关人员应参与到项目目标的设置过程中，以确保拟定的项目目标能在组织及团队之间达成一致。目标既要使项目工作内容饱满，也要具有可实现性。

R——相关的（Relevant）。项目目标要与组织目标达成一致，更要考虑达成目标所需要的条件。这些条件包括人力资源、硬件条件、技术条件、环境因素等。制定目标要兼顾成本和效益。

T——有时限的（Time-based）。项目目标是有时间限制的，没有时间限制的目标没有办法考核，或考核容易不公平。

在日常工作中，有些组织的目标描述不合适，会影响后续项目的推进。常见的不符合SMART法则的目标有：客户满意（怎样算满意）、快速响应（多长时间算快速）、稳定运行（稳定包含哪些指标）、有效控制（如何算有效）等。"本月要完成人事审批模块的开发"就是典型的不符合SMART法则的目标。既没说明工作究竟是什么，也没说清楚工作的量有多少、怎么测量、如何实现、何时完成。

二、项目团队的定义与特征

（一）项目团队的定义

高度的凝聚力团队是指在工作中紧密协作并相互负责的群体，他们拥有共同的目的、绩效目标以及工作方法，且以此自我约束。团队是为实现一个共同目标而协同工作的一组成员，团队工作就是团队成员为实现这一共同的目标所做出的共同努力。

项目团队又称项目组，就是为保证项目有效实施而建立的团队。项目团队的具体职责、组织形式、人员构成和人员配备等方面因项目性质、复杂程度、规模和持续时间等方面的不同而异。

项目团队不仅仅是指被分配到某个项目中工作的一组人员，它更是指一组互相联系的人员齐心协力地进行工作，以实现项目目标，满足客户需要。而要使这些人员发展成为一个有效的团队，一方面要项目经理做出努力，另一方面也需要项目团队中每位成员积极地投入团队。一个有效率的项目团队不一定就能取得项目的成功，但一个效率低下的团队注定会使项目失败。

（二）项目团队的特征

项目团队是为实现项目的目标而共同合作的若干成员组成的正式组织，一般包括项目经理、项目办公室人员以及专业人员等。项目团队具有以下特征：

（1）项目团队具有明确的目标。项目团队的使命是完成项目的任务，实现项目目标。

（2）项目团队是一种临时性组织。在项目任务完成后，项目团队的使命即已终结，项目团队即可解散。

（3）项目经理是项目团队的领导。在一个项目团队中，项目经理是最高的决策者和管理者。一般来说，项目的成败与项目经理能力的大小有着密切的关系。

（4）项目团队强调合作精神。项目团队是一个整体，它按照团队作业的模式来进行，这就要求成员具有高度的合作精神，相互信任，相互协调。

（5）项目团队成员的增减具有灵活性。项目团队在组建的初期，其成员可能较少，随着项目进展的需要，项目团队会逐渐扩大，而且团队成员的人选也会随着项目的发展进行相应的调整。

（6）项目团队建设是项目成功的组织保障。项目团队建设包括对项目团队成员的培训、人员绩效考核以及人员激励等，这些都是项目成功的保障。

三、物流项目团队的组建阶段

（一）物流项目团队的发展阶段

项目团队一般经历五个阶段，即形成阶段、磨合阶段、正规阶段、成效阶段、解散阶段。

1. 形成阶段

这一阶段是团队发展过程中的起始阶段。项目团队成员从不同的岗位集中到一起，大家开始相互认识。在这个阶段中，团队成员总体上有一个积极愿望，急于开始工作。这时，要靠项目经理来指导和构建团队。项目经理向团队成员介绍项目背景及其目标，然后建立团队内部框架（如项目团队的任务、目标、角色、规模、人员构成、规章制度、行为准则等），使每个成员都能了解项目的目标、质量标准、进度计划等，并为每个人分配任务或角色。

2. 磨合阶段

项目目标明确后，团队成员们开始运用技能着手执行分配到的任务，开始缓慢推进项目工作。各项目团队成员在任务执行中发现现实和预想有差距，预定的进度计划完成有困难，团队成员之间因任务的差异忙闲不均等，从而不可避免地会发生工作和思想上的冲突，部分团队成员会产生怨愤或者对立的情绪，以致对项目任务采取消极应对的态度，士气低下。这时，项目经理要接受并容忍团队成员的不满，要允许成员表达他们所关注的问题。项目经理要做好导向工作，致力于解决矛盾，努力为大家创造一个和谐、相互理解、相互宽容的工作环境，减少团队震荡对项目的不利影响。

多数情况下，随着项目的推进实施，项目团队成员之间的磨合越来越好，整体的工作效率也会越来越高。

3. 正规阶段

磨合后稳定了的项目团队就进入了发展的正规阶段。项目团队成员之间也较为熟悉，相互信任，建立起了相互帮助与合作，甚至超出工作范围的友谊关系，绝大部分个人矛盾已得到解决。项目团队接受了这个工作环境，项目规程得以改进和规范化。部分控制及决策权从项目经理移交给了项目团队，凝聚力开始形成。在正规阶段，项目经理应尽量减少指导性工作，给予项目团队更多的支持，协助、修正项目进度的制定和执行。随着工作进展加快，项目经理对项目团队所取得的进步应予以表扬。

4．成效阶段

经过前一阶段的工作，团队确立了行为规范和工作方式，项目团队积极工作，急于实现项目目标。这一阶段的工作绩效很高，团队有集体感和荣誉感，信心十足，能开放、坦诚、及时地进行沟通。在这一阶段，团队根据实际需要，以团队、个人或临时小组的方式进行工作，小组之间相互依赖度高，能感觉到高度的授权，而且经常合作，随着工作的进展并得到表扬，团队成员会获得满足感。个体成员会意识到为项目工作能够使他们真正获得职业上的发展。在成效阶段，项目经理应将注意力集中于预算、进度计划、工作范围及计划方面的项目业绩。相互理解、高效沟通、密切配合、充分授权所体现的宽松的环境增加了团队成员的工作激情，形成了本阶段的团队合力。所以，成效阶段也是项目出效率、出成果、实现创新的关键阶段。

5．解散阶段

项目团队完成了预定的任务并交付项目成果后，一般项目团队即告解散。当预见项目准备解散时，团队成员会开始躁动不安，考虑自身今后的发展，有些团队成员会回到原先的岗位，有些可能会参加一个新的项目团队，开始新项目的工作。

（二）项目团队成员的选定

挑选项目团队成员时，应考虑以下条件：
（1）具有与项目任务相关的知识与技能。
（2）个人对项目任务有兴趣。
（3）能分出足够的时间参与项目工作。
（4）具有团队精神，喜欢与他人合作。
（5）具有良好的诚信和稳定而开放的心理素质。

（三）物流项目团队的组成

不同的物流项目对项目团队组成人员的要求是不一样的。以下分工程类物流项目和非工程类物流项目进行介绍。

1．工程类物流项目

对于一个中等规模的物流工程项目（如建设一个物流配送仓库），项目团队一般由以下关键成员组成：
（1）项目经理：包括业务组项目经理、设计单位项目经理和实施单位项目经理。
（2）项目工程师：主管仓库及相关的设备设计，负责配送仓库功能分析、仓库布置说明、设备选型、图样绘制、费用估算、质量、工程变更及技术文档准备。
（3）技术工程师：组织有效的土建施工和设备安装等生产活动。

（4）现场经理：为仓库的施工管理及设备、装置等现场安装、调试提供现场支持。

（5）合同管理员：负责项目的所有正式书面文件保管，对用户变更、提问、投诉、法律方面、成本及其他授权给项目的关于合同方面的事务保持跟踪。

（6）项目管理员：负责记录项目的日常收支情况，包括成本变化、劳务费用、日常用品及设备状况等；负责项目信息的管理，定期做一些报表，与项目经理和公司领导保持密切联系。

（7）支持服务经理：负责项目需要的材料与设备的外采或分包给其他供应商。

2．非工程类物流项目

劳务型或咨询类的物流项目的项目团队需要的人员相对要少。如仅提供配送（第三方）物流项目，由以下成员组成即可：

（1）项目经理：包括委托人（生产企业）的项目经理和物流公司的项目经理。

（2）项目工程师：负责企业产品的配送流程设计、运输方式与载运工具类型、运输路径的方案设计，以及相关物流服务成本的估算。

（3）信息管理员：负责项目的所有正式文件（包括项目合同、会议纪要、来往公函等）和其他相关信息的记录、整理、保管和传达。

四、项目团队管理者的选用

项目管理本质上是一种基于战略方向、组织开拓创新的学问，其目的在于组织各方资源在短时间内形成合力，完成突破性的商业目标。显然，选择一位合适的项目管理者（特别是项目经理）是非常重要的。

绝大多数组织都由诸多职能部门组成，这可能会导致独立王国思维：人们倾向于先考虑单个部门的需求、利益和目标，而不是优先考虑组织的整体利益。这种态度往往是有害的，因为对某个部门最优的方案未必对一个组织、项目或客户是最好的。从人性角度，每个人都生活在自己的世界中，每个人都有自己关心的事情。换言之，本位思考是人的天性。市场人员更多会从市场分类和市场趋势的角度看问题，工程师则会从实用性和功能规格角度看问题。

组织目标常被分解为部门目标。这对于单个部门即可开展的工作也许并不是问题，但项目往往是跨部门的，当每个部门都站在自己的角度看待项目时，情况就糟糕了——大家"各人自扫门前雪，莫管他家瓦上霜"，各部门的人员总把"我们部门怎么样""其他部门怎么样"挂在嘴边。

项目中的一个常见情况是，计划部门强调进度"要快"，财务部门要求"省钱"，质量部门挥舞"质量第一"的大棒，市场部门高举"客户至上"的大旗……组织的考核体系很容易加深这种矛盾，涉及项目的各部门都有自己的业绩指标——每个部门的指标都完成了，但是项目却没完成。

项目管理者必须要善于化解跨职能、跨部门/团队的矛盾，尝试找到能使各方达成一致的方案，这也是项目管理最重要的工作之一。事实上，项目管理的本质就是整合，为了做到这一点，项目管理者应该站在全局角度来思考和解决问题，找到各相关方之间的平衡点。项目管理者的责任是组建一个有集中项目目标、统一想法的组织单元。其需要识别各方差异，让团队成员首先从团队最优角度看问题。

在很多企业里，项目经理都是在有责无权的条件下实施项目的。首先，他既不给团队成员发钱，也决定不了团队成员的升迁，却要安排团队成员干活，自然是不被成员待见的。其次，他时不时要跟职能部门争资源，给职能部门添麻烦，这些职能部门经理自然也是不满的。最后，高管见到项目经理时，听到的总是一堆坏消息：不是进度拖期了，就是成本超支了；不是质量变坏了，就是客户不满了。在高管眼里，项目经理是"从不带来好消息的人"。可见，项目经理的压力是全方位的。

项目管理是一个极具挑战性的工作。有成熟项目管理体系的企业对项目经理的选拔非常严格，通常会要求其具有多年的专业背景、丰富的管理经验。

五、项目职责的落实

为了确保每个人承担起各自对项目的责任，降低"旁观者效应"的影响，使项目能够顺利完成，必须落实每个人的具体职责。为此必须确保做到任务落实、人员落实和组织落实。

任务落实，是指为了防止相互推诿、扯皮和责任不清的情况出现，每项任务必须有且只能有一个人对其负责。如果一项工作必须由两个人负责，则应该对该任务进一步分解落实。**人员落实**，是指必须确保将每个具体工作责任落实到具体个人，而不是一个组织、一个部门、一个小组。不能让任何一个人对项目只享有权利而不承担义务。**组织落实**，是指确保在项目组织和实施中，人员、流程、使用管理平台、技术、工具之间协调一致，并建立相应的激励措施等。很多人需要对项目尽责，但他们中的很多人不是项目经理的下属，甚至不是公司的员工，如何使这些人承担起对项目的责任是项目经理面临的挑战。

另外，项目团队的所有人需达成一致意见，同意责任分配。活动责任的承担涉及对时间安排、成本、风险等的保证。责任不仅是技术性责任，也包括管理责任。而且，所有责任必须落实在项目管理团队的范围内。如果项目管理团队之外的人员负责一些活动，那么项目经理必须承担该工作的管理责任，还要承担该部分工作与其他工作的接口协调责任（如需要）。诚然，项目经理负责整个项目，但不负责各项单独活动，此类责任应分配给特定专员。

在责任分配完成后，项目负责人还需要完成以下工作：确保团队的工作优先级与客户的需求一致；确保将团队的工作适当地展示给管理层；让技术负责人为不懂技术的人员解释技术问题；同时让开发团队了解一些必要的非技术问题。

模块小结

本单元对物流项目运营的相关概念和特点进行了介绍，对启动阶段需要完成的项目可行性研究分析、项目目标确定、项目团队组建等工作进行了梳理。项目的可行性研究是项目启动的重要准备，项目的条件得到各方面主体的认可是项目实施的基础，项目可行性研究报告的撰写要求很高，本模块重点掌握研究报告的框架以及常用的一些经济指标分析方法。项目正式立项后，项目团队的组建是必不可少的一个环节，完成本模块学习应掌握项目团队的组建要求，并能根据相关背景资料找到合适的团队组建路径。

实训 1

课后练习

一、问答题

1. 项目的特点有哪些？它的生命周期分为哪几个阶段？
2. 请简单分析物流项目与其他项目的区别。
3. 请列出一个新建物流园区的项目可行性研究报告的框架。
4. 2023 年 5 月，浙江省杭州市某物流企业拟针对当地医院的血液送检业务试行无人机配送业务，为配合该项目的开展，公司拟组建一个项目团队。你认为该团队应有哪些部门的员工参与？他们各自主要的职责有哪些？

二、计算分析

1. 假设某项目 2022 年年初投资 1 000 万，从 2024 年年初开始有回报，每年回报为 120 万元，回报时间为 15 年。请问该项目回报在 2022 年年初时的净现值是多少？这笔投资是否可行？假设银行贷款年利率为 5%。
2. 某物流项目总投资 1 000 万元，预计正常生产年份年收入 350 万元，年支出为 150 万元。若标准投资利润率 E 为 15%，该项目是否可行？

三、实训操作

请利用办公软件画出本模块的逻辑思维导图。

模块二
物流项目规划

知识目标

- 理解物流项目的任务结构。
- 理解项目关键路径图的内在逻辑关系。
- 理解项目甘特图的内在逻辑关系。
- 理解物流项目成本的构成内容。
- 掌握物流项目风险的内容及分析方法。

能力目标

- 能运用工具对物流项目任务进行准确的分解。
- 能根据案例资料熟练绘制物流项目关键路径图和甘特图。
- 能根据案例资料编制物流项目成本预算表。
- 能根据案例背景制定相应的项目风险应对策略。

素质目标

- 形成从全局考虑问题的视野。
- 养成科学严谨的学习工作态度。
- 养成防患于未然的风险意识。

关键词

项目任务分解；项目关键路径图；项目进度甘特图；项目成本分析；项目风险评估

案例导入

郑和下西洋前的准备

明朝初期国力强盛，自明朝永乐三年到宣德八年，28年的时间中，郑和率领船队远航七次，声名远播。

郑和每次从苏州刘家港出发，船队规模最大时有240多艘船，27 000多名海员，到达过30多个国家，加深了明朝对东南亚及非洲沿岸国家的影响。当时，在远洋进行航行风险很大。为了让每一次的航行项目都能顺利进行，团队事前都要进行充分的准备。

1. 船队组成

在郑和下西洋的船队中，有五种类型的船舶。分别是宝船、马船、粮船、坐船和战船。据《明史》《郑和传》记载，郑和航海宝船共63艘，最大的长44丈4尺，宽18丈，是当时世界上最大的海船，折合现今长度为151.18m，宽61.6m。船有四层，船上9桅可挂12张帆，锚重有几千斤，要动用二百人才能启航，一艘船可容纳有千人。第二种叫"马船"，长37丈，宽15丈。第三种叫"粮船"，长28丈，宽12丈。第四种叫"坐船"，长24丈，宽9丈4尺。最后一种叫"战船"，长18丈，宽6丈8尺。因此郑和所率领船队的船只，有的用于载货，有的用于运粮，有的用于作战，有的用于居住，分工细致，种类较多。多种类的船相互配合，即使在海上遇到较为恶劣的天气，船队也有能力应对。

2. 食物准备

因为船队规模大，所以在出海前，都会准备充足的粮食和淡水，以保证长时间航行的饮食。我国明朝时期的粮食以及蔬菜水果的储存已经有了很大进展，完全可以应对出海航行。另外，海中有着丰富的鱼类资源，除了淡水资源和果蔬，海中应有尽有，不必担心没有吃的。有了充足的食物，航行的时间就可以足够长，远洋的距离可以足够远。

3. 沿途贸易

郑和的团队中携带有大量的瓷器、丝绸等明朝特有的商品，用以沿途进行贸易，拓展海上贸易渠道。虽然郑和的船队不以国际贸易为主要目的，但是可以通过物物交换获得我国需要的一些稀缺物品。并且当他们进行贸易时，完全可以从当地解决淡水资源等物资不足的问题。

因为当时我国国力雄厚，而前期的项目准备与计划足够充分，郑和的下西洋才取得了辉煌的成绩。

请问：具体到某个物流项目的实施，前期需要从哪些方面来进行充分计划呢？

单元一 物流项目任务拆解

情景导航

一个项目，无论大小，我们只有将其拆解成具体的工作，才能够有针对性地去实施。以做一道水煮鱼为例，其任务拆解成如图2-1所示，细到买葱、洗葱、切葱等工作。假如你现在要负责某家快递企业杭州某网点的网格仓建设与运营的项目，该项目的任务应该如何进行合理拆解呢？

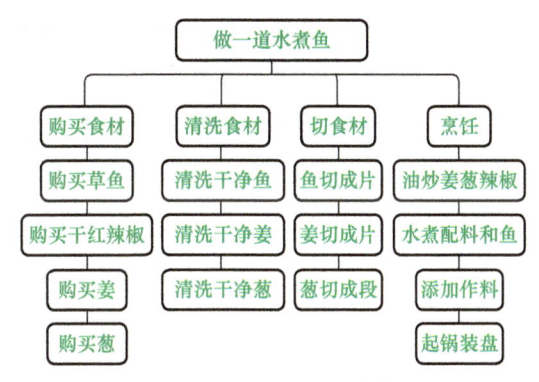

图 2-1 做水煮鱼的任务拆解

一、工作分解结构法

（一）定义

工作分解结构法（Work Breakdown Structure，WBS），就是把一个项目按一定的原则分解，项目分解成任务，任务再分解成一项项工作，再把一项项工作分配到每个人的日常活动中，直到分解不下去为止。即：项目→任务→工作→活动。Work，指工作，可以产生有形结果的工作任务。Breakdown，指分解，是一种逐步细分和分类的层级结构。Structure，指结构，按照一定的模式组织各部分。

WBS 是工作的一个总结，而不是工作本身，工作是构成项目的许多活动的总和。WBS 就是一个可以帮助使用者理清头绪，根据目标做好计划的工具。与其选择后期"背锅"，不如学会用 WBS 进行前期"拆雷"，尤其是对于没有成熟经验的物流项目，必须遵循 WBS 工作分解结构法对项目进行"拆解"。

（二）WBS 的作用

WBS 的实质思想之一，是要在项目过程中体现项目职责的落实和明确划分。由于项目管理自身的特点，在项目规划阶段，我们很难盘点项目涉及的全部事项，对一些远期才能完成的成果，项目初期可能无法分解。即使是在一个理想环境下，工作分解过细，也会带来管理成本的无效耗费，资源使用效率低下，同时 WBS 各层级数据汇总困难，所以我们需要明确 WBS 的作用到底是什么。

WBS 的作用主要有以下五个方面：

（1）确定项目范围。明确和准确地说明项目的范围。

（2）分配项目工作。为各独立单元分派人员，规定这些人员的相应职责。

（3）预估项目成本。针对各独立单元，进行时间、费用和资源需要量的估算，提高时间、费用和资源估算的准确度。

（4）把控项目进度。为计划、成本、进度计划、质量、安全和费用控制奠定共同基础，确定项目进度测量和控制的基准，确定工作内容和工作顺序。

（5）转换项目价值。将项目工作与项目的财务账目联系起来。

在明确作用后，项目分解的结构也至关重要。我们来了解下 WBS 分解结构的几个特点：分解自上而下，逐级进行分解；对于小项目来说分解层级一般为 4~6 级就足够了，层级越多越不易于管理；节点最终分解到一个人工作量以日为单位；相同任务只能在 WBS 的一个节点上出现，不能出现工作重复的节点内容；一个任务节点也只能由一个人负责，其他人配合；分解的任务节点，应该与实际工作情况一致，这样才能对项目进行指导。明确颗粒度，"责任到人"是项目管理的核心，在每一层次 WBS 分解过程中都考虑到项目责任划分和归属，尽可能每一个最底层的节点根据 WBS 分解结构的特点来确定分解的任务节点以及唯一责任人（或部门）。

（三）WBS 的分解原则

在实际的管理实践中，一个项目往往有多种分解方法，可以按照工作的流程、可交付成果分解，也可以在不同层级使用不同的方法，不同的分解方式侧重点不同，相互之间难以统一。想解决这一矛盾，首先要理解 WBS 方法的一个作用，是实现项目进度/成本控制的基础，如果没有这个功能，WBS 在具体活动中没有任何特殊意义，只是一个工作备忘录。结合这一作用，我们可以考虑在应用 WBS 方法的时候，将其分为两个部分：①上层部分为大项工作分解结构，可以参考项目的高层级目标，将整个项目按级别划分若干大项和单项。大项分解可以参考项目的生命周期、各个阶段、各个里程碑控制点等原则划分；②下层部分为小项工作分解结构，部分划分也不一定严格遵循 80 小时等传统原则，尽可能有一个相对完整的交付成果即可，如果涉及对外合同，尽量让底层部分的分解层次位于合同清单项之上，避免混乱，也利于工作量和成本衡量。

结合两个部分，我们认为 WBS 应按以下原则分解：

（1）系统性、完整性原则。WBS 分解时应以项目目标和项目需求为基础，充分识别项目中的所有任务实体，以及任务实体间的逻辑联系，确保 WBS 分解中包含所有的项目任务实体，做到不遗漏、不增加。分解完后要有 100% 覆盖项目的可交付物，每一层分解的子任务也要 100% 覆盖它的父级任务范畴。

（2）层次化分解的原则。WBS 分解时应从项目目标开始，逐层分解分类，确保性质相同的项目任务处于同一层次。

（3）避免任务交叉或重叠的原则。WBS 分解时每个项目任务在 WBS 中应该具有唯一性，同一任务不能重复出现。

（4）最底层任务可执行、可验证、可交付原则。处于 WBS 最底层的项目任务要能够执行和实现，尽量使用动名结构的词语来描述任务内容，避免使用带有歧义的形容词或副词来描述最底层项目任务。

（5）有利于任务分工、明确责任的原则。WBS 分解出的每项任务最终都要落实到具体的人来执行和实现，因此通过 WBS 分解，有助于项目成员清晰明确地理解项目中的每项任务，便于项目经理明确每项任务的责任人。

（6）有利于项目管理的原则。项目管理是项目过程管理和控制的重要手段，WBS 分解为项目进度计划、项目资源管理计划、项目风险管理计划、项目变更管理计划、项目沟通管理计划等计划的制订和执行提供了核心依据，因此 WBS 的分解应有助于项目管理计划的制订和执行。

（7）有助于项目沟通的原则。项目沟通是项目干系人之间获得项目目标共识的有效手段，WBS 分解又是项目目标任务的系统化全局分解，因此在 WBS 分解时应尽量使用项目干系人有共同理解和认知的项目术语，对于陌生的概念和术语，以及项目中的新造词汇，要使用项目术语表进行记录和陈述说明，以限定和规范其表述范围，使之在项目干系人之间有共同的理解和认知，便于项目干系人之间的沟通。

具体到项目任务的分解方式，可以有多种形式，可以从产品的物理结构、产品或项目的功能、项目实施过程、项目的地域分布、项目的各个目标、项目部门等角度进行分解，具体要根据项目的实际情况来定。

即问即答 2-1

在项目规划阶段，WBS 能起到什么样的作用？

WBS 的分解原则

资料链接 2-1

仓储项目目标拆分的逻辑

仓储项目目标的拆分是存在一定逻辑的，常用的拆分逻辑主要有以下两种：

（1）按流程逻辑分解。比如，启动一个仓储项目，那这个项目就主要分解为设计和落地两大环节，设计环节应包括货物布局设计、组织结构设计和作业流程设计；落地环节应涵盖供应商考察、筛选与评估，场地交接、装修与布置，人员招聘、培训与保障，系统开发、测试与维护，货物搬仓、收货与发运。以上就完成了第一层的分解，再往下分解，以仓库布局设计为例，可以分为仓库区域规划、基础信息准备等。

（2）按工作模块分解。我们可以采用制造业人员常使用的"人机料法环"的理念，将仓储项目管理的目标按模块分为人员、设备、物料、流程和制度、场地。各模块又可拆分如下：人员模块，应该包括组织结构设计、人员招聘、培训、保障等；设备模块，应该包括确定设备的需求、采购或者租赁设备、设备的进场、安装与调试等；物料模块，应该包括仓储运营管理涉及的物料类目及数量、物料的采购与验收等；流程和制度模块，应该包括设计标准化作业流程体系以及仓库管理的制度体系；场地模块，应该包括寻找合适的仓储场地、场地布局设计、场地的装修与布置等。

资料来源：冯银川. 仓储管理实战 [M]. 北京：人民邮电出版社，2023.

二、创建物流项目的工作分解结构图

任何复杂工作，从认识、管理和控制的角度而言，总是应该从技术和专业角度将其分解成较小的、更易于管理的组成部分，这是复杂事务的实现逻辑。

（一）结构工作标准化

结构工作标准化，是提高组织效率的必由之路。靠人完成工作往往有较大风险，因为人是容易出问题的。对组织而言，经验再丰富的人，其价值也是有限的。因此，能把工作显性化、结构化、标准化，使后来的人可以重复实现，就非常有价值。

对细节的把握程度反映了一个企业的项目管理水平。魔鬼藏在细节中，如果不能将藏在项目细节中的含糊的、不确定的、不合理的成分展示出来，我们就永远不能尝到管理项目的乐趣，也永远不能摆脱想当然带来的内心的不定。

创建工作分解结构（WBS）就是把项目可交付成果和项目工作分解成较小的、更易于管理的组成部分的过程。一方面，WBS可以把藏有魔鬼的隐性工作显性化；另一方面，将工作用结构化的图表方式展示出来，可以帮助人们建立对项目的整体认知（特别是对项目不够了解的人）。同时，WBS可以界定项目范围、揭示项目细节，从而有助于安排项目进度、制定预算和进行有效沟通。某物流企业ERP软件系统开发项目的WBS如图2-2所示。

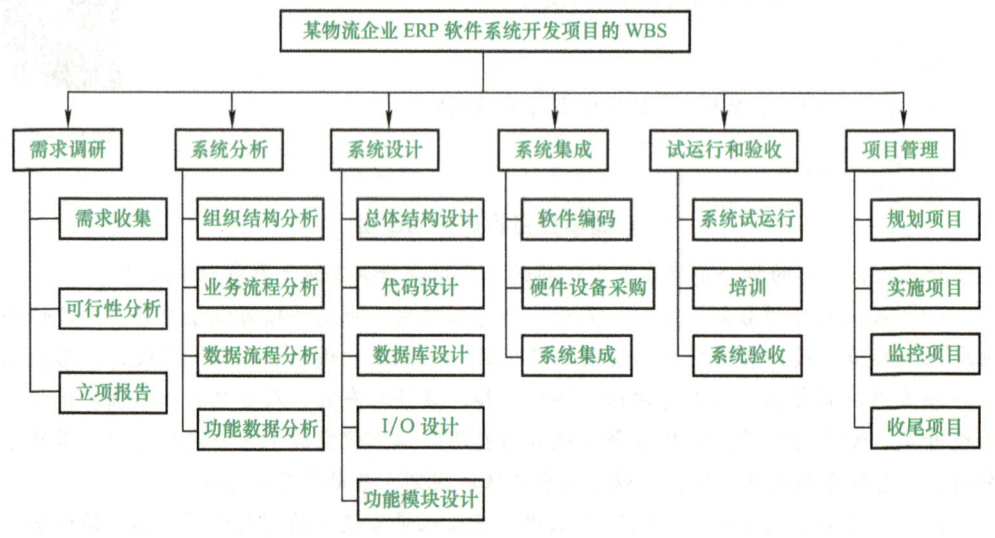

图2-2 某物流企业ERP软件系统开发项目WBS

在同一企业中，尽管所有项目各不相同，但有许多项目在较高层次上是相似的。如果能够花费些精力去编制涵盖这些同类型项目的标准WBS，那么这样的WBS就成了企业的一种无形资产。根据项目的实际情况对标准WBS进行调整后，它就成了该类项目可以采用的WBS。在项目分解完成后，为了使项目组成员更准确地理解项目所包含的各项工作的具体内容和要求，应该编制相应的工作技术条件表。某物流软件系统代码设计工作包的工作技术条件如表2-1所示。

表 2-1　系统代码设计工作包的工作技术条件

工作名称	代码设计
可交付成果	代码系统
验收标准	项目经理签字，确认代码设计方案
技术条件	代码设计规范（参见×××条件）
工作描述	根据项目要求和设计规范，进行代码设计并报批
假设条件	系统分析和总体结构设计工作均正确无误
信息源	系统分析所收集的信息
约束条件	总体结构设计所确定的大纲
需要注意的问题	风险：工作分类不准确 防范计划：分类工作要详细准确，以保证编码的标准化、系列化
签名：×××	日期：×××

不仅如此，这些以 WBS 为基础建立的工作技术条件也同样是组织开展后续类似项目工作的重要参考资料，我们在习惯上把这些工作技术条件的汇总称为 WBS 词典。表 2-2 是某物流软件系统项目的 WBS 词典（部分）。

表 2-2　某物流软件系统项目的 WBS 词典（部分）

WBS 编码	工作包名称	过程	所需资源	结果	完成标准/质量	责任人	预算	工期
1.1	需求收集	核心成员到某公司进行调查与需求分析	调查标准、设计标准	需求分析报告、系统的初步方案	列出要开发的交付成果的标准	李明	15万元	10天
⋮	…	…	…	…	…	…	…	…

WBS 及其词典是组织的重要无形资产。新加入项目组的成员能够根据这些资料迅速上手。这种方式虽然一次工作量较大，但一旦形成，就能够迅速界定项目的工作范围，进行可靠的进度安排和成本预算，这不仅提高了速度，也提高了项目的可靠性，降低了项目风险。

要提高项目的执行效率，必须提高项目的构件化（标准化）程度，创建 WBS 的过程就是对项目进行显性化、结构化、标准化的过程，唯有如此才能提高项目过程的可复制性。项目的标准化（构件化）是组织提高项目管理能力的必由之路。

（二）四种常见的 WBS 类型

同一个项目可以用很多方式来创建 WBS，项目管理者应根据 WBS 的用途和表示方式来进行选择。

1. 按组成分解

以开发自行车为例，按组成进行分解，自行车项目的部件包括轮子、变速器、车架，自行车项目的 WBS 如图 2-3 所示。

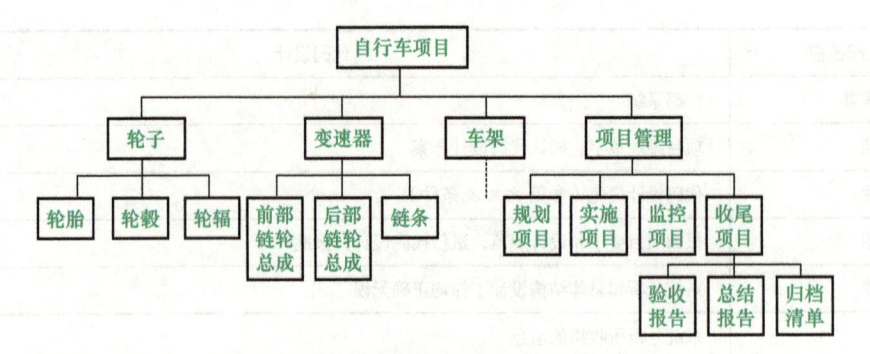

图 2-3　按组成分解的自行车项目的 WBS

注：虚线代表有未展开的工作，后文同。

2. 按功能用途分解

按功能用途分解的自行车项目的 WBS 如图 2-4 所示，包括导向系统、传动系统、控制系统，以及项目管理。

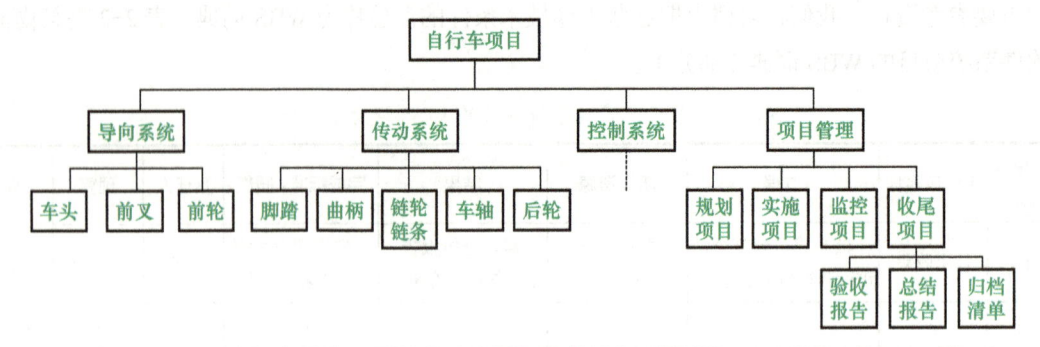

图 2-4　按功能用途分解的自行车项目的 WBS

3. 按生命周期分解

按照生命周期分解，通常用在那些涉及方法论的项目上。就系统集成项目来说，项目的过程从前往后依次是：需求收集、系统设计、系统集成、系统验收和项目管理，具体如图 2-5 所示。

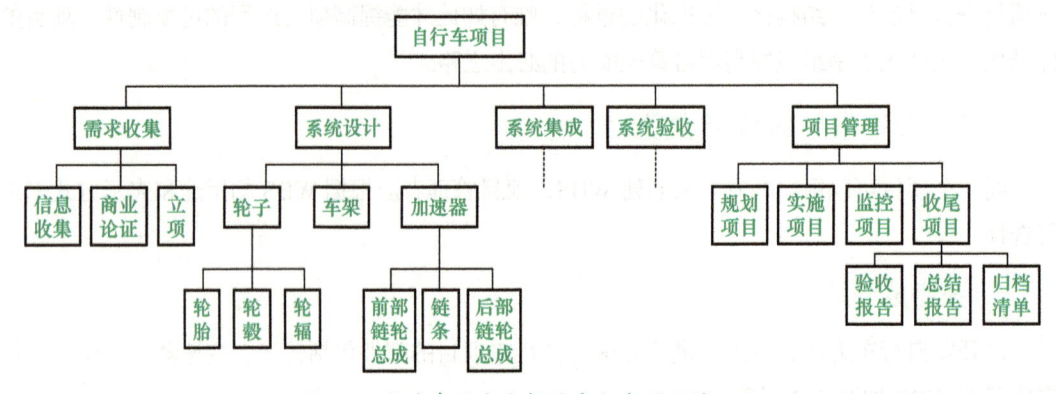

图 2-5　按生命周期分解的自行车项目的 WBS

4. 按地域/组织分解

当项目工作的部署跨越地域或组织边界时，建议将 WBS 与组织结构相适应。按地域/组织分解的自行车项目的 WBS 如图 2-6 所示。

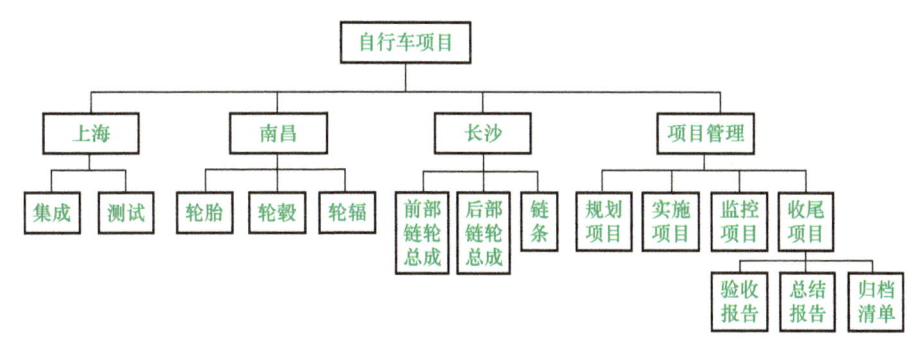

图 2-6　按地域/组织分解的自行车项目的 WBS

实践中，往往存在着部门的界限和政策限制，可以首先按部门分解项目工作，然后再在部门内采取其他合适的分解方法。这样做也许更有利，因为项目工作的主要部分由一位经理进行组织控制，简化了资源分配。但是，这样做却增加了组织边界间的协作和沟通。

还有一种方法是，首先根据生命周期来分解项目，再在每个阶段采取其他适合的方法。需要说明的是，没有最佳方法，合适的就是最好的。建议在项目启动时每种方法都要考虑一下，从中选择一个可以清晰定义项目工作的方法来分解项目。

> **即问即答 2-2**
>
> 如何理解"复杂的工作简单化，简单的工作标准化，标准的工作流程化"这句话的含义？

（三）WBS 的展示方法

WBS 的展示方法可以用树形的层次结构图，也可以用阶梯缩进的表格。在实际应用中，树形层次结构更适用于向高层管理者汇报工作或沟通，而表格形式更适合项目团队成员自己使用，因为可以在表格右侧增加更多细节备注，这有利于团队协作，但看起来更复杂。WBS 表格展示示例如表 2-3 所示。

表 2-3　WBS 表格展示示例

ID	任务名称
1	市场调研
1.1	市场定位
1.2	初步设计
1.3	成本估算
2	概念设计
2.1	总体布置草图设计
2.2	造型设计

（续）

ID	任务名称
2.3	制作模型
3	工程设计
3.1	总成分发
3.2	总布置设计
3.3	车身造型数据生成
3.4	发动机工程设计
3.5	白车身工程设计
3.6	地盘工程设计
3.7	内外饰工程设计
3.8	电气工程设计
3.9	确认整车设计方案
3.10	车身造型数据生成
4	样车试制
5	实验
6	小批量生产
7	批量生产

（四）WBS 是面向可交付成果的分解

WBS 是以可交付成果（Deliverables）为导向的分解，而不是以活动为导向的分解。WBS 的最底层为工作包（Work Package），包括为完成该工作细目可交付成果而必需的计划活动。

WBS 是由逻辑推演而成的，结构非常严谨。结构化是 WBS 的一个重要特性，WBS 的逻辑结构错误会直接导致项目实施过程发生错误，严重的会导致项目的失败。

三、WBS 的编制

项目的 WBS 具有重要的作用，因此必须使用科学的方法、遵守必要的原则进行编制。

创建物流项目的工作分解结构图

（一）WBS 的两种编制方法

创建 WBS 的方法主要有两种：自上而下法和自下而上法。

1. 自上而下法

自上而下法主要是指从 WBS 的顶部开始分解可交付成果。换句话说，从大局开始，持续地分解工作。具体步骤如下：

（1）确认项目将要交付的最终产品或服务。

（2）定义为完成每个第一层级组件所需要的主要可交付成果。

（3）把每一个主要可交付成果分解至恰当的详细程度（遵从 WBS 分解原则）。

（4）评估和核实 WBS 直到被批准。

2．自下而上法

自下而上法是指从底层的工作包开始，向 WBS 顶层汇总项目工作。具体步骤如下：

（1）确认 WBS 中的全部工作包。

（2）有逻辑地把相关工作包归并到一起。

（3）把可交付成果汇集到更高一个层级，也就是母层。

（4）重新分析工作，确保所在分支的所有工作都包含在 WBS 中。

（5）重复开展汇集和分析工作，直到把所有组件都汇集到第一层级，并且 WBS 中包含了 100% 的工作。

（6）评估和核实 WBS 直到被批准。

> **即问即答 2-3**
>
> 自上而下法和自下而上法分别适合怎样的项目类型？

（二）项目工作分解

面对一个项目，对于一个具体的目标可以从两个视角考量："怎么完成"和"交付什么"。两个视角的思考维度不同：前者是时间维度，后者是空间维度。

当选择了一个视角后，下一步就可以分别从这两个视角进一步分解，直到满足"易于管理"和"足够详细"两条标准为止。需要说明的是，WBS 的最底层组件一定是"交付什么"，即都是具体的交付成果。

在图 2-4 中，自行车项目 WBS 的第一层分解选择的是"怎么完成"。

第一层组件中的"机械系统"可以进一步分解为"轮子""车架""加速器"三个组件，"轮子"和"加速器"又各自分解为三个组件，这就是"交付什么"。

第一层组件中的"项目管理"可以进一步分解为"规划项目""实施项目""监控项目""收尾项目"四个第二层组件，这还是"怎么完成"，显然它们都不符合"交付什么"这个标准。对"收尾项目"这个组件进一步进行分解，得到"验收报告""总结报告""归档清单"三个第三层组件，这就满足了"交付什么"这个标准。

在这里，确定分解正确与否的标准是，交付了较低层级的所有 WBS 组件后恰好能够交付较高层级的相应可交付成果。

在 WBS 中，每个工作包都应该有自己的名称，因为每个工作包都是以可交付成果为导向的。因此，其名称应该是名词、形容词＋名词或名词＋动词，而不应该是一个单纯的动词。因为动词是用来描述行动、任务和活动的，而它们都不是 WBS 中的内容。

> **例**
>
> 　　1.1　　轿车内部
> 　　1.1.1　GPS 和广播系统
> 　　1.1.2　油漆
> 　　1.1.3　座椅
> 　　1.1.4　气囊
> 　　1.2　　轿车外部
> 　　1.2.1　框架
> 　　……

（三）WBS 好坏的判断标准

可以用以下原则判断一个 WBS 的可用性。

（1）MECE 法则。MECE 是 Mutually Exclusive Collectively Exhaustive 的首字母简写，中文意思是"相互独立，完全穷尽"，也就是既不重复，也无遗漏。图 2-7 是一个桌子的 MECE 法则示例。

```
                    无重复
                      │
        木头桌子      │   规则的桌子
        金属桌子      │   不规则的桌子
                      │
  有遗漏 ─────────────┼───────────── 无遗漏
                      │
        规则的桌子    │   规则的桌子
        圆形桌子      │   不规则的桌子
        塑料桌子      │   圆形桌子
                      │
                    有重复
```

图 2-7　桌子的 MECE 法则示例

　　WBS 涵盖了项目范围中 100% 的工作，不能多也不能少，而且每个层级都符合 MECE 原则。通过确认 WBS 下层的组成部分是完成上层相应可交付成果的必要且充分的工作，来核实分解的正确性。

（2）信息透明原则。WBS 的最底层工作包应该分解到信息透明的层次。信息透明是指可以估算工作包的工作量以及完成工作包所需的时间、成本和验收标准。

（3）80 小时原则。一般情况下，单个工作包的完成时间不应超过 80 个小时，即以任务分配的第 10 个工作日为期限。对于正在进行的活动是无法了解其真实状态的，团队成员可能会说他们已经完成了 50%，也可能会说应该能够赶上截止日期。但只有到了截止日期时你才能确切知道他们的完成情况。因此，分配的任务不应该超过两周，这样最多需要两周就能了解这个工作是否还在正轨上。

（4）独立责任原则。单个工作包应该只分配给一个责任人，以避免推诿扯皮。

（5）滚动式规划原则。近细远粗，近多远少。要在未来才完成的可交付成果或子项目，当前可能无法分解。项目管理团队通常要等到这些可交付成果或子项目的信息足够明确后，才能制定出 WBS 中的相应细节。

（6）不同层次原则。不同可交付成果可以分解到不同的层次，某些可交付成果只需要分解一层，而另一些则需要分解到更多层。工作分解得越细，对工作的规划、管理和控制就越有力。但是，过细的分解会造成管理努力的无效耗费、资源使用效率低下以及工作时效率降低。应该由项目经理来决定 WBS 的结构和细节水平，因为项目经理要对项目是否成功负责，利用 WBS 描述项目工作的详细程度，决定着其团队管控整个项目的有效程度。

（7）一个上级原则。每个下一级组件有且只有一个上级组件。

在实践中，我们可以用检查表来对照检查。判断 WBS 好坏的检查表如表 2-4 所示。

表 2-4 判断 WBS 好坏的检查表

序号	内容	是否满足
1	以可交付成果为导向	
2	包含所有的可交付成果，包括项目管理	
3	涵盖了 100% 的项目工作	
4	每个下导组件都包含上层组件 100% 的工作	
5	每个工作包的名字都是用名词、形容词+名词或名词+动词来命名	
6	以层次结构图或阶梯缩进的表格展示给各相关人员	
7	负责具体工作的执行者参与了 WBS 的创建	
8	征询了相关专家的意见	
9	得到了相关人员认可或批准	
10	建立了 WBS 词典	
11	随着项目工作的渐进明细而更新	
12	随着项目工作的变更而更新	

在企业里，我们要学会做正确的事并正确地做事。借助 WBS 工具，有助于做正确的事。WBS 可以清晰地表示各项目工作之间的相互联系，结构化地界定项目工作，并有效地管理这些工作。项目管理者可以从 WBS 窥视项目的可交付成果以及为创建这些成果而开展的工作。一些对项目不熟悉的人或是新加入的团队成员，可以通过 WBS 建立对项目的整体认识。

从 WBS 的最低一层入手，可以估计出工时、成本和资源需求，以此为基础，在计划阶段可以进行更详细的规划。实际上，编制 WBS 的过程也是团队建设的过程，WBS 的创建表明相关人员就项目范围达成了共识。

在项目中，随着下一层活动的完成，项目经理应该重复开展汇集和分析工作，自下而上不断整合。当较高级别的工作完成时，就意味着项目取得了显著进展，这往往会成为里程碑事件，可以向高层和客户报告这些里程碑事件。因此，WBS 常常是向高层展示项目进展状况的工具。

四、责任矩阵表的编制

项目的第一个计划是范围计划，工作分解结构就是对每一个阶段内容进行逻辑分解。项目的第二个计划是责任矩阵表（Responsibility Assignment Matrix，RAM），就是给每个工作包进行工作定位。责任矩阵表是项目管理专业术语，业内习惯称它为"任务分配表"，因为工作包在习惯上被称为"任务"。通过工作分解结构图可以获得某个项目的工作包总数，所以工作分解结构图是责任矩阵表的前提，它们之间存在着顺逻辑关系。按照工作分解结构图中工作包的情况，需要为每一个工作包分配能够完成此工作包的人员。

责任矩阵表的制作要求如下：

（1）从工作分解结构图中得到项目的工作包情况，然后确定每一个工作包的属性，最后根据属性，将相关内容分别填入责任矩阵表中。

（2）责任矩阵表是为每一个工作包分配合适的、有能力的项目成员的一种工具。

（3）表格中尽量填写项目参与人员的姓名，这表明项目的跨部门协调工作已经完成。

（4）表格中的"工作包质量标准"一栏，如果客户有非标准化的要求，需把非标准化要求的内容全部填入，说明这个工作包在技术上比较重要，而且有一定的难度。

责任矩阵表样式如表 2-5 所示。

表 2-5　责任矩阵表样式

工作包编号	工作分解结构编号	工作包内容	工作包所需工期	工作包完成人（做）	工作包质量标准	工作包责任人（管）	前导工作包编号

无论什么项目，经过分解后的工作包的属性只有四种，每个工作包只具有其中一种属性，也就是说每个工作包不可能具有两种属性。

假设工作包 1（1.1）的内容正好是项目团队中某一个项目经理在原部门中的标准性工作，那么这个工作包"做"的人和"管"的人是同一个人。因此在"工作包完成人（做）""工作包责任人（管）"中填入项目经理姓名即可。

假设工作包 2（2.2.1）的内容不是项目团队中任何一个项目经理在原部门的标准性工作，而公司其他部门人员有能力完成这个工作包，那么把经过跨部门协调确定的人员的姓名及工作性质填入"工作包完成人（做）"的一栏即可。例如，某一个工作包是某零部件的测试，有经验的项目经理能够判断需要由一个质量工程师（张××）将这个零部件的质量要求编写成质量明细表，然后将质量明细表交给采购工程师（李××），由采购工程师根据质量的要求选择有能力为该工作包提供符合质量要求的产品的供应商，然后要求该供应商先提供两个样品交给公司的测试工程师（王××）进行测试，这就是典型的公司内部的跨部门协调工作。此时项目经理通过责任矩阵表确定了工作包的具体完成人员，借助 PMO 的组织机制，后续项目管理工作可以更加顺利地进行。按照下列形式填写工作包 2（2.2.1）的"工作包完成人（做）"一栏：张××（质量），李××（采购），王××（测试）。在"工作包责任人（管）"中填入项目经理姓名即可。

假设工作包 3（3.2.2）涉及国家或行业许可，或者由公司完成成本高，需要外包，那么，将经过挑选或招标确定的合格的外包商、供应商、承包商的公司全名填入"工作包完成人（做）"的一栏，把项目经理姓名填入"工作包责任人（管）"的一栏即可。

假设工作包 4（4.3.1）技术含量高而且内容复杂，需由公司内部有相应技术能力的专业部门来"内包"完成，将该部门填入"工作包完成人（做）"一栏，将该部门经理的姓名填入"工作包责任人（管）"一栏的左上角，将团队中的项目经理姓名填入"工作包责任人（管）"一栏的右下角即可。

"工作包所需工期"一栏填写工期天数。这栏具体的数字是由"做"的人（项目成员）估算，并经过"管"的人（管理团队项目经理）核实后确定的。

将特殊需求或国家标准、行业标准的标准编号填入"工作包质量标准"中。

"前导工作包编号"需根据关键路径图来填写完成。

资料链接 2-2

苏宁海南电商运营中心的规划与设计

苏宁集团于 2018 年开始筹备规划设计苏宁海南电商运营中心，并于 2021 年 1 月 13 日在澄迈金马现代物流中心正式开园。这一项目将成为苏宁"物流云"平台的重要组成部分，进一步完善苏宁在华南地区的战略布局，助力苏宁在跨境、平台及线下业务、航空物流及快递业务等领域的快速发展。

一、项目建设背景

为了支持苏宁易购在海南地区的发展，苏宁集团于 2018 年正式开始筹备在海南省投资建设"苏宁海南电商运营中心项目"，该项目是苏宁集团在海南地区的重大战略布局，是苏宁立足于海南开拓发展的新平台，将承载苏宁在整个海南地区的电商运营职能。

1. 高速增长的业务量

近年来，我国网络零售额增速快于社会消费品零售总额增速，且在社会消费品零售总额中的占比不断提升。海南省 2017 年实现社会消费品零售总额 1 618.76 亿元，比上年增长 11.4%。2017 年海南电子商务快速发展，全年网络交易额实现 1 556.17 亿元，同比增长 35.7%。

自 2010 年苏宁自有的互联网销售平台"苏宁易购"上线以来，销售额呈现几何级增长，2020 年苏宁易购销售规模达 4 163.15 亿元，线上销售规模占比近 70%，不断完善全国物流布局是顺应业务发展趋势。2020 年年底，苏宁在海南地区已拥有多种类型的门店超过 80 家，销售不断增长。

2．自由贸易港带来新机遇

2018年4月，党中央决定支持海南岛建设自由贸易区，海南被赋予了推进中国特色自由贸易港建设的新使命，海南与区域内国家和地区在港口、国际中转、海运航线、物流配送、邮轮客运等方面的密切合作将进一步加强；南海区域互联互通进程将大幅加快；零关税、低税率、简税制等一系列关税和税收政策的出台将会极大地促进海南商贸发展。智慧物流将成为海南打造自由贸易港的重要驱动力量。

二、项目定位与布局

苏宁海南电商运营中心项目位于海南省澄迈县金马现代物流中心。澄迈县位于海南岛的西北部，毗邻省会海口市，西干线、环岛西线高速、中线高速、绕城高速、粤海铁路和西环高铁均穿越境内。

澄迈县金马现代物流中心是海南省最大的物流基地，是海南省重点物流中心。物流中心区位优势明显，北接琼州海峡，紧邻省会海口市，紧邻海南老城经济开发区，位于马村港东南面，到海口市区约30公里车程，到美兰机场约42公里车程。澄迈县金马现代物流中心被省政府规划为未来海口港综合性中心港区和省港口综合物流中心，区位优势显著，海、陆、空交通便利，是发展多式联运物流的黄金地带。综合考虑澄迈县的地理区位、交通优势及投资环境等因素，澄迈县金马现代物流中心是"苏宁海南电商运营中心项目"落户的首选之地。

三、项目建设进展

苏宁对项目的建设有相关标准化要求，苏宁海南电商运营中心标准化参考南京项目，将打造成为海南省最高标准的物流中心，成为现代化智慧物流的样板及标杆。

从园区整体规划上来看，仓储、交通、消防、环保、绿化、卫生等都采用了高标准，例如，仓储中心、分拨中心为单层框架结构，屋面为钢屋架加彩钢板，层高为12m；库门全部采取提升门；全部配备升降月台；全部采用丙二类高级消防系统等。从动线设计上，项目主入口分设办公车辆和人员出入口、物流配送中心车辆出入口，确保交通流线顺畅，提高配送分拨效率。在仓库前及两仓库中间需留出较大场地，方便货车装卸及流通。

从信息系统方面来看也全部采用一流标准，在项目中应用了SAP信息系统、WMS/DMS/TMS等物流先进软件，以实现信息高效互联互通，进一步促进物流效率和服务水平的提升。

2021年1月13日，苏宁海南电商运营中心正式开园。目前1号仓库正式投入使用并实现了满仓运营，主要用于大家电的存储与分拨，小部分区域用于快递包裹的分拨。1号仓库分为南北向两个月台，南向月台用于收货作业，北向月台用于发货作业，各月台高1.1m，长125m，宽8m，各配有6个收货门和6个发货门，可同时满足40多辆大型车辆收货作业，并可满足随时发货作业。基于当前业务量与仓储面积的综合考虑，目前大家电商品采取了原地堆码存储方式进行作业，快递包裹分拨中心作业采用了自动化输送分拣设备进行分拨作业，并配备了伸缩皮带机辅助装卸。

目前，苏宁海南电商运营中心拥有常规作业车辆超100辆，运营仓储面积超20 000m²，大件作业能力达3 500件，包裹处理能力超20 000件，形成了以自有人员为主导，合作方联合运营的健康化、高效化、共赢式的运作团队与服务模式。

四、未来规划与建设

当前,海南地区的百货商品业务还依旧由苏宁广州物流中心覆盖,随后将进一步完成搬仓工作;在海南打造自由贸易港的背景下,离岛免税及岛内免税业务迅速发展,除了传统物流仓储业务以外,苏宁海南运营中心也即将打造保税仓、免税仓模式,积极融入自由贸易港发展;此外,苏宁海南地区销售额还将持续稳步增长。在此背景下,2号家电仓,3、4号百货商品仓和5号分拨中心仓的内部物流系统工程也即将启建,布局包括了自动化智慧云仓、智能化拣选中心等。

自动化智慧云仓将采用自动化立体存储、语音拣选、无线射频、电子标签拣选、自动包装、传输与分拣等现代信息技术,结合WMS管理系统实现商品快速入库、自动盘点、智能补货、高效存储等功能。单位面积利用率将比传统仓库提升2倍以上。

智能拣选中心将投入自动化拣货系统、高速分拣线等设备,并逐步引入机器人拣选技术的应用,通过信息系统调度管理,实现货到人拣选的自动分拣模式,不需要作业人员移动,就可轻松实现订单处理、快速拣选、包装打发票、分拨,全流程最快30分钟完成。借助这一拣选方式,分拣速度超过1 200件/小时,其效能高出传统拣选方式10倍多,超行业同类项目挑拣效率5倍以上。

单元二 物流项目计划安排

情景导航

在杭州市下沙地区有一个占地20亩的工厂,现工厂经营不下去,转让给一家物流企业改建成电商仓库。公司老板任命你为项目负责人,要求在6个月内改造完成。假设该项目前期的工作任务分解已经完成,接下来应如何绘制项目的关键路径图和甘特图呢?

在瞬息万变的时代,商业机会稍纵即逝,如何在限定时间内完成预期的项目成果,是每个项目面临的挑战。在部分企业的项目实施过程中,项目进度的控制并不乐观。例如,在对软件项目进度与成本估算时,开发者对自己工作的估算通常比现实要乐观,大多数项目实际完成时间超过估算进度的25%~100%,少数的进度估算精确度达到了90%,误差能控制在5%之内的项目十分罕见。

为有效控制项目进度,制订一个良好的进度计划非常重要。

一、绘制项目关键路径图

根据前面所学内容,我们可以从工作分解结构图中分解出工作包,并且按照每个工作包的属性完成部分责任矩阵表。但到现在为止,我们还没有办法知道项目的总工期是多长,而项目的总工期往往是项目投资人和项目用户最关注的一个数字。我们已经知道了每一个工作包的工期，为什么不能计算出项目的总工期呢？原因是我们不知道工作包相互之间的顺序逻辑关系。要知道，项目的总工期不是简单地由每一个工作包的工期相加而成。有些工作包必须逐一"排队"完成，因为它们之间存在顺序逻辑关系。有些工作包可以同时完成，因为它们之间不存在顺序逻辑关系。使用顺序逻辑关系的理论来对所有的工作包进行排序，并且把所有工作包的"位置"确定后画成关键路径图，才能够准确计算出项目的总工期。

（一）工作包的排序方法——前导图

任何一个产品在生产前，都要制定生产过程的工艺流程，这是一个很重要的步骤，工艺流程制定完成后，就会生成一个产品的生产工艺流程图。某产品的生产工艺流程图如图2-8所示。

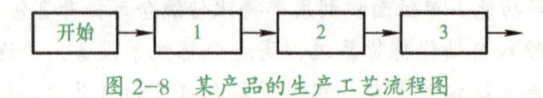

图2-8　某产品的生产工艺流程图

某产品的生产工艺是：1→2→3→4……假设此项目中每一个工艺步骤为项目的一个工作包。假设"开始"为生产产品的现场生产线，现场的条件已完全满足工艺1的所有开工条件，因此工艺1（工作包1）排第一位。工艺1以后的每个工艺步骤都必须遵循一个原则，那就是后一道工艺必须将自己开工的所有要求告诉前一道工艺，然后前一道工艺将能够解决后一道工艺要求的所有方法再反馈给后一道工艺，以此类推，直至将产品（工作包）全部生产完成。相邻的两道工艺（两个工作包）之间，后者对前者提出"要求"，前者向后者反馈"方法"。

一旦前后两道工艺（两个工作包）完成了双方都同意的"要求"和"方法"的沟通后，项目经理要求前后双方将"要求"和"方法"以文字的形式写下来，双方都签好字，最后归入公司项目文档里作为凭证。这样产品（工作包）在生产过程中一旦出现问题，问题的原因是很容易被找到的，同样解决问题的方法也是容易被找到的。

在这个基础上，项目进度管理的网络图——前导图（Precedence Diagramming Method，PDM）就产生了，前导图用单个节点（方框）表示一项活动，用节点之间的箭线表示项目活动之间的相互依赖关系。前导图是项目管理中最常用的一种工具。前导图简图如图2-9所示。

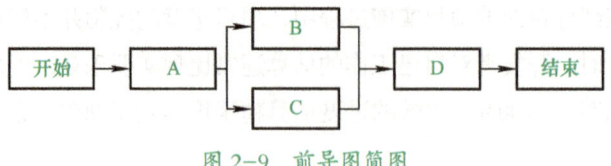

图2-9　前导图简图

前导图中带有箭头的线称为限制链，也称之为箭线。图中的A、B、C、D为工作包，直接用箭线连接起来的两个工作包，它们之间的关系叫硬逻辑（Hard Logic）关系，它们之间是有顺序逻辑关系的。图中的A与B、B与D、A与C、C与D都是硬逻辑关系。在同一条箭线上相邻的两个工作包之间只要具备下面的条件之一，就可以确定是硬逻辑关系：①科学技术规定的；②工艺流程规定的；③管理制度规定的；④工作习惯规定的。上述四个形成硬逻辑关系的基础称为"四大条件"，分别被称为科学技术、工艺流程、管理制度、工作习惯。

没有被箭线连接起来的工作包，也就是不在同一条箭线上的工作包，它们之间的关系叫软逻辑（Soft Logic）关系。这些工作包之间是不存在顺序逻辑关系的，也就是说这些工作包可以同时进行。例如图中的 B 与 C 是软逻辑关系。

因为软逻辑关系的工作包可以同时进行，所以软逻辑的工作包数量越多，项目的总工期就越短（是好事），但是同时它们对资源的需求量也越大，不同工作包对同一个资源的需求产生冲突的概率也越高（是坏事）。

另外，还需要注意的是：前导图中的箭线只能是水平线和垂直线，不能使用斜线或折线；箭头在水平线上，垂直线上没有箭头；箭头一定是左进右出；务必在每张前导图中标明"开始"和"结束"。

（二）前导图的四种依赖关系

前导图是目前最为常用，也是最为普遍的一种画法，下面介绍前导图的四种依赖关系，如图 2-10 所示。

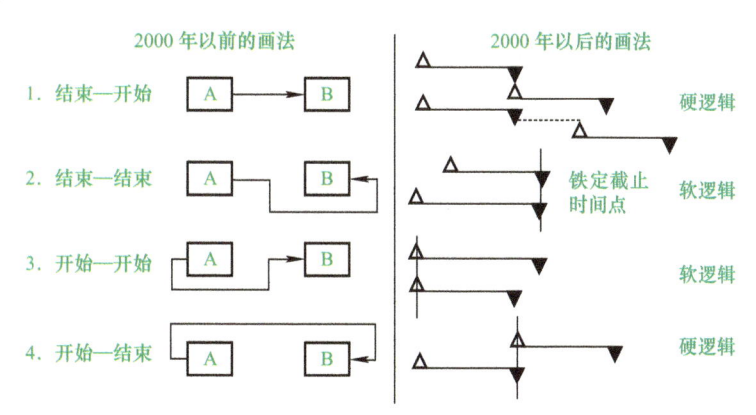

图 2-10 前导图的四种依赖关系

1. 结束—开始

这是一种典型的硬逻辑关系，一般有以下两种情况：①一个工作包结束了，后一个工作包马上就开始了；②一个工作包结束了，要等一段时间，后一个工作包才能开始，在图中一般用虚线表示前后两个工作包具有等待的硬逻辑关系。第二种情况是硬逻辑关系的一种特例，这种特例的前导图如图 2-11 所示。

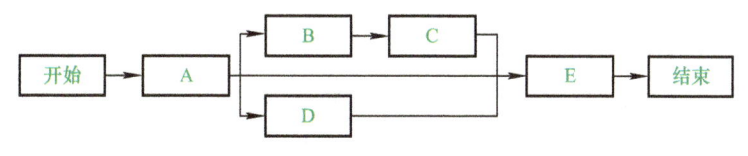

图 2-11 硬逻辑关系的前导图特例

在这个硬逻辑关系的前导图特例中，工作包 E 要等到工作包 A、工作包 C 和工作包 D 全部完成后才能正式开始。图中一共有 3 条线，分别是从工作包 A 到工作包 E 的 3 条不同路径：

① A→B→C→E；② A→E；③ A→D→E。

上述这3条线中的工作包B和C（在①路径中）与工作包D（在③路径中）没有顺序逻辑关系，它们是软逻辑关系，也就是说这3条路径是3条没有顺序关系的软逻辑箭线。

上述任何一条路径中的任何两个工作包之间具有硬逻辑关系，表明这两个工作包之间一定满足四大条件（科学技术、工艺流程、管理制度和工作习惯）中的某一个条件。例如上图中的工作包A和工作包E，因为它们之间有直接箭线的连接，它们之间是明显的硬逻辑关系。

不要将图2-11中某条路径上的工作包与其他路径上的工作包加以比较，因为它们之间没有顺序逻辑关系。任何前导图中，只要两个工作包之间有直接的箭线连接（与箭线的长短没有关系），那么这两个工作包之间一定是硬逻辑关系，不能随意删除。

如果图2-11中的工作包A与工作包E不满足四大条件之一，那么这条从A至E的箭线一定画错了，必须删除。如果这是个新建厂房的项目，工作包A的内容是"厂房内铺水泥地坪"，工作包E是"安装生产线"，只有等到工作包A完成且水泥地坪完全干固、符合国家建筑行业水泥地坪干固的标准后，才能在上面安装生产线（工作包E），所以工作包A与工作包E之间有一段必须符合国家标准（建筑规范）的等候时间，而这个等候时间就是执行管理中的规范标准。

2．结束—结束

这是一种软逻辑关系，它表示两个不同的工作包开始的时间不一样，但是结束的时间点是一样的。两个或两个以上的工作包要想在同一个时间点结束，其难度可想而知。因此欧美国家的项目经理将这个时间点称为"deadline"，翻译成中文为"铁定截止时间点"。

3．开始—开始

这是一种软逻辑关系，它表示两个不同的工作包开始的时间是一样的，但是结束的时间是不一样的。这种关系处理难度不大，只要资源数量充裕，可以有把握地利用软逻辑关系的特点使总工期缩短。

4．开始—结束

这是一种硬逻辑关系，是欧美国家项目经理习惯使用的画法，因为欧美语言的表达顺序与中文正好相反，欧美语言是先讲结果，再讲原因，而中文是先"因"后"果"。其实这种表示方法所表达的依赖关系与第一种依赖关系是一样的。

（三）工作包图形的两种不同表示形式

2000年以后，项目管理专家对工作包的表示形式进行了规范，目前在世界范围内使用最广泛的工作包表示形式如图2-12所示。

ES	工期	EF
编号内容		
LS	浮动时间	LF

a）形式A

ES		EF
编号内容		
工期		浮动时间
LS		LF

b）形式B

图2-12 工作包的两种不同表示形式

ES——Early Start，最早开始时间；EF——Early Finish，最早结束时间。
LS——Late Start，最晚开始时间；LF——Late Finish，最晚结束时间。

通过下面的案例可以进一步学习如何填写工作包的所有框内内容。假设李某是一家工厂的设备管理工程师，有一台关键设备临近计划性大修（换新马达）的期限。李某被公司高层领导任命为这台关键设备计划性大修的项目经理，他先做了一个初步的设备大修进度计划简图，如图 2-13 所示。

这个初步计划中的工作包不符合前面提到的工作包的标准画法，因此需要将计划简图中每一个参数填到正规的工作包标准图中去，如图 2-14 所示。

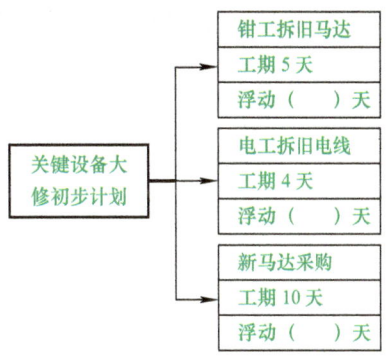

图 2-13 设备大修进度计划简图
（浮动时间未填写）

编号栏内需填写工作包在工作分解结构图中的编号及责任矩阵表中的编号。工作分解结构图编号一般写在括号里，责任矩阵表编号写在工作分解结构图编号后，不需要加括号。工作包的内容写在编号的下方。

浮动时间（Floating Time）是指在不影响项目完工日期的前提下，路径上的活动可以推迟的时间。假设这个项目的正式实施日期是某年某月的 1 日，工作包（1.2.1）1 拆旧马达的工期是 5 天，最早开始时间是 1 日，可以计算出：其最早结束时间是 5 日。由于新马达的采购时间为 10 天，为了不影响进度，工作包（1.2.1）1 的最晚开始时间是 6 日，最晚结束时间是 10 日，由此而产生的浮动时间是 5 天，如图 2-15 所示。

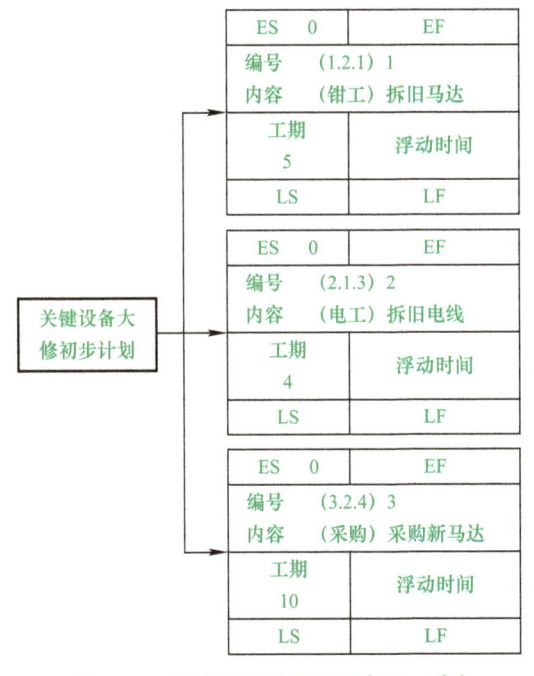

图 2-14 设备大修进度计划中的工作包
标准图（部分内容）

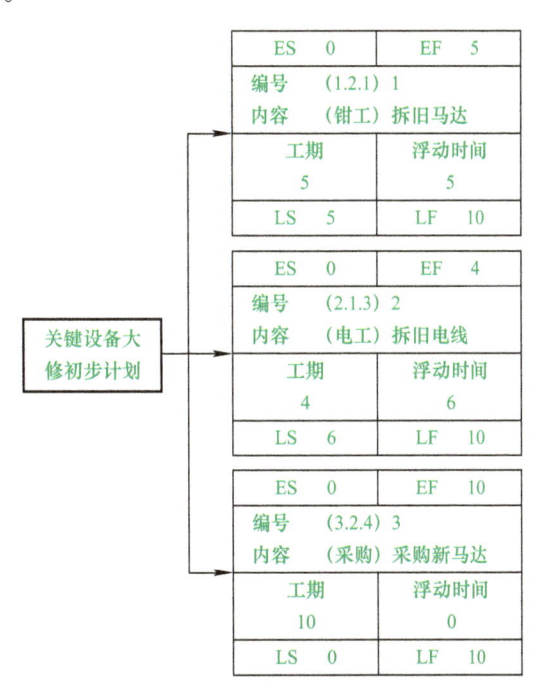

图 2-15 设备大修进度计划中的工作包
标准图（完成）

工作包（2.1.3）2 拆旧电线的工期是 4 天，最早开始时间是 1 日，可以计算出：其最早结束时间是 4 日，最晚开始时间是 7 日，最晚结束时间是 10 日，由此而产生的浮动时间是 6 天。工作包（3.2.4）3 新马达采购的工期是 10 天，最早开始时间是 1 日，可以计算出：其最早结束时间是 10 日，最晚开始时间是 1 日，最晚结束时间是 10 日，由此而产生的浮动时间是 0 天。

没有浮动时间的工作包的特点是：ES=LS，EF=LF。换句话说，当 ES=LS，EF=LF 时，浮动时间一定等于零。

该项目在刚开始的 10 天时间内，项目经理的主要时间和精力都应该花在工作包（3.2.4）3 新马达采购上面。也就是说，要把时间和精力都花在没有浮动时间的工作包上。

在这里，找出没有浮动时间的工作包是项目进度管理的关键。如果在同一时期，该公司还有另外一个项目也在进行，同样需要一个钳工和一个电工，那么这两个人力资源就需要从事"多项目执行"的工作，这种工作管理计划的制订便依靠项目经理的经验和利用大数据的能力。目前项目管理中最高级的管理技术被称为"多项目管理"，也被称为"项目群组管理"。

需要强调的是：要把时间和精力都花在没有浮动时间的工作包上，找出没有浮动时间的工作包是项目进度管理的关键。

（四）进度节点控制线

某项目前导图的进度节点控制线如图 2-16 所示。通过学习这部分内容，可以进一步加深对前导图的理解，并学习进度节点控制线。

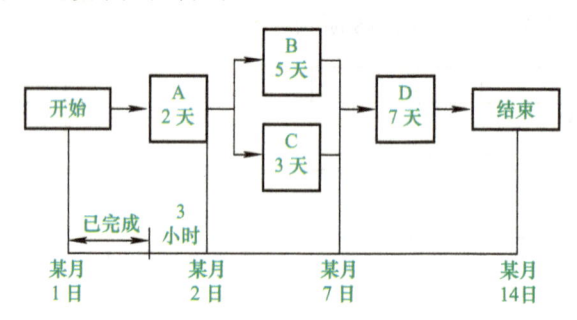

图 2-16 某项目前导图的进度节点控制线

假设工作包 A 的工期是 2 天，B 是 5 天，C 是 3 天，D 是 7 天。可以很快计算出这个项目的总工期是 14 天（2 天 +5 天 +7 天）。从工作包 A 到 B 再到 D 这条线是前导图中最长的一条线，线上工作包的工期最长。

工作包 C 的工期是 3 天，如果它在 3 天内没有完成，它对项目的总工期 14 天是没有影响的，因为工作包 C 还可以有 2 天的浮动时间，也就是说工作包 C 的总工期可以有 5 天。

工作包 B 和 C 是软逻辑关系，如果工作包 B 需要一台打桩机，而工作包 C 同时也需要打桩机，但目前公司只有一台打桩机，先给谁用呢？这里需要具体分析各自的操作流程。软逻辑关系的工作包越多，对同一个资源的需求所产生的冲突的概率也越高。这么看来软逻辑产生的副作用就是需要大量的资源（人力、物力、财力）来满足软逻辑关系工作包的同时需求。

由于项目管理中使用的是含有两条或两条以上箭线的前导图，具有软逻辑工作包的特性，因此要配备一定数量的资源来满足那些软逻辑关系的工作包的需求。针对目前已经得到公司高层领导批准的资源数量，有必要对软逻辑关系的工作包所需要的资源数量进行重新审核，确保全部软逻辑关系的工作包所需资源的数量小于或等于已经被批准的资源的数量。

工作包 A、B、D 都没有浮动时间，要力争按时完成。假设这个项目正式开始的日期是某月 1 日，按照工期计算正式结束日期应该是该月 14 日。

假设时间到了该月 2 日下午 5:00 下班时，工作包 A 还留有一小部分工作没有完成，估计还需要 3 小时的时间才能全部完成。这时，项目经理解决这个问题最简单、最常用的方法就是"加班"。但我们也要注意的是，我国法律规定，加班要员工完全自愿，强迫是违法的，这样就存在不能加班的可能性。如不能加班，则只能把该月 2 日下班时留下来的 3 小时工作量，放到第二天（3 日）去做。从计划上看，该月 3 日到 7 日，要同时进行工作包 B 和 C，因为工作包 C 即使 3 天完不成也不会影响 14 天的总工期，又由于工作包 A 剩下的 3 小时的工作量是不能等候的，所以只能将工作包 B 的 5 天工期压缩 3 小时，来弥补前面工作包 A 的 3 小时延误时间。

根据经验，项目经理有必要为每个在最长箭线上的工作包增加工期，在原有的工期上再增加 10%～15% 的余量，以备不时之需。

每一张前导图完成后，一定会有一根与它相匹配的项目进度节点控制线，这根线就是图中底部的、带有"某月 1 日""某月 2 日""某月 7 日""某月 14 日"等时间节点信息的线。如果项目在 1 日正式开始，那么第一个进度节点就是 2 日，第二个进度节点就是 7 日，第三个进度节点就是 14 日（结束）。时间到了节点的日期，哪个工作包还没有完成，拖延了多少时间，项目经理能够一目了然。

有了进度节点控制线，项目经理就有能力在项目实施过程中监管每一个工作包的进度，也有能力对每一天的工作量进行科学调整。

（五）项目总工期的确定方法

项目总工期箭线是前导图中最长的一根箭线，箭线上"串联"着 N 个工作包，每个工作包的工期相加就等于该项目的总工期。这条最长的线被定义为关键路径，用关键路径确定项目工期的方法叫作关键路径法（Critical Path Method，CPM）。关键路径简图如图 2-17 所示。

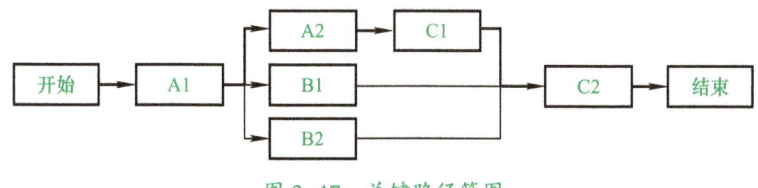

图 2-17　关键路径简图

该项目共有 6 个工作包，根据它们之间的顺序逻辑关系排列出前导图。A1、A2、C1、C2、B1、B2 的工期分别为 1 天、2 天、1 天、2 天、1 天、2 天。其中，工作包 A1、A2、C1、C2 的工期之和是 6 天（1 天 +2 天 +1 天 +2 天），比其他线上的工作包的工期之和都大，所以图 2-17 的粗线是这个项目的关键路径。

如果工作包 B2 的工期改为 4 天，则工作包 A1、B2、C2 的工期之和是 7 天（1 天 +4 天 + 2 天），比其他线上工作包的工期之和都大，那么这时表示关键路径的粗线就应变成最下面串联 A1、B2、C2 的那条线，因此图形中的线条就与图 2-17 不一样了。

项目管理是动态式的管理，随时都会发生变化，项目经理必须随时根据变化来改变计划。

关键路径是前导图中时间最长的路径，决定项目的最短总工期。关键路径是前导图中最长的一条连线，连线上"串联"着 N 个工作包，每个工作包的工期相加就等于该项目的总工期。关键路径上的工作包都不具有浮动时间，没有浮动时间的工作包一定在关键路径上。

（六）完成项目关键路径图的基本前提条件

要完成项目的关键路径图，必须具备以下前提条件：

（1）必须具有完整的工作包（任务）清单。项目工作包的情况从工作分解结构图中获得。

（2）确定工作包之间的逻辑关系——哪些是硬逻辑关系，哪些是软逻辑关系。

（3）知道每个工作包的工期。项目的工期在责任矩阵表中显示。（由"做"的人估算，由"管"的人审核。工期估算的标准是：既没有很大的风险，也不是很保守。）

前提条件中难度最大的是第 2 点，究竟哪些工作包之间是硬逻辑关系，哪些工作包之间是软逻辑关系呢？所有的工作包都是由项目组的成员来完成的，他们对完成工作包具有一定的技术能力及工作经验。具有硬逻辑关系的工作包的交接，应该由完成前后两个工作包的执行人进行深入沟通，使他们相互理解、达成共识，并形成文本，双方签字。当项目很大、有上百个不同的工作包时，如果项目经理能够在制订项目进度计划前，召开一次制订项目进度计划的会议，让相关人员进行充分沟通，在会议上形成科学的进度计划，那么项目按照计划执行的可能性就会很高。

资料链接 2-3

项目进度计划制订会议

对项目组而言，制订项目进度计划是很重要的，往往需要召开会议来讨论决定。召开一次这样的会议，往往需要完成以下工作：

（1）向公司预定一个带有投影仪的会议室。

（2）将会议通知发送至：项目管理团队，项目成员，项目支持，项目投资人（高层领导），相关技术部门的部门经理以及与项目有关的内外部专家。

（3）项目管理团队中的所有项目经理应提前 1~2 小时进入会议室，做好如下准备工作：①取走会议室中的座椅；②在会议室中心放置一张大桌子；③用一张足够大的白纸作为大桌子的"桌布"；④准备一些大尺寸正方形的即时贴（便利贴）；⑤项目经理将责任矩阵表上的工作包，按照编号的顺序分别在不同的即时贴上标示出来；⑥将写有工作包信息的即时贴依次粘贴在桌上白纸的左上角；⑦检查工作包即时贴是否有遗漏；⑧将项目的责任矩阵表投影到会议室的屏幕上。

（4）全体参会人员进入会议室，会议正式开始。

（5）请责任矩阵表中相关的项目成员和支持，拿取自己负责的工作包即时贴。

（6）项目经理介绍公司目前现有的资源条件，以及这些条件可以满足哪些工作包的输入条件，要求拿取这些工作包即时贴的项目成员或支持人员，将工作包即时贴粘贴在白纸的最左边。

（7）项目经理要求拿取其他工作包即时贴的项目成员或支持人员将紧跟其后的工作包即时贴，根据科学技术、工艺流程、管理制度和工作习惯，按照顺序逻辑关系分别依次粘贴在相应的工作包即时贴后面。

（8）工作包即时贴全部粘贴完成后，前后两个成员进行"要求"和"方法"的沟通，以达成共识。

（9）一定要将资源图中的人力、物力和财力的数量与前导图中的软逻辑关系的工作包所需的资源数量进行比较，确保软逻辑关系的工作包所需资源的数量小于等于资源总量，然后完成符合现有资源条件的、具有可行性的关键路径图。

（10）依据白纸上即时贴所形成的各个工作包的相对位置，将每个工作包前面工作包的编号填入责任矩阵表的最右边一栏，这样就完成了责任矩阵表中最右边一栏"前导工作包编号"的填写。

（11）将白纸上的即时贴前导图用 Excel 软件录入计算机，这样项目经理就完成了某项目的进度计划前导图。项目经理要求负责每个工作包的成员将自己工作包对与其相邻的两个工作包的"要求"输出和"方法"输入以书面形式写成文件提报给项目经理存档。

这样，制订某项目进度计划的会议就完成了。召开这个会议并不难，对这个会议的掌控是一个比较难的课题，项目经理需要有一定的经验与技巧。

资料来源：刘毛华. 项目管理基础工具 [M]. 北京：化学工业出版社，2021.

（七）制作关键路径图

如果一个项目已经完成了以下工作：从项目的投资人和项目的用户那里获得了他们的所有需求；项目经理根据需求完成了"项目说明书"；把"项目说明书"中的"项目名称"作为该项目的最终目标，对最终目标进行了工作结构分解，从而得到一定数量的工作包；将每个工作包填入责任矩阵表中，谁"做"谁"管"，职责分清；通过项目进度计划制订会议，根据顺序逻辑关系的科学原理，确定了哪些工作包之间是硬逻辑关系，哪些工作包之间是软逻辑关系，那么项目经理就具备了完成关键路径图的三大条件：①拥有工作包（任务）清单；②确定了工作包之间的顺序逻辑关系；③知道每个工作包的工期。

假设有一个包含 12 个工作包的项目，其顺序逻辑关系如图 2-18 所示。

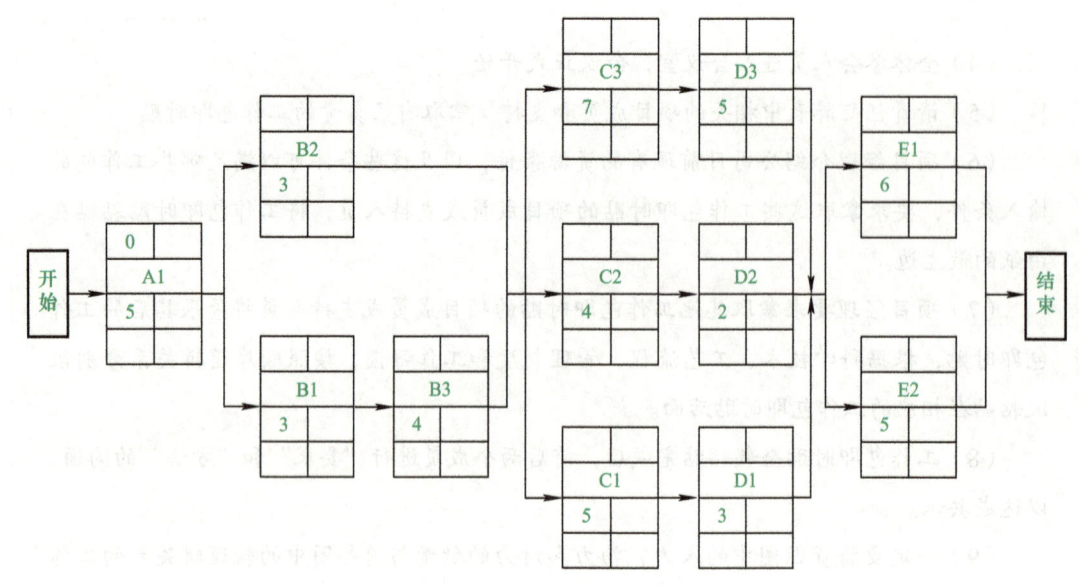

图 2-18 关键路径图案例（未完成）

现在开始做三步计算——正推算、逆推算和计算工期。

（1）第一步：正推算（沿着箭头的方向，从开始到结束）。计算图 2-18 中每个工作包的 ES 和 EF。用 "EF=ES+工期" 的方法计算 EF。硬逻辑时，前一个工作包的 EF 是下一个工作包的 ES；遇到软逻辑时，从软逻辑关系的工作包的 EF 中选一个数字最大的 EF，将它转换到下一个工作包的 ES，一直计算到最后的工作包为止，具体计算步骤如下：

1）工作包 A1：EF=ES+工期=0+5=5（天），A1 的 EF 转换到工作包 B1 和 B2 的 ES。

2）工作包 B1：EF=ES+工期=5+3=8（天），B1 的 EF 转换到工作包 B3 的 ES。

3）工作包 B2：EF=ES+工期=5+3=8（天）。

4）工作包 B3：EF=ES+工期=8+4=12（天），B3 的 EF 转换到工作包 C1、C2 和 C3 的 ES。

5）工作包 C1：EF=ES+工期=12+5=17（天），C1 的 EF 转换到工作包 D1 的 ES。

6）工作包 C2：EF=ES+工期=12+4=16（天），C2 的 EF 转换到工作包 D2 的 ES。

7）工作包 C3：EF=ES+工期=12+7=19（天），C3 的 EF 转换到工作包 D3 的 ES。

8）工作包 D1：EF=ES+工期=17+3=20（天）。

9）工作包 D2：EF=ES+工期=16+2=18（天）。

10）工作包 D3：EF=ES+工期=19+5=24（天），D3 的 EF 转换到工作包 E1 和 E2 的 ES。

11）工作包 E1：EF=ES+工期=24+6=30（天）（总工期）。

12）工作包 E2：EF=ES+工期=24+5=29（天）。

上面所说的"转换到"是指硬逻辑的顺序逻辑关系。

第一步计算的目的是算出总工期。经计算，此项目的总工期为 30 天。

（2）第二步：逆推算（逆着箭头的方向，从结束到开始）。计算图 2-18 中每个工作包的 LS 和 LF，用"LS=LF- 工期"的方法计算 LS。硬逻辑时，后一个工作包的 LS 是前一个工作包的 LF；遇到软逻辑时，从软逻辑关系的工作包的 LS 中选一个数字最小的 LS，将它转换到上一个工作包的 LF，一直计算到最前面的工作包为止，具体计算步骤如下：

1）工作包 E1：LF=EF=30（天），LS=LF- 工期 =30-6=24（天），E1 的 LS 转换到工作包 D1、D2 和 D3 的 LF。

2）工作包 E2：LF=30（天），LS=LF- 工期 =30-5=25（天）。

3）工作包 D1：LS=LF- 工期 =24-3=21（天），D1 的 LS 转换到工作包 C1 的 LF。

4）工作包 D2：LS=LF- 工期 =24-2=22（天），D2 的 LS 转换到工作包 C2 的 LF。

5）工作包 D3：LS=LF- 工期 =24-5=19（天），D3 的 LS 转换到工作包 C3 的 LF。

6）工作包 C1：LS=LF- 工期 =21-5=16（天）。

7）工作包 C2：LS=LF- 工期 =22-4=18（天）。

8）工作包 C3：LS=LF- 工期 =19-7=12（天），C3 的 LS 转换到工作包 B2 和 B3 的 LF。

9）工作包 B1：LS=LF- 工期 =8-3=5（天），B1 的 LS 转换到工作包 A1 的 LF。

10）工作包 B2：LS=LF- 工期 =12-3=9（天）。

11）工作包 B3：LS=LF- 工期 =12-4=8（天），B3 的 LS 转换到工作包 B1 的 LF。

12）工作包 A1：LS=LF- 工期 =5-5=0（天）。

上面所说的"转换到"是指硬逻辑的顺序逻辑关系。

第二步计算的目的是准备计算浮动时间。

（3）第三步：正式计算浮动时间。浮动时间的计算公式是：浮动时间 =LS-ES 或浮动时间 =LF-EF。

当 LS-ES=0（天）和 LF-EF=0（天）时，也就是说当 LS=ES 和 LF=EF 的时候，这个工作包的浮动时间等于零。图 2-18 中每个工作包浮动时间的具体计算步骤如下：

1）工作包 A1：LF-EF=5-5=0（天），LS-ES=0-0=0（天），浮动时间为 0 天。

2）工作包 B1：LF-EF=8-8=0（天），LS-ES=5-5=0（天），浮动时间为 0 天。

3）工作包 B2：LF-EF=12-8=4（天），LS-ES=9-5=4（天），浮动时间为 4 天。

4）工作包 B3：LF-EF=12-12=0（天），LS-ES=8-8=0（天），浮动时间为 0 天。

5）工作包 C1：LF-EF=21-17=4（天），LS-ES=16-12=4（天），浮动时间为 4 天。

6）工作包 C2：LF-EF=22-16=6（天），LS-ES=18-12=6（天），浮动时间为 6 天。

7）工作包 C3：LF-EF=19-19=0（天），LS-ES=12-12=0（天），浮动时间为 0 天。

8）工作包 D1：LF-EF=24-20=4（天），LS-ES=21-17=4（天），浮动时间为 4 天。

9）工作包 D2：LF-EF=24-18=6（天），LS-ES=22-16=6（天），浮动时间为 6 天。

10）工作包 D3：LF-EF=24-24=0（天），LS-ES=19-19=0（天），浮动时间为 0 天。

11）工作包 E1：LF-EF=30-30=0（天），LS-ES=24-24=0（天），浮动时间为 0 天。

12）工作包 E2：LF-EF=30-29=1（天），LS-ES=25-24=1（天），浮动时间为 1 天。

已经计算出了整个项目30天的总工期和每个工作包的浮动时间，从计算结果中可以看出有6个工作包的浮动时间是0，由于关键路径上的工作包都不具有浮动时间，且没有浮动时间的工作包一定在关键路径上，所以很容易得出该项目的关键路径是：A1 → B1 → B3 → C3 → D3 → E1，如图2-19所示。

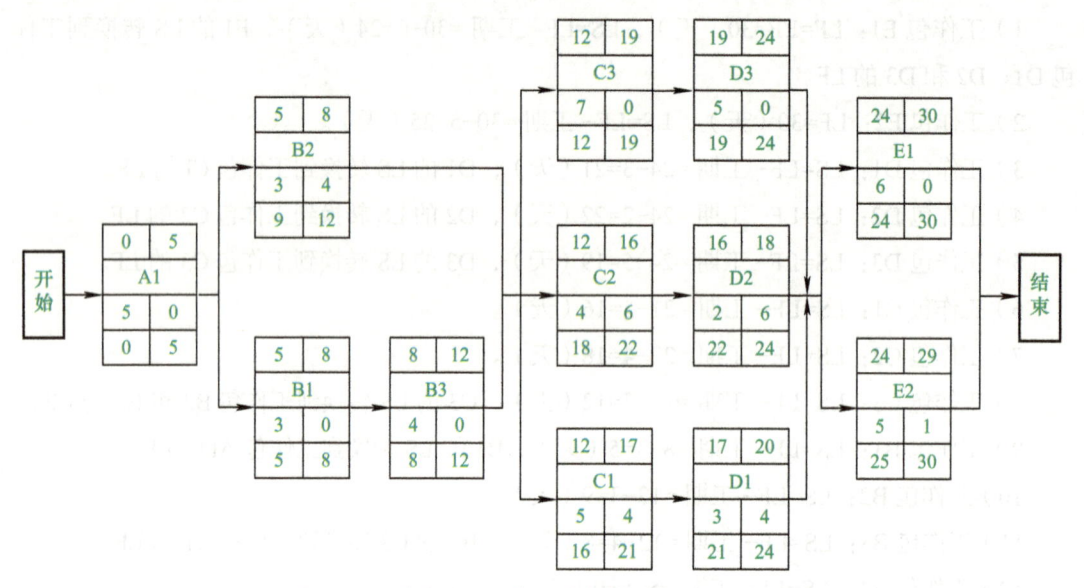

图2-19 关键路径图案例（完整的关键路径图）

参照图2-19关键路径图，将项目在实施过程中的进度控制节点展示出来，即得到项目的进度控制线，如图2-20所示。

图2-20 项目进度控制线

根据已经完成的关键路径图，把在关键路径（开始→ A1 → B1 → B3 → C3 → D3 → E1 →结束）上的每一个工作包的EF数字作为该项目的进度控制节点。除去开始是零这个点不算，该项目一共有6个进度控制节点，分别为第5天、第8天、第12天、第19天、第24天、第30天。如果项目的正式实施时间是某年1月的1日，那么在日历上的第一个节点是1月5日，第二个节点是1月8日，第三个节点是1月12日，第四个节点是1月19日，第五个节点是1月24日，第六个节点是1月30日。如果哪一个工作包的工期超过了进度控制节点，项目经理可以一目了然，立即进行事后处置。

假设此工作包已进展到进度控制节点的前面几天，但是根据这些工作包已完成的工作量判断，它们在进度控制节点前全部完成是不可能的。这种情况项目经理也可以一目了然，进行事前控制。

从关键路径图导出的项目进度控制线中的各个进度控制节点是项目在实施过程中最有效的进度控制工具。

（八）包含 2 条关键路径的关键路径图特例

现在又有一个问题摆在项目经理面前：有没有可能在同一张关键路径图中出现 2 条或 2 条以上的关键路径？答案是：完全有可能出现，只是这种情况发生的概率比较低。那么存在 2 条或 2 条以上的关键路径是好事还是坏事？答案是：肯定是坏事。

假设有一个项目，对这个项目进行工作结构分解后得到了 7 个工作包，通过对这 7 个工作包进行顺序逻辑关系分析，完成了项目的关键路径图，如图 2-21 所示。

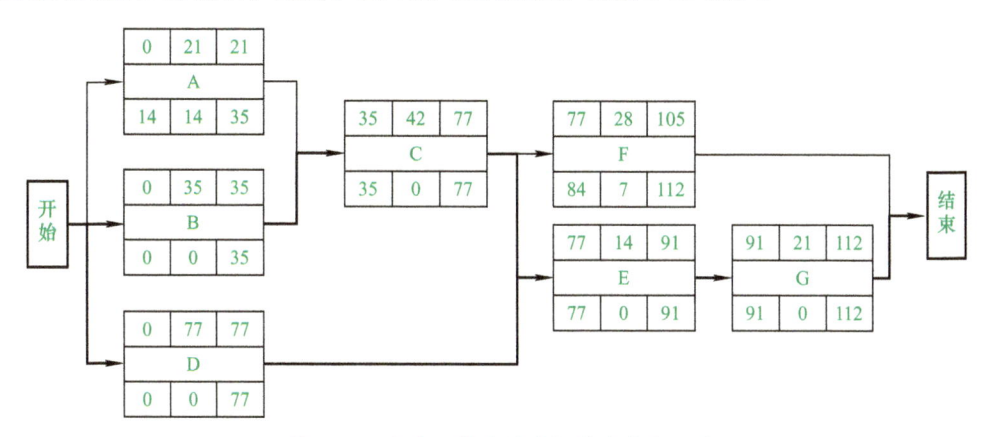

图 2-21 包含 2 条关键路径的关键路径图

关键路径图中的工作包采用 A 形式进行绘制。工作包工期的单位是天，假设这是个工程类项目，周末和国家法定节假日不停工。可以清晰地看到，项目的关键路径图中有 2 条关键路径。一条是：开始→B→C→E→G→结束。另一条是：开始→D→E→G→结束。

同一张关键路径图中含有 2 条或 2 条以上的关键路径为什么是坏事？原因在于，项目总共只有 7 个（工作包总数）工作，其中竟然有 5 个工作（工作包 B、D、C、E 和 G）都没有浮动时间，其难度可想而知。

既然关键路径上每个工作包的工期都是由项目经理来设定的，那么关键路径是 1 条还是多条，项目经理是可以掌控的。项目经理应该完全有能力把图 2-21 中的 2 条关键路径变成 1 条关键路径。改变方法有以下两种：

第一种方法：在工作包 B、C、D 中选择一个技术含量和要求相对比较低的、简单的工作包，将这个工作包的工期减少 2 天（一般预估工作包的工期时都会比较保守，会额外留有 1～2 天的时间）。假设项目经理选择工作包 B，并将其工期减 2 天改为 33 天，那么变更后的关键路径图如图 2-22 所示。

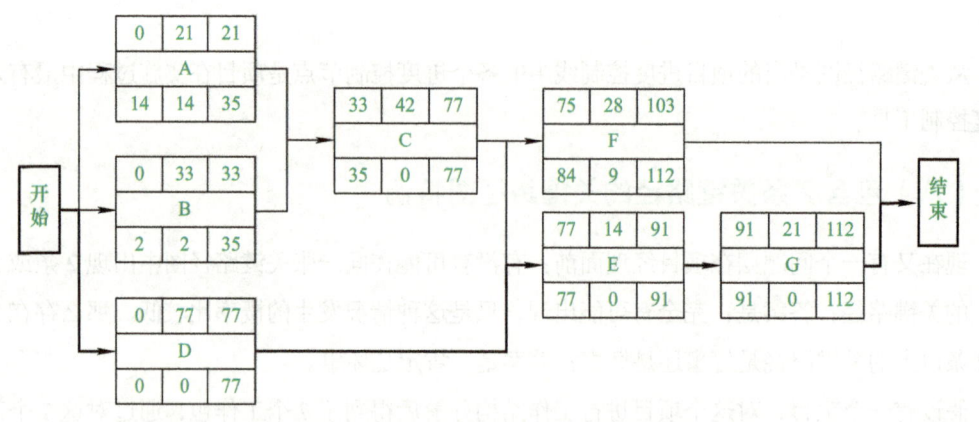

图 2-22 使用方法一得到的新关键路径图（只有 1 条关键路径）

图 2-22 的关键路径是：开始→D→E→G→结束，总工期仍然是 112 天，但是关键路径只有一条了，更便于项目经理进行项目进度的控制。

第二种方法：在工作包 B、C、D 中选择一个技术含量和要求比较高的、复杂的工作包，将这个工作包的工期再增加 3 天（完成工作包的成员都同意再增加 3 天）。假设选择工作包 C，并将其工期增加 3 天变为 45 天，那么关键路径图就由图 2-21 变成了图 2-23。此时的关键路径是：开始→B→C→E→G→结束。由于工作的工期增加了 3 天成为 45 天，所以总工期由 112 天变成了 115 天。总工期变长了，但好处是关键路径只有 1 条了，这给项目进度的控制提供了方便。

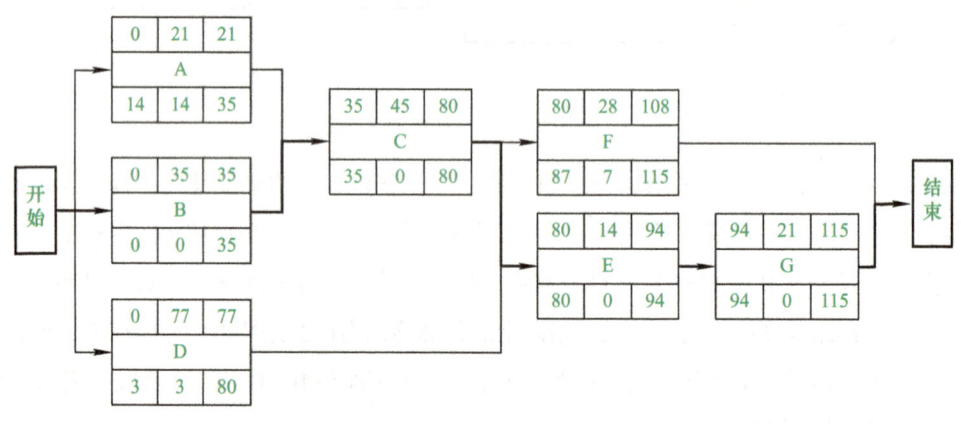

图 2-23 使用方法二得到的新关键路径图（只有 1 条关键路径）

从项目实施过程中的进度控制角度来讲，采用第一种方法比较合适，因为第一种方法只需要控制 3 个工作包（工作包 D、E 和 G）。特别需要注意的是，在制作前导图的时候，切记不要造成软逻辑关系的工作包工期相同的局面，如图 2-24 所示。

如果有一个项目有 3 个软逻辑关系的、工期都是 5 天的工作包，无疑会人为造成项目有 3 条关键路径的局面，自己给自己增加麻烦。工作包的工期既然是人为设定的，那么项目经理还是需要使用一些方法，对工期进行调整：选择一个技术含量和要求相对比较高、比较复杂的工作包，把它的工期增加 1 天；选择一个技术含量和要求相对比较低、比较简单的工作包，把它的工期减少 1 天；容易控制工期的工作包保持原有的 5 天工期。这样，关键路径就只有 1 条了，如图 2-25 所示。

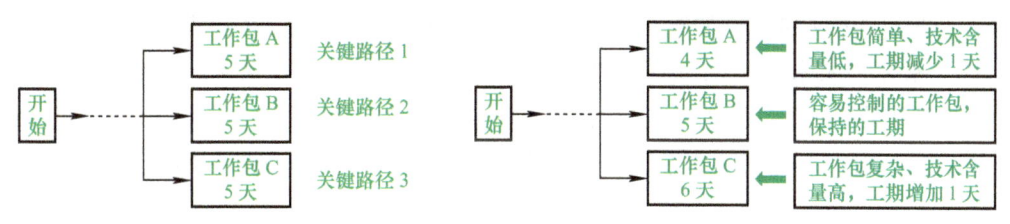

图 2-24　含有工期相同的软逻辑工作包的前导图

图 2-25　图 2-24 的修正方法示意

> **即问即答 2-4**
>
> 在同一张关键路径图中出现 2 条或 2 条以上的关键路径时，应该如何处理？

二、绘制项目甘特图

（一）甘特图的定义

甘特图（Gantt Chart）是工作包工期在日历上的表现形式，每一个工作包在甘特图中显示的是"最早开始时间到最早结束时间"，每一个工作包最早结束时间与最早开始时间的差值表示这个工作包的工期。

工作包的工期在甘特图中的表示方法如图 2-26 所示。

本书中，在甘特图中使用空心三角箭头朝上对准 ES 日期的左垂直线；使用实心三角箭头朝下对准 EF 日期的右垂直线。

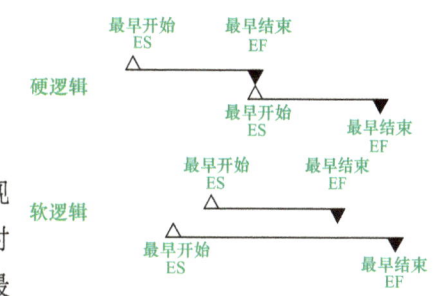

图 2-26　工作包的工期在甘特图中的表示方法

（二）两种不同形式甘特图的制作方法

形式一：周末及国家法定节假日需休息的项目甘特图，如图 2-27 所示（总工期为 30 天）。

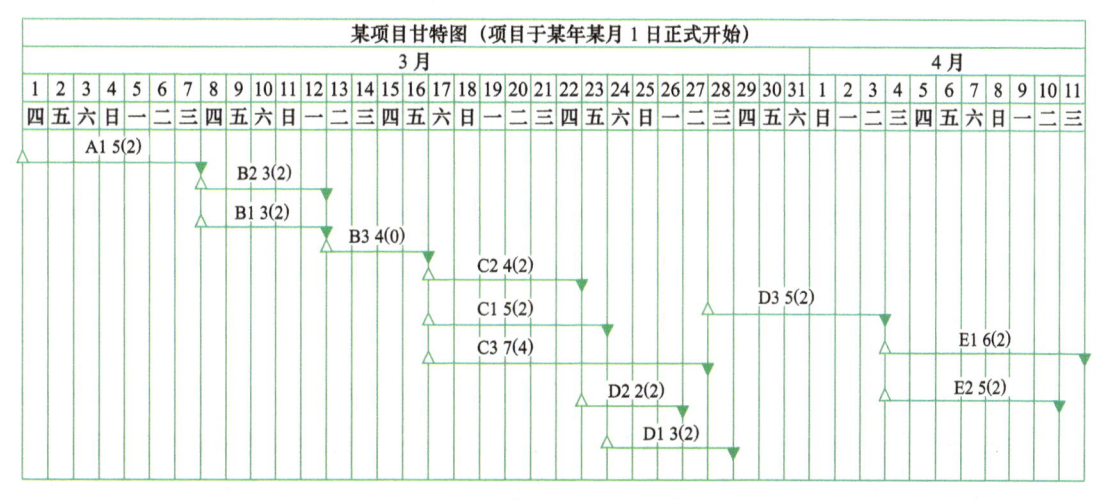

某项目甘特图（项目于某年某月 1 日正式开始）																																									
3 月																																4 月								
1	2	3	4	5	6	7	8	9	10	11	12	13	14	15	16	17	18	19	20	21	22	23	24	25	26	27	28	29	30	31	1	2	3	4	5	6	7	8	9	10	11
四	五	六	日	一	二	三	四	五	六	日	一	二	三	四	五	六	日	一	二	三	四	五	六	日	一	二	三	四	五	六	日	一	二	三	四	五	六	日	一	二	三

工作包标注：A1 5(2)；B2 3(2)；B1 3(2)；B3 4(0)；C2 4(2)；C1 5(2)；C3 7(4)；D3 5(2)；D2 2(2)；D1 3(2)；E1 6(2)；E2 5(2)

图 2-27　甘特图（项目含休息日）

此甘特图是专为遇到周末和国家法定假日需要休息的项目使用的。箭线上标有工作包的编号、工期和休息天数。例如第一个工作包编号是 A1,1 号开始,7 号结束,工期是 5 天,"(2)"表示周末休息 2 天,箭线长度是 7 天(工期 5 天+休息 2 天)。从图中可以清晰地看到项目是从某年的 3 月 1 日正式开始,到 4 月 11 日正式结束。

形式二:周末及国家法定节假日不休息的项目的甘特图,如图 2-28 所示(总工期为 30 天)。

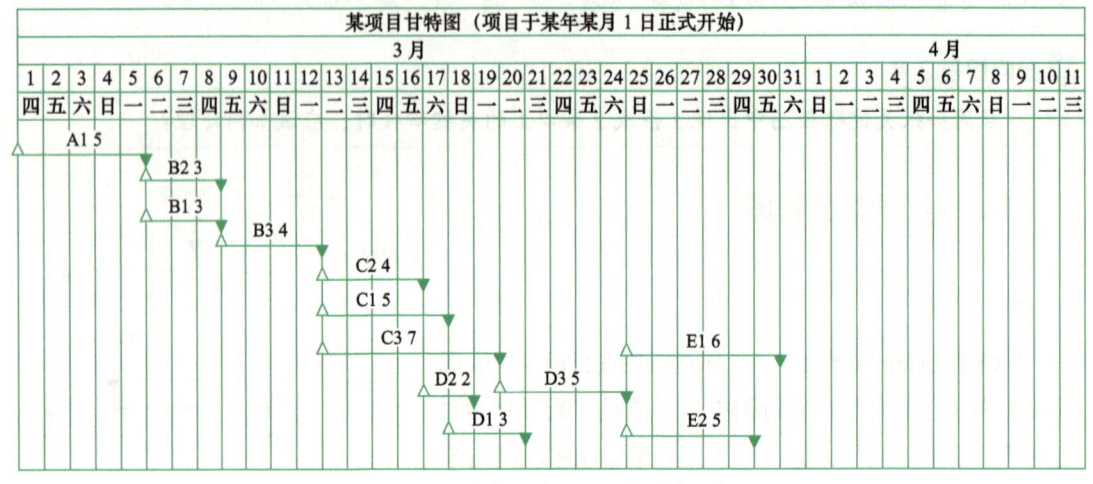

某项目甘特图(项目于某年某月 1 日正式开始)		
	3月	4月
	1 2 3 4 5 6 7 8 9 10 11 12 13 14 15 16 17 18 19 20 21 22 23 24 25 26 27 28 29 30 31	1 2 3 4 5 6 7 8 9 10 11
	四 五 六 日 一 二 三 四 五 六 日 一 二 三 四 五 六 日 一 二 三 四 五 六 日 一 二 三 四 五 六	日 一 二 三 四 五 六 日 一 二 三

图 2-28 甘特图(项目不含休息日)

此甘特图是专为由于特殊原因周末和国家法定节假日不能停工的项目使用的。在箭线上标有工作包的编号和工期。例如第一个工作包编号是 A1,工期是 5 天,从 1 日开始到 5 日结束,箭线长度也是 5 天。此类甘特图主要应用于工程项目,工程项目由于各种原因工期很紧,周末和国家法定节假日不能停工。如果遇到这种周末及国家法定节假日不能停工的项目,需额外关注此项目单位是否向加班人员支付经济补偿,确保加班行为符合法律规定。从图中可以清晰地看到项目是某年的 3 月 1 日正式开始,到该月的 30 日正式结束。

💡 **即问即答 2-5**

> 有休息日和没有休息日的项目甘特图在绘制时有哪些区别?

单元三 物流项目成本分析

📋 **情景导航**

在上海市青浦区的一个小区旁,某流通企业想租用一个 200m² 左右的房子用作前置仓,平均每天发货 2 000 件左右。请根据这个背景补充项目实施需要的其他条件,并测算该项目一年运营的成本。

任何一个项目从前期的机会分析、可行性研究、规划设计、招投标、实施到最后的竣工验收都需要消耗资源，资源耗费的货币体现就是项目成本。项目生命周期各阶段的成本耗费差异很大。项目启动阶段主要是市场调查费、可行性研究费等，项目规划阶段主要是设计费和招投标成本，这两个阶段成本数量较小。项目实施阶段投入资源及劳动力最集中，会发生大量的采购费、研制费、开发费、分包费、人工费等，这些可能占项目总成本的 90% 左右，此阶段是成本管理的重点。项目成本管理要重点关注项目活动所需资源的成本，同时要考虑项目决策对使用成本、维护成本和支持成本的影响，如减少测试工作可降低项目的开发成本，但可能增加运营成本。

一、项目成本的构成要素

项目中各种资源都是需要付费的，如人工费、材料费、设备费、差旅费、分包费等。人工费是为项目工作的各类人员如设计师、工程师、工人等的报酬，包括工资、津贴和奖金。材料费是为实施项目所购买的各种原料、材料的成本。设备费包括设备购置、修理和租赁费等。差旅费包括项目期间成员出差发生的交通费和住宿费等。以上费用在不同项目中所占的比例差异很大。例如，软件开发项目投入的主要资源是人力资源，人工成本约占总成本的 75%；工程项目中设备及材料费可能高达 70%。

从财务角度来看，项目成本分为直接成本和间接成本。直接成本是在项目活动中消耗的，对项目产出物有直接贡献的有关成本，包括直接生产工人工资、材料费、设备费等，这些成本可以计入某个具体的工作包，如购买的钢筋、水泥在工程中消耗，它们的采购成本属于直接成本。间接成本对项目产出物没有直接贡献，无法分摊到特定的工作包，但又是项目组织运转不可缺少的成本，包括管理人员工资、劳动保护费、房屋租金、公用设施、保险费、出资成本（手续费、承诺费、利息）、排污费等。间接成本还包括公司分摊过来的一般管理费用、税金等，这些成本不与特定的项目或工作包挂钩，而在全体项目或特定项目中进行分摊，如公司级的费用在全体项目中分摊，部门的间接费用则分摊给该部门实际参与的项目。间接成本以时间为基础分摊，项目管理费用一般按月或年进行预算，直到项目结束。有些企业在直接成本的基础上按照一个固定的百分比计算间接成本，比例范围是 20% ~ 50%，甚至达到 100%。

间接成本应控制在尽量低的水平，这是因为间接成本没有给项目带来价值。大多数项目的间接成本是随着项目时间增长的，只要项目还没有完成或者交付，间接成本就会不断发生，甚至在没有任何工作的情况下，或者只有少数人员在进行扫尾工作的情况下，间接成本依然存在。间接费用支出大多在项目经理的职权之外，一般很难由项目经理控制。

资料链接 2-4

平台临时运输成本管控怎么做

当线路没有固定车队时，就需要在线上临时调车，每一次调车都应该询价比价，避免高价发车。

一、平台税点成本

随着税务监管越来越严格，各平台税点成本基本维持在 5.3%～5.5%。

二、临时运力的价格管控

（1）管理者要实时了解市场运价情况，做到心中有数，给出调度指导价。

（2）日常要培训调度调车技能，提高降本意识，要求调度做到每车必谈价比价。

（3）定期回访司机运输情况和实际运输价格，杜绝调度灰色收入。

三、车型匹配

要充分了解客户需求及货物尺寸、属性等信息，匹配市场最小的车型，控制成本。

四、特定车型的使用

日常多与司机进行沟通，对一些特殊车型多做深入了解，每次发运都要尝试用更少车次、更小车型完成发运。比如有的 4.2m 货车宽度能达到 2m、13m 轻量车最多能装 37t 的，还有大件 20m 甚至更长的超低板等特殊车型，往往能大幅度降低成本。

五、临时运力资源储备

平台只是一个渠道，最终还是要车辆去完成运输任务，常发固定线路要做好车辆资源储备，既是为了提高运输保障能力，也可以作为询价比价、线路路况、车源货源情况、市场变化等的信息来源。

六、油卡降本

有时候价格已经到底，司机无法接受降价，可以再次沟通以油卡+现金的方式支付运费，油卡部分可以降本 10%，比如 10 000 元运费支付 3 000 油卡，那么综合成本要比全部现金支付降低 3%。

七、其他风险成本

1. 提前跟提货工厂确认装车时间及要求，避免放空。

2. 提前跟收货客户确认收货时间及注意事项，尤其是下班时间、节假日是否收货、是否限行等，避免卸货待时。

3. 其他注意事项，比如回单签收、时效要求、App 操作及时性、安全措施、厂区规定等跟司机明确到位，避免产生考核成本。

八、卸货成本

1. 卸货客户有卸货需求的，需要额外支付卸货费用的，比如需要雇佣叉车、吊车、装卸工等，尽量避免让司机、客户找，这样成本可能较高，可以在 58 同城、百姓网等平台搜索当地资源，询价比价后操作。

2. 部分送电商平台的货，为了保证完整收货需要指定场内装卸队的，一般都比外部高不少，但也应该直接跟装卸队进行多次沟通价格，尤其大方数要把价格降下来。

二、物流项目成本的估算

要进行物流项目成本的管理和控制，首先必须要有个标准值，而要得到这个标准值或者基准值就必须对物流项目的成本进行估算。

（一）物流项目成本估算的步骤

物流项目成本估算是对完成物流项目所需资源成本进行的近似估计。理想的情况是，完成某个项目所需费用可根据历史标准估算，但对绝大多数物流项目来说，由于其个性化程度非常高，以前的活动与现在的活动相比存在一定的差异；同时，不管是否根据历史标准，都只能将费用的信息作为一种估算。

成本估算一般按照以下三个步骤进行：

（1）识别和分析物流项目成本的构成要素，也就是项目涉及的资源种类和需求量，这方面的信息可以直接从物流项目资源计划编制的结果得到。

（2）估算每个物流项目成本构成要素的单价，这些信息可以通过对各种资源的现行市场价格信息、价格走势等情况进行预测得到。

（3）分析成本估算的结果，识别各种可以相互代替的成本，协调各种成本的比例关系。

（二）物流项目成本估算的方法

为了得到比较好的成本估算结果，人们开发出了不少成本估算的方法，其中常用的成本估算方法有以下三种。

1. 自上而下估算法

自上而下估算法也称为类比估算法，估算过程是由上到下一层层地进行的。这种方法一般要求在有类似完成项目的经验的情况下使用。其主要内容是：收集上、中层管理人员经验和判断，以及相关历史数据，然后由上、中层管理人员估计整个项目的费用和各个分项目的费用，将此结果传送给下一层管理人员，对组成项目和子项目的任务及费用进行估算，并继续向下传送其结果，直到项目组的最基层。

这种方法实质上也是专家评定法，通常比其他方法简单、容易，且成本低，但精确度不是很高。

2. 参数模型估算法

这是一种比较科学、传统的估算方法，它把物流项目的一些特征作为参数，通过建立一个数学模型来估算物流项目的成本。换句话说，这种方法是利用数学模型，以过去类似物流项目为根据预测未来实施物流项目的成本。在采用这种方法时，一个合适的模型对于保证成本估算结果的准确性非常重要。为了保证参数模型估算法的实用性和可靠性，在建立模型时必须注意以下几点：①用来建模所参考的历史数据的精确程度；②用来建模的参数是否容易定量化处理；③模型是否具有通用性，通用性也就是说模型适用于大规模项目，在经过适当的调整后也适用于小规模项目。

例如，某公司接到一个物流项目（简称项目2），要求将××公司的货物从甲地运到乙地，运输过程中货物无须进行特殊处理，甲乙两地距离为D_2，货物量为Q_2，而在不久前该公司有一个相似的物流项目（简称项目1）：运输距离为D_1，货物量为Q_1，货物在运输过程中也无须进行特殊处理，完成该项目的成本是C_1。假设其他因素相似，影响上述两个项目成本产生差异的主要因素是距离和货物量。由此，可以根据两个项目的距离比例和货物量，以项目1的成本来估算项目2的成本。假设两个项目的运输工具和其他相关的辅助设备的折旧费用、辅助资料的物价水平、人员的工资水平等都没有发生很大的变化，那么，项目2的成本可以这样估算：$C_2=(D_2/D_1)\times(Q_2/Q_1)\times C_1$。

3. 自下而上算法

自下而上估算法也称为工料清单估算法。该方法是指参与项目工作的每一机构和基层单位都估算自己的费用，将估算结果加起来的总和再加上各种杂项开支、一般性和行政性开支费用，就能得到该项目的整个估算费用。具体可按照WBS，从下而上估算各个工作的费用，得到项目的直接费用估计，项目经理在此基础上加上合理的间接费用，估算出项目的总费用。

例如，物流公司接到一个物流项目：将××公司的产品从××公司在甲地的工厂运到乙地的批发商。首先，对这个过程进行工作结构分解：搬运、装卸、运输、订单处理、管理和辅助工作，而这些作业都需要人员、相应的器械工具、动力燃料、辅助资源等。根据物流项目的规模估算各个作业需要的人数、设备数量、动力燃料数量等资源的数量和投入使用的时间，同时参考当前相应资源的市场价格就可以确定各个作业的估算成本，再将各部分作业的估算成本汇总，就能得出实施这个物流项目的估算成本。

（三）物流项目成本的具体估算

承接物流项目资源计划编制的例子，对物流项目的成本进行估算。从资源计划编制的输出中可以得到涉及整个物流项目的所有资源种类和数量。因此，要进行成本估算，只要知道这些资源的价格信息就可以了。在进行估算的时候，把物流项目的成本划分为非付现成本和付现成本两部分，分别对其进行估算，将估算后的非付现成本和付现成本汇总就能得到整个物流项目的估计成本。

1. 非付现成本

非付现成本是指在当期不需要以现金形式支付的成本。物流项目的非付现成本主要来自固定资产的折旧，这些固定资产包括车辆、搬运器具、装卸设备、仓库、包装设备，以及其他辅助设备和设施等。这部分成本的估算可以根据会计账簿对相关设备、设施的折旧记录情况，再根据物流项目实施过程中对相关设备、设施的使用量按比例进行计算。由于会计的记账使用的是历史成本，而相关设备、设施的现行市价可能已经发生重大变化，所以在估算的时候可以根据设备、设施的历史价格和市场价格的关系进行适当调整。最后，汇总各个相关设备的折旧费用就可以得到整个物流项目成本中总的非付现成本。

2．付现成本

付现成本是指在当期需要以现金形式支付的成本。物流项目的付现成本包括所有工作人员的工资，运输过程的燃油费、路桥费，各种设备、设施的维修保养费，各个部门的日常支出（例如水电费等），以及其他辅助费用。

需要付现的资源种类和数量的信息可以从物流项目资源计划编制的输出中得到，所以本步骤的重点是估计这些资源的价格。有关资源的市场价格是公开的，所以市场价格可以作为资源价格估算的基础。估算时，可以把购买资源时可能得到的商业折扣和现金折扣作为对市场价格的调整。同时，如果该物流项目的期限比较长，还要考虑通货膨胀等因素对市场价格造成的影响。另外，如果某些资源需要外购，还要考虑汇率变动对市场价格的影响。总之，凡是有可能造成购买价格与现行市场价格发生偏差的因素都要考虑，作为对市场价格进行调整的依据，以提高对物流项目中付现成本估算的准确性。

得到各种付现资源对市场价格调整后的估算价格后，把各种资源的估算价格乘以计划编制中相应资源的使用量，得出各种资源的付现成本估算。汇总这些估算的成本就可以得出整个物流项目总的付现成本。

三、物流项目成本的预算

要使物流项目顺利进行，首先要确保物流项目团队中各工作人员获得相应的资源。预算不仅是计划活动的一个方面，它还是一种控制机制，起着一种比较标准的作用，是衡量资源实际和计划使用情况的基准。预算做得合乎情理，并在物流项目实施过程中能随时考察资源实际耗费与计划的偏离情况，就能够提供必要的预警，以便在适当的时候做出一些修正性的调整。

（一）物流项目成本预算的概念

物流项目成本预算是指为了顺利实施物流项目，提供给该项目实施团队等的实施成本的分配计划。物流项目成本预算的中心任务是将成本预算分配到物流项目的各活动上。预算的过程是在对物流项目成本估算的基础上进行的。具体来说，物流项目成本预算就是将物流项目成本估算的结果在各具体的活动上进行分配的过程，其目的是确定物流项目各活动的成本定额，并确定物流项目意外开支准备金的标准和使用规则，以及为测量物流项目实际绩效提供标准和依据。

由于物流项目的成本中有一部分属于非付现成本，而预算通常以现金的形式进行计算，因此在进行预算时就不需要对非付现成本部分进行现金预算的分配。

（二）物流项目成本预算的内容

物流项目成本预算的内容主要包括直接人工费用预算、资源费用预算、维修保养费用预算、其他管理费用和辅助费用预算，以及意外开支准备金预算。

需要特别强调的是对意外开支准备金预算。在实施物流项目之前不可能预见在具体实施过程中发生的所有事情，特别是一些突发事件。例如，没有人会预知什么时候会发生油荒，什么时候会由于天气问题而要改变运输路线等。而要很好地处理这些突发事件，确保物流项目能够顺畅地进行，就很有必要设置意外开支准备金。进行预算的时候也一定要预留一部分资金作为意外开支准备金。至于意外开支准备金的多少可以根据以往的历史数据，或者咨询相关专家的意见来确定。

（三）物流项目成本预算的步骤

进行物流项目成本预算一般要经历以下步骤：

（1）将物流项目的总预算成本分摊到各项活动中。根据物流项目成本估算确定出物流项目的总预算成本之后，将总预算成本按照物流项目工作分解结构和每一项活动的工作范围，以一定比例分摊到各项活动中，并为每一项活动建立总预算成本。

（2）将活动总预算成本分摊到工作包。这是根据活动总预算成本确定出每项活动中各个工作包具体预算的一项工作。其做法是将活动总预算成本按照构成这一活动的工作包和所消耗的资源数量进行成本分摊。

（3）在整个物流项目的实施期间内对每个工作包的预算进行分配，即确定各项成本预算支出的时间及每一个时点所发生的累计成本支出额，从而制订出物流项目成本预算计划。

（四）物流项目成本预算的结果

项目成本预算的结果主要包括以下两个方面：

（1）物流项目各项活动的成本预算。这方面的成本预算提供了各项活动的成本，在物流项目的实施过程中，将以此作为各项活动实际资源耗费量的标准。

（2）物流项目成本基准计划。成本基准计划说明了物流项目的累计预算成本与物流项目进度之间的对应关系，它可以用来度量和监督物流项目的实际成本。

> **即问即答 2-6**
> 物流项目成本预算一般包括哪些方面的内容？可参考什么资料来进行估算？

四、编制物流项目成本预算

项目成本预算总额确定后，通常可以按项目构成层次、成本构成要素、项目进度计划或上述标准的组合进行分解。基本分解方法是自上而下、由粗到细，将项目成本依次分解、归类，形成相互联系的分解结构。自上而下分解的条件是项目管理者具有丰富的项目经验，能正确地估算项目风险，估算出项目总体成本和主要工作包的成本，然后分解到下一级职能组，这些小组能够收集到更具体的信息，继续将成本分解到每个工作包或任务，使项目成员清楚每个任务的具体成本。

按项目构成层次分解是指将总预算分解到子项目、主要交付物、最低级交付物、工作包或工作单元上。按成本构成要素分解是指将总预算分解为直接费用、间接费用，再进一步分解为人工费、材料费、机械费、管理费等内容。按项目进度计划分解是指将项目预算分解到年、月、周或日，以便将资金的应用和筹集配合起来，减少资金占用和利息支出。这三种预算分解方式可以独立使用，也可以综合使用。

例 会议室装修项目的预算分析

某配送中心装修一间会议室，其面积为200m²，根据装修质量、功能、设备等要求，公司确定了10万元的目标成本。项目交付物为方案设计、采购、施工、检测四部分，根据工作量和资源消耗程度，分别安排了12 000元、65 000元、20 000元、3 000元的预算。四个主要交付组长进行了二次预算分配，具体如图2-29所示。

```
                  会议室装修项目 100 000元
         ┌──────────┬──────────┬──────────┐
      方案设计      采购       施工       检测
     12 000元   65 000元    20 000元    3 000元
                ┌────┴────┐   ┌────┴────┐
              材料     家具电器  人工费    设备费
            22 000元  43 000元 13 000元  7 000元
```

图2-29 自上而下的成本预算分解

总成本按照工作分解结构逐级向下分配时，可能出现下层人员认为成本不足、难以完成相应任务等情况，如果不能与管理人员进行有效沟通，就会拖延项目的进度，造成成本的浪费甚至导致整个项目的失败；也可能会在组织内部产生摩擦，高层经理与基层管理者或者部门之间为了争夺预算而产生不满和冲突。

项目成本预算应覆盖整个项目周期，在总成本分解到交付物、活动或任务后，必须根据进度计划继续分解，做出每个时间的预算计划。假设会议室装修项目要求15天完成，计划方案设计3天、采购4天、施工11天、检测3天，按照进度计划将各项预算分解到每一天，具体如表2-6所示。

表2-6 会议室装修项目预算表　　　　　　　　　　（单位：千元）

活动	预算	日期														
		1日	2日	3日	4日	5日	6日	7日	8日	9日	10日	11日	12日	13日	14日	15日
方案设计	12	3	5	4												
采购	65				10	10	20				25					
施工	20	20			2	2	2	2	2	2	2	2	2	1		
检测	3													1	1	1
合计		3	5	4	12	12	22	2	2	2	27	2	2	2	1	1
累计		3	8	12	24	36	58	60	62	64	91	93	95	97	99	100

> 表中的"合计"是当日各项活动预算之和,"累计"是从第 1 天起进行预算的累加,到第 15 天项目结束时的累计总额就是项目的总预算。按照时间分解后,既界定了每个交付物的成本,又确定了每天的成本,方便进行成本的筹集与使用控制。

项目预算表是一种简单的成本预算表现形式,将人员成本、分包商和顾问成本、专用设备和工具成本、原材料成本等信息在一张表中综合展示出来,明确每个资源使用的起止时间、数量及预算成本,以便管理者进行资源和成本的分配以及跟踪控制。

可以将按进度计划编制的项目成本预算绘制成直方图或者成本累计曲线,直观地将成本预算展示出来。成本累计曲线的编制步骤是:首先建立直角坐标系,横轴表示项目工期,纵轴表示项目成本;其次,按照一定的时间间隔累加各时间段内的支出,在坐标轴中确定各时间点对应的累计资金支出量,用一条平滑的曲线依次连接各点即可得到成本累计曲线。利用 Excel 或项目管理软件可以轻松完成成本累计曲线的编制。

我们知道项目网络中非关键路线的活动有时差,如果活动按照最早开始时间进行,则相应的成本发生时间也会提前,项目经理应安排资金提前到位;反之,按照最迟开始时间进行则支出资金的时间后移,可以减轻当前资金压力。对于不确定的活动,有意减少时差必然导致进度压力陡增,应按照最早开始时间工作,以时差抵消有可能出现的延误。是否拖延活动还取决于客户支付费用的进度计划,如果客户按照完工阶段支付费用,则对完工有重要关系的活动就不能拖延。

项目经理需要保持一个正向的现金流,项目收入与支出之间的差异应较小,保持来自客户的收入与人工、分包商、材料和设备费之间的平衡。成本预算计划是项目经理现金需求的重要依据。预算中所示的成本反映的是材料需要时的成本,而不是实际支出时的成本,实际费用发生的时间一般不对应于预算中的时间,而是稍晚一些。

编制按时间进度的成本预算通常可利用项目网络图进一步扩充得到,即在建立网络图时,一方面要确定完成各项活动所需的时间,另一方面要确定完成这一活动的预算。但将项目分解为能够方便地表示时间与成本支出预算的活动是不容易的。如果项目分解程度对时间控制合适的话,对成本支出预算可能分解过细,编制网络计划时应充分考虑时间控制和成本支出预算对项目分解的要求。

项目成本预算制定完毕后,为了保证预算准确可靠,应对不准确之处进行调查,如价格信息失真或资源数量有水分,应在取得新数据后对预算进行调整。如果发生了较大的项目环境变化,影响了整个成本预算的准确性,如材料大幅涨价或国家税法调整,应对预算做出综合调整。

五、物流项目成本分析

为了及时进行物流工程项目成本控制,必须不断掌握实际成本的支出情况,及时进行成本核算。

（一）成本核算步骤

物流工程项目成本核算过程分为以下四个步骤：

（1）录入资源使用数量。包括各分项工程中消耗的人工、材料、机械台班及费用的数量，这是成本控制的基础工作，有时还要对已领用但未用完的材料进行估算。

（2）度量本期内的工程完成状况。已完成工程的度量比较简单，而跨期的分项工程的度量较为困难，度量的准确性直接关系到成本核算、成本分析和预测剩余成本的准确性，应尽量减少人为因素的影响，避免项目成本的大起大落。

（3）对项目管理费及公司管理费进行汇总、核算和分摊。

（4）进行各分项工程及总工程的各个费用科目核算及盈亏核算，编制工程成本核算报表。

在上面的各项核算中，许多开支是经过分摊进入分项工程成本或工程总成本的。分摊时要选择一定的经济指标，按比例进行核算。

（二）项目成本分析

项目成本分析就是将本期成本数据与预算成本数据进行比较，对成本预算执行情况做出评价，分析成本差异或成本变动的原因。通过将成本分析考核与奖惩制度挂钩的做法，可以提高员工节约成本费用的积极性，也可以与其他项目的成本数据做比较，以判断本项目成本管理的水平。

成本分析的重点是研究影响项目成本变动的主要因素，一般包括两个：一是外部市场因素，包括项目规模和技术装备水平、项目专业化和协作水平，这些因素短期内难以改变，也超出了项目经理的控制范围；二是项目管理因素，如员工技术水平和操作熟练程度、直接材料的消耗水平、能源和设备利用率、质量水平、劳动生产率、人工费用水平等因素。

项目成本分析常用综合成本分析法。综合成本是指涉及多种生产要素并受多种因素影响的成本费用，如分部或分项工程成本、月度成本、年度成本等，这些成本是随着项目进展而逐步形成的。

1. 分部或分项工程成本分析

分析的方法是比较预算成本、目标成本和实际成本，分别计算实际偏差和目标偏差，分析偏差产生的原因，寻求成本节约途径。工程项目的预算成本来自施工图预算，目标成本来自施工预算，实际成本来自施工任务单的工程量、实耗人工和限额领料单的实耗材料。主要分部或分项工程必须从开工到竣工进行系统的成本分析。

2. 月度成本分析

这是项目定期的成本分析，可以及时发现问题，以便按照目标成本进行监督和控制。对于时间长的工程项目，还要依据月成本报表进行年度成本分析。每月进行进度状态和成本状态分析，成本费用的分类要与成本预算一致，以便分析对比。

物流项目运营

> **例** 某物流中心 ERP 项目的成本分析

表 2-7 是某物流中心 ERP 项目 2024 年 6 月的成本分析表，当月计划完成 450 000 元预算，实际完成 438 000 元，少支出 12 000 元。结合实际进度信息和完成的工作量，分析支出减少的原因。

表 2-7　某物流中心 ERP 项目 2024 年 6 月的成本分析表

项目名称	某物流中心 ERP 项目		
本月计划量（件）	395 000	实际完成量（件）	383 000
项目	月计划成本	实际成本	成本偏差
人工费（元）	220 000（15 名工程师+2 名顾问+1 名项目经理）	220 000	0
设备费（元）	160 000（18 台商用计算机+1 台服务器）	146 000	14 000
材料费（元）	25 000（相关耗材）	28 000	-3 000
通信费（元）	5 000（手机费、电话费）	7 000	-2 000
招待费（元）	15 000（合作方招待费）	12 000	3 000
住宿费（元）	25 000（房租）	25 000	0
本月合计（元）	450 000		12 000

在复杂的大型项目中，为了加强成本控制，往往每周或每日都要填写成本报表，以便及时掌握项目成本使用情况并及时发现存在的各种问题。成本日（周）报表一般是针对重要项目和进度快的项目，通常只记人工费、机械费和产品数量。

成本累计曲线法广泛应用于成本分析。计划成本曲线作为比较基准，收集实际支出数据，在同一坐标中绘制出实际成本曲线，在成本执行情况理想状态下两条曲线应重合，如果存在偏差，说明成本计划执行有异常。此时，应分析偏差的原因，判定是否正常，然后决定是否采取处理措施。

采用成本累计曲线法的局限性是很明显的。一是它仅仅从累计成本的角度判断是否超支，没有考虑进度信息。在实际项目工作中，如果完成任务的速度提前，相应的成本也必然提前发生，此时并非超支。如果进度延误，某时刻的实际成本会低于计划成本，此时并非节约。二是实际成本包含了关键路线与非关键路线活动消耗的成本，依靠成本数据不能得出进度是提前还是落后的结论。

在月度成本分析表的基础上编制项目成本分析报告，以物流工程项目为例，成本分析报告主要包括以下内容：

（1）主要消耗材料的用量分析、月度技术措施对成本的影响分析。依据工程部提交的材料需求计划，追踪其实际的执行状况。

（2）本月进度计划完成情况分析、月度工程统计分析数据分析。特别是就未完成情况，要分析原因，采取措施，落实整改。

（3）施工产值完成情况、工程分包统计分析。其目的在于核定项目收入。

（4）辅助材料、租赁周转材料、自有周转材料、现场和库存材料状况、租赁机械用量分析。

（5）人工及劳务分包数据分析。

（6）现场经费分析、临时设施费摊销分析和项目总盈亏分析等。

（7）成本超支的原因分析。

经过对比分析，如发现某一清单细目或作业已经出现成本超支，或预计最终将会出现成本超支，要进行重点分析。

> **例** 某公路建设项目成本超支的原因
>
> 某公路建设项目成本超支的原因有以下几方面：一是原成本计划数据不准确，估价错误，预算太低，分包队伍报价超出预期的最高价。二是国家相关政策的变化，上级和业主的干扰，通货膨胀带来的物价上涨，阴雨气候和自然灾害等的影响。三是实施管理中的问题，如不适当的控制程序造成预算外开支过大；成本责任人没有尽到成本控制的责任，缺乏成本管理方面的知识和经验，激励措施不到位；劳动效率低，工人调动频繁，施工组织管理混乱；采购了劣质材料，材料消耗增加，浪费严重，发生事故，造成返工，周转资金占用量大，财务成本高；合同不能有效履行而产生赔偿。四是工程范围增加，设计变更，功能和建设标准提高，工作量较计划大幅增加等。

3. 竣工成本综合分析

如果施工项目只有一个成本核算对象，则以该成本核算对象的竣工成本资料作为成本分析的依据。有多个单位工程而且是单独进行成本核算的项目，应以各单位工程竣工成本分析资料为基础，再加上项目经理部的经营效益（如资金调度、对外分包等所产生的效益）进行综合分析。单位工程竣工成本分析应包括竣工成本分析、主要资源节约或超支对比分析、主要技术节约措施及经济效果分析。通过以上分析了解单位工程的成本构成和降低成本的方法，对成本管理有参考价值。

（三）目标成本差异分析

目标成本差异是指实际成本脱离计划成本的差额，分析的目的是找出差额产生的原因，从而尽可能地降低成本。目标成本差异分析一般从项目成本构成要素入手。

1. 人工费分析

人工费包括直接人工费和间接人工费。直接人员是指在项目中承担了具体工作任务的人员，间接人员是指不对项目产出物有直接贡献的人员。人工费主要由人员数量和加班费决定。项目中应分析是否存在冗员，避免因人浮于事而产生的人工成本。同时要合理控制加班现象，降低因加班引起的支出。

2. 材料费分析

材料费分析是对主要材料、结构件和周转材料使用费以及材料储备进行分析。主要材料

物流项目运营

和结构件的费用受价格和消耗数量影响，材料价格受采购价格、运输费用、途中损耗等因素影响，材料消耗数量受操作损耗、管理损耗和返工损失等影响，可在价格变动较大和数量异常时再进行深入分析。由于项目中很多周转材料和设备是租赁的，周转利用率和损耗率决定了费用，周转慢意味着租赁费支出增加，损耗超过规定的比例要赔偿。

对材料储备的分析包括材料采购保管费分析和材料储备资金分析。材料采购保管费属于材料的采购成本，包括采购保管人员的工资、办公费、差旅费以及采购保管过程中发生的固定资产使用费、工具使用费、检验试验费、材料整理以及零星运费和材料物资的盘亏及毁损等。材料储备资金是根据日平均用量、材料单价和储备天数（即从采购到进场所需要的时间）计算的，材料储备资金的分析可以应用因素分析法，选择运距短的供应单位，尽可能减少材料采购的中转环节，缩短储备天数。

3. 设备使用费分析

设备的使用费计算有两种情况：一种是按产量承包并计算费用，如土方工程，项目经理只需按实际挖掘的土方工程量结算费用，而不必过问挖土机械的完好程度和利用程度；另一种是按使用时间结算，如果设备完好率差或调度不当会影响利用率，从而延长使用时间，增加使用费用。由于项目的特点，在工序搭接上会出现某些施工间隙，影响设备的连续作业，有时因为加快施工进度，设备需要日夜不停地运转，因此经常出现设备利用率高低不均的现象。但是即使利用不足，台班费依旧照付，这将增加设备使用费支出。应加强设备的平衡调度，保持设备的完好率，保证设备的正常运转。

此外，还有其他直接费分析，如二次搬运费、水电费、临时设施摊销费、生产工具使用费、检验试验费、场地清理费等。

即问即答 2-7

如果有物流工程延期，应如何计算其增加的成本？

平台临时运输成本管控

单元四 物流项目风险评估

情景导航

A物流公司以融资租赁方式向多个合作伙伴共提供东风大货车50辆，用于拓展新的运输线路。车辆总价值3 000万元，融资租赁期限为12个月，合作伙伴每月每辆车应向A公司支付5.5万元。12个月后，货车的所有权转让至合作伙伴名下。合同执行到第6个月时，有少数合作伙伴由于经营不善，收益不达预期，提出退出与A公司的合作。面对这种情况，A公司按照预定部署，按合同约定条款终止与这些合作伙伴的合作，并在市场上重新招募新的合作伙伴。项目团队只有对可能发生的风险有预案，才能在意外真的降临时做到从容不迫。

一、项目风险的内涵

（一）项目风险的概念

项目风险是一种不确定事件或状况，一旦发生，会对项目目标产生有利或不利后果。风险事出有因，一旦发生会导致严重后果。例如，原因之一可能是需要申请许可证，或者是分配给项目的人员有限，而面临的风险可能是许可证申请过程比原计划长，或者所分配的人手不能完成任务。这两个不确定事件无论发生哪个，都会对项目的成本、进度或者质量产生不良后果。风险状况则包括项目环境中可能造成项目风险的一些方面，例如，项目管理方式欠佳，或者过分依赖无法控制的外单位参与者。

风险有两类：可预见风险和不可预见风险。可预见风险是可以预见的，可计划的，也是可以管理的。不可预见风险则是不能预见、不可计划、不可管理的，因此需要有应急措施。项目中常会出现以下情况带来的风险：

（1）重要人员突然离开项目组。如项目的骨干成员被抽调到别的项目、突然生病、跳槽等，而他的工作其他成员暂时无法顶替。

（2）项目进行中行业标准或相关政策发生变化。如本来要推广的海鲜产品销售业务，突然遇到政府有关部门下令禁止的情况。

（3）需求发生重大变更。如手机消费市场，智能触摸屏手机出现后，传统的按键手机市场需求一下子暴降，企业原来设定的进一步开发按键手机的项目必须进行调整。

（4）某些成员不能胜任其工作。有时项目团队抽调来的成员难以胜任销售、财务、技术等方面的工作，这时只能换人或增添人手，会影响到项目的进度。

（5）各部门配合不尽如人意，所需协助得不到。如有时财务部门的经费不能按时到位，公司承诺的办公场所无法提供，会导致项目团队的有些工作暂时无法开展。

（6）项目进行到一半时出现难以解决的技术问题。这种情况在产品研发、工程开发等项目中时常会出现，例如修地铁时出现渗水、修隧道时发现盾构机难以穿透的现象，这时需要项目团队的技术专家想办法解决后，项目才能继续向前推进。

（7）因自然灾害导致的交通问题使项目不能在计划日期内完成系统上线。如某地发生地震，导致某公司原定的运输线路开通项目要延后。

（8）意外事故导致电脑系统崩溃，项目的大部分文档和数据丢失。有时由于一些电脑病毒，项目团队的数据丢失。这要求项目组对工作的电脑系统要有级别较高的安全防护措施。

对项目产生威胁的风险在某些情况下也是可以接受的，如果能够很好地平衡，有时还会产生正面的影响。比如快速跟进，快速跟进会带来返工的风险，但是，如果能够计划并管理好，快速跟进可以大大缩减项目工期。

（二）项目风险管理的主要工作

在项目的规划启动阶段，项目负责人除了做好相应的计划，还必须思考风险方面的一些问题，提前做好准备。以下问题需要特别引起关注：①我们的项目会有哪些潜在的问题现在还看不到？②风险发生的可能性有多大？③谁负责监控和处理风险？④我们用什么策略和措施应对项目风险？⑤项目干系人对风险的心理承受能力有多大？

要解决这些问题，项目负责人必须对项目风险进行识别、分析、应对和监控，制订整个项目的风险管理计划，可考虑以前总结出来的风险应对策略进行风险管理。

风险管理就是要系统化地识别、分析和应对风险，最大化正面影响，最小化负面影响。具体包括如下工作：

（1）风险管理计划。确定风险管理方法和风险管理活动的计划。

（2）风险识别。找出可能会对项目产生影响的风险，描述其特点。

（3）风险定性分析。对列出的风险进行定性分析，并按其对项目的影响程度排出优先级。

（4）风险定量分析。评估和衡量风险出现的可能性及其对项目目标影响的量化程度。

（5）风险应对计划。制定措施和方法增加对项目有利的机会，减少风险对项目的威胁。

（6）风险监控。在整个项目执行过程中监督已识别的风险和残留风险，识别可能出现的新风险，执行风险应对计划，评估计划执行的有效性。

即问即答 2-8

> 一个项目无论大小，我们只有将其拆解成具体的工作，才能够有针对性地去实施。如果某物流企业要建设一个新的配送中心，请列举出三个以上可能发生的风险。

二、项目风险管理计划

项目风险管理计划主要包括定义项目风险管理的行动方案及方式、选择合适的风险管理方法、确定风险判断的依据等。它是一个迭代过程，包括评估、控制、监控和记录项目风险的各种活动。在风险管理计划里，需要明确风险如何管理、用什么样的方法、谁负责风险 A、谁负责风险 B，责任要明确。还有风险评估的方法，也就是为什么要把某个事件当作项目的风险，如果出现了风险，项目干系人能够承受的限度是多少，每项风险的预算是多少。风险如何监控，如何报告，如何跟踪、记录，这些都需要在风险管理计划中得到明确。其具体内容如表 2-8 所示。

表 2-8 项目风险管理计划的内容

项目	内容说明
风险管理方法	确定可能采用的风险管理方法、工具和数据信息来源。针对项目的不同阶段、不同局部、不同的评估情况，可以灵活采用不同的方法和策略
岗位职责	确定风险管理活动中每一类别行动的具体领导者、支持者及行动小组成员，明确各自的岗位职责
时间	明确在整个项目的生命周期中实施风险管理的周期或频率，包括对风险管理过程各个运行阶段、过程进行评价、控制和修正的时间点或周期
预算	确定用于项目风险管理的预算

（续）

项目	内容说明
评分与说明	明确定义风险分析的评分标准并加以准确说明，有利于保证执行过程的连续性和决策的及时性
承受度	明确对于何种风险将由谁以何种方式采取何种应对行动。作为计划有效性的衡量基准，可以避免项目相关各方对计划理解产生歧义
报告格式	明确风险管理各流程中应报告和沟通的内容、范围、渠道和方式，使项目团队内部、与上级主管和投资方之间以及与协作方之间的信息沟通顺畅、及时、准确
跟踪	为了有效地对当前项目进行管理、监察、审计，以及积累经验、吸取教训，应该将风险及其采取的管理行为的方方面面都记录下来，归档留存。记录应有统一规定的文档格式和要求

资料链接 2-5

×××项目风险管理计划模板

1. 概述

此处需要描述本项目状态报告存在的必要性和用途。

2. 定义和缩略语

为适当地解释这个报告，需要了解其中的所有术语和缩略语。这一段定义或提供对它们定义的参考资料。如果没有，填写无。

3. 项目风险管理组织

（略）

4. 项目定义风险管理表

4.1 项目风险类别定义

风险类别	描述

4.2 项目风险概率和影响定义

项目	值	定性描述	进度	成本	质量	范围
概率	0.9	非常高	表示发生的可能性			
	0.7	高					
	0.5	中					
	0.3	低					
	0.1	非常低					
影响	0.8	非常高	进度延期1月以上	成本超支20%以上	项目最终结果实际无法使用	每月重大变更大于3起
	0.4	高	进度延期半月以上	成本超支10%~20%	质量降低到客户无法接受	每月重大变更大于2起
	0.2	中	进度延期1周以上	成本超支5%~10%	质量下降到需要由客户审批同意的程度	每月重大变更大于1起
	0.1	低	进度延期3天以上1周以内	成本超支小于5%	仅有要求极其严格的应用受到影响	每月变更大于5起
	0.05	非常低	进度延期2天以内	成本超支不明显	质量下降不显著	每月变更大于1起

4.3 项目风险状态定义

风险状态	状态描述
跟踪中	处于监视中
正减轻	风险发生的可能减小或带来的影响正在减轻
正应急处理	发生情况超出预期,正在紧急处理
已关闭	风险应对成功后被关闭
已消失	风险发生的可能减少为0
……	……

4.4 风险综合影响分类标准

		风险概率 P			
		0.1	0.3	0.5	0.7	0.9
风险影响	0.05	0.005	0.015	0.025	0.035	0.045
	0.1	0.01	0.03	0.05	0.07	0.09
	0.2	0.02	0.06	0.1	0.14	0.18
	0.4	0.04	0.12	0.2	0.28	0.36
	0.8	0.08	0.24	0.4	0.56	0.72

注:风险概率与风险影响的得分相乘后的结果表示风险的综合影响程度,可分为高中低三类,分别用三种颜色标注。
☐ 表示该风险的综合影响程度低。
☐ 表示该风险的综合影响程度中等。
■ 表示该风险的综合影响程度高。

5. 项目风险管理策略

策略	内容
风险管理活动的范围	明确风险管理活动涵盖的范围,如项目的生存周期中的几个阶段,或者是项目的过程、人员和技术等几个方面
工具和方法	风险识别采用的方法和工具:风险识别检查表、头脑风暴、专家谈等;使用项目管理软件/系统(PMS)记录所有的风险
	风险分析采用的方法和工具:进行概率与影响评估,按风险综合影响对风险进行优先级排序;使用PMS记录风险分析结果
	风险监控采用的方法和工具:进行风险再评估、风险审计等;更新项目计划,通过PMS对监控活动和执行情况进行跟踪
	风险应对采用的方法和工具:风险应对的策略包括风险规避、风险转移、风险减轻、风险承担等;更新项目计划,通过PMS对应对活动和执行情况进行跟踪和监控
风险应对策略	参照PMS中的风险管理策略
风险跟踪和报告机制	风险跟踪机制:每周跟踪风险触发器状态
	在项目范围发生变化、项目关键指标出现问题时,重新评估风险
	报告机制:项目周报中报告,里程碑报告

6. 项目风险管理进度安排

任务	开始时间	结束时间	责任人	备注
成立风险管理小组				
培训风险管理知识				
定义风险管理表				
识别和收集风险第1轮				
分析和评估风险第1轮				
识别和收集风险第1轮				
分析和评估风险第2轮				
……				

三、项目风险识别

风险识别就是确定何种风险事件可能影响项目，并将这些风险的特性整理成文档，风险识别是项目管理者识别风险来源、确定风险发生条件、描述风险特征、评价风险影响的过程。风险一旦得到识别之后，往往就可以制定简单而有效的风险应对措施，并将其付诸实施。

（一）风险识别参与人员

参加风险识别的通常应尽可能包括以下人员：项目管理组、风险管理组、公司其他部门相关领域专家、客户、最终用户、其他项目经理、利害关系者和外聘专家。

风险识别是一项需要反复进行的工作。第一次反复可以由项目管理组的一部分人，或由风险管理组进行，整个项目管理组和主要利害关系者可以进行第二次反复，为保证分析不致出现偏颇，最后一轮反复可以由与项目无关的人员进行。

（二）风险识别的依据

项目经理可依据表 2-9 所示文件来识别项目的风险。

表 2-9　项目风险识别的依据

序号	文件名	说明
1	立项报告	立项报告中明确了项目的总目标，即整个项目围绕哪个目标展开
2	范围说明书	范围说明书明确了项目的范围，可以从中事先判断出范围中的某项工作会有什么样的风险，以及它对项目的影响
3	风险管理计划	风险管理计划为识别风险过程提供一些关键要素，包括角色和职责分配、已列入预算和进度计划的风险管理活动，以及可能以风险分解结构的形式呈现的风险类型
4	成本管理计划	成本管理计划中规定的工作流程和控制方法有助于在整个项目内识别风险
5	进度管理计划	进度管理计划有助于了解可能受风险（已知的和未知的）影响的项目时间（进度）目标及预期
6	质量管理计划	质量管理计划中规定的质量测量和度量基准，可用于识别风险
7	人力资源管理计划	人力资源管理计划为如何定义、配备、管理和最终遣散项目人力资源提供指南。其中也包括了角色和职责、项目组织图和人员配备管理计划，这些是识别风险过程的重要输入
8	干系人登记册	可以利用干系人的信息确保关键干系人，特别是发起人和客户，能以访谈或其他方式参与识别风险的过程，为识别风险过程提供各种输入
9	项目文件	项目文件能为项目团队更好地识别风险提供与决策有关的信息 项目文件有助于跨团队沟通和干系人之间的沟通。项目文件应包括（但不限于）以下内容： 1）项目章程 2）项目进度计划 3）进度网络图 4）问题日志 5）质量核对单 6）对识别风险有用的其他信息
10	采购文件	如果项目需要采购外部资源，采购文件就成为识别风险的重要输入。采购文件的复杂程度和项目程度应与计划采购的价值及采购中的风险相匹配

（三）风险识别的方法

（1）项目文档审阅。这是风险识别的第一步，找出项目文档中的假设条件、限制因素，理解项目的目标、范围、资源计划、进度计划、成本估算等。

（2）信息收集技术。信息收集技术有头脑风暴法、德尔菲法、访谈等。

1）头脑风暴法。其目的是取得一份综合的风险清单，供日后风险定性与定量分析过程使用。集思广益会通常由项目管理组主持，也可邀请多学科专家来实施此项技术。在一位主持人的推动下，与会人员就项目的风险进行研讨。在广泛的范围内识别风险来源，将其公布，供与会者审议。然后再对风险进行分门别类，并对其定义进一步加以明确。

2）德尔菲法。德尔菲法是专家就某一专题（例如项目风险）达成一致意见的一种方式。先确定谁是项目风险专家，然后请他们以匿名方式参与此项活动。主持人用问卷征询有关重要项目风险的见解。问卷的答案交回后随即在专家中传阅，请他们进一步发表意见。此项过程进行若干轮之后，就不难得出关于主要项目风险的一致看法。德尔菲法有助于减少数据中的偏倚并防止任何个人对结果产生不适当影响。

3）访谈。访谈的对象包括业务方面的专家、技术方面的专家、行业专家、有经验的项目经理等。访问有经验的项目经理或某类问题的专家可以识别风险。负责风险识别者先物色适当人选，向他们简要地介绍项目情况，并提供工作分解结构与项目各项假设等有关资料，被访者根据自己的经验、项目的有关资料以及其他资料来识别项目风险。

（3）核对表。风险识别所用的核对表可根据历史资料、以往项目类型所积累的知识以及其他信息来源着手制定。使用核对表的优点之一是风险识别过程迅速简便。缺点之一是所制订的核对表不可能包罗万象，而使用者所考虑的范围却被有效地限制在核对表所列范畴之内。应该注意探讨标准核对表上未列出的事项，如果此类事项与所考虑的具体项目相关的话。核对表应逐项列出项目所有类型的可能风险。务必要把核对表的审议作为每个项目收尾程序的一个正式步骤，以便对所列潜在风险清单以及风险描述进行改进。项目风险识别核对表中的具体内容如表 2-10 所示。

表 2-10 项目风险识别核对表

风险因素	识别标准	风险核查结果 大	中	小
项目的环境 1）项目组织结构 2）组织变更的可能 3）项目对环境的影响 4）政府的干涉程度 5）政策的透明程度 ……	稳定/胜任 较小 较低 较少 透明			

（续）

风险因素	识别标准	风险核查结果		
		大	中	小
项目管理 1）业主同类项目经验 2）项目经理的能力 3）项目管理技术 4）切实进行了可行性研究 5）承包商有经验、讲诚信 ……	有经验 经验丰富 可靠 详细 有经验			
项目性质 1）工程范围 2）复杂程度 3）使用的技术 4）计划日期 5）潜在的变更 ……	通常情况 相对简单 成熟可靠 可合理顺延 较确定			
项目人员 1）基本素质 2）参与程度 3）项目监督人员 4）管理人员的经验 ……	达到要求 积极参与 达到要求 经验丰富			
费用估算 1）合同计价标准 2）项目估算 3）合同条件 ……	固定价格 有详细估算 标准条件			

（4）假设分析。每个项目都是根据一套假定、设想或者假设进行构思与制定的。假设分析是检验假设有效性（即假设是否站得住脚）的一种技术。它主要辨认假设的不精确、不一致、不完整对项目所造成的风险。

（5）图解技术。图解技术可包括以下内容：①因果图（又称石川图或鱼骨图），它对识别风险的原因十分有用。②系统或过程流程图，用来显示系统的各要素之间如何相互联系以及它们之间的因果传导机制。③影响图，用来显示因果影响、按时间顺序排列的事件，以及变量与结果之间的其他关系的问题的图解表示法。

（四）项目风险识别的内容

项目风险识别的内容具体可参照表 2-11。

表 2-11 项目风险识别的具体内容

序号	识别项目	具体内容
1	人员	1）是否能得到这些人员 2）他们是否具备需要的教育背景 3）他们是否具备需要的工作经验 4）他们的时间是否能保证 5）他们是否能承担任务 6）他们是否清楚项目的要求

（续）

序号	识别项目	具体内容
2	进度方面	1）里程碑的设定是否可行 2）关键路径是否清楚 3）关键路径上的活动是否能按时进行 4）浮动时间是否充分 5）活动之间的逻辑关系是否清楚
3	财务	1）项目资金是否能保证 2）是否能控制项目资金 3）市场价格是否会变化 4）人员的开支是否确定
4	行政	1）项目是否得到了明确的授权 2）相关方的需求是否清楚 3）是否得到了相关方的承诺 4）与相关方是否进行了沟通 5）物质条件是否具备
5	范围	1）项目范围界定是否明确 2）客户要求动态是否多变
6	合同	合同的责任和义务及应负的法律责任是否明确
7	环境	1）气候是否会对项目造成影响 2）地理位置是否会对项目造成影响
8	技术	1）这种技术是否可行 2）它是否得到了验证 3）是否能够获得它 4）它是否容易理解和应用

（五）项目风险识别的结果

项目风险识别的结果包括：已识别出的风险列表、风险征兆或警告信号、潜在的风险应对方法列表、风险的根本原因分析表、更新的风险分类、项目管理计划（更新的），具体如表 2-12 所示。项目风险初始识别清单如表 2-13 所示。

表2-12　项目风险识别的结果

序号	识别项目	具体内容
1	已识别出的风险列表	描述了已识别出的风险、风险的根本原因、已识别出的假设中的不确定性，以及风险造成的影响。每个风险要分配一个责任人以便对风险进行分析、应对和监控
2	风险征兆或警告信号	风险需要利用这些标识在其将要发生时提高人们的警惕性。需要注意，已经发生的事情不再是风险而是问题
3	潜在的风险应对方法列表	对应方法在风险识别过程中可能会对如何应对风险进行简单的建议。这为将来的风险应对过程提供了非常有用的输入
4	风险的根本原因分析表	风险的根本原因是导致风险的基本条件或事件。一个根本原因会导致多个风险，通过对根本原因的分析，可以非常有效地进行风险的应对
5	更新的风险分类	识别风险的过程会为风险类别列表添加新的风险类别。在风险管理计划过程中开发出来的风险分解结构（RBS）要在风险识别的基础上进行增强或修正
6	项目管理计划（更新的）	风险识别过程可能需要采取进一步措施，包括更新项目管理计划中的其他过程计划。如：WBS 可能不够详细，结果不能进行有效的风险识别；或者进度计划中没有包括被重要风险影响的活动。项目管理计划及其辅助计划的变更（添加、修改、修订）是通过整体变更控制系统处理的

表 2-13　项目风险初始识别清单

序号	风险描述	风险识别			
		项目阶段	风险类别	风险原因	可控性	风险影响

四、项目风险定量分析

项目风险定量分析，是指项目经理或项目工作人员通过一些数学方法和统计工具进行的项目风险分析。其目的是对每项风险的发生概率及其对项目目标的影响，以及项目整体风险的程度进行数值分析。风险定量分析一般应当在确定风险应对计划时再次进行，以确定项目总风险是否已经减少到满意程度。

在对项目风险进行定量分析时，可以依据以下资料：①风险管理计划。②已识别风险。③按轻重缓急排序的风险清单。④需要再分析与管理的风险清单。⑤历史资料。其包括以往已完成的相似项目的资料、风险专家对相似项目的研究结果，以及可从行业或厂商自身得到的风险数据库。⑥专家判断。风险定量分析的投入可以来自项目管理组、组织内其他课题专家，以及组织以外的其他人。其他信息来源还包括工程专家、统计专家。⑦其他规划产出。最有用的规划产出包括确定进度时所使用的项目内在逻辑和工期估算、工作分解结构所列出的所有成本要素清单连同成本估算，以及项目技术目标的范例。

进行定量分析时，第一步是通过调研获取相关数据。有时是从系统中直接获取，有时是问卷调研，有时是面谈。以面谈为例，它用于收集项目干系人对项目风险概率和影响程度的估计，包括乐观、悲观的各种估计，得到一个取值范围，并利用概率进行分析。在具体分析时，常用的几种工具有敏感度分析、决策树分析、专家打分法、模拟法等。敏感度分析是量化及评估各风险对项目目标潜在影响的方法，它有助于判定哪种风险最有可能对项目产生影响。决策树分析是对所考虑的决策以及采用其他现有方案可能产生的后果进行描述的一种图解方法。它综合了风险的概率、每条事件逻辑路径的成本或收益，以及应采取的未来决策。决策树的求解表明，当所有的不确定后果、成本、收益，与随后的决策全部量化之后，哪一项决策能为决策者带来最大的期望值。专家打分法是专家根据自身的专业素质以及丰富的实践经验，依照项目的具体情况做出的合理判断。可以将主观概率看成客观概率的近似值。项目模拟用一个模型将详细规定的各项不确定性换算为它们对整个项目层次上的目标所产生的潜在影响。项目模拟一般用蒙托卡罗技术进行。

在对项目风险进行定量分析后，项目组可以得到一份按轻重缓急排序的量化风险清单，这张风险清单包括对项目造成最大威胁或为项目提供最大机会的风险，以及对其影响的量度。

资料链接 2-6

万纬物流智慧园区建设项目

万纬物流成立于2015年，是万科集团旗下成员企业，经过多年发展，已经成为国内出色的多温区综合物流解决方案服务商。万纬物流致力于为客户提供高标准的仓储设施及多元化的冷链物流服务。

一、建设背景

万纬智慧园区项目建设的总体目的围绕着园区运营方、园区客户、业务/股东三个重要参与方展开：

（1）赋能园区运营方更好地服务客户，在市场上赢得客户，保证安全质量，降本增效，建立标准管理体系，打造万纬品牌。

（2）为园区客户提供透明化、高品质、低成本、风险最小化的服务，让客户安心托付，建立紧密开放的合作伙伴关系。

（3）随着商业模式由重到轻，科技赋能的智慧园区服务将成为核心竞争力，为投资创造价值：通过输出智慧园区支撑的运营团队和服务，转型为科技赋能的服务型企业；通过科技为基本盘和服务插上翅膀，提升企业市盈率。

二、建设内容

1. 平台基础情况

智慧园区技术架构主要由感知层、连接层和技术平台层三层构成。

（1）感知层。连接到技术平台的各类传感装置、机电设备、智能硬件、软件系统等。目前接入的设备有视频监控、人闸及人脸通行测温设备、车闸及车牌摄像机、制冷机组、智能电表、各类叉车、月台传感器及AI摄像机、穿堂及库区温湿度传感器，正在对接的设备有智能水表、各类消防传感器、周界系统、执法记录仪、安防AI摄像机、冷库各类闸门、穿堂货物监控AI摄像机等。

（2）连接层。用于数据传输的通信技术和设备，包含交换机、路由器、网关等设备及4G、5G、Wifi、NB-IoT、LoRa等通信方式。可实现全园区100%Wifi覆盖，各类通信设备支持多方式通信，以保证园区各环节各地点作业时数据实时性和准确性。

（3）技术平台层。由IOT平台、算法平台、数据平台和流程模块化低代码开发平台构成。IOT平台连接和管理感知层的各类设备，主要功能有设备接入、设备管理、消息通信、运维监控、数据分析、安全认证&权限策略。算法平台封装各类算法，以支持IOT平台、算法平台及各类应用调用复用。数据平台对接各软件系统，建立标准数据、建设园区和总部控制塔，自动化生成推送各类报表。流程模块化低代码开发平台用来实现低代码开发配置快速搭建适用不同园区差异需求的方案。

2. 应用场景情况

冷链园区应用场景可以划分为六个维度：安全、环境、设备、能耗、日常运营、全局管理。目前落地的应用有智能视频云平台、冷链IOT系统、智慧叉车系统、智慧月台系统、温湿度监控系统、冷链人员通行系统、企业资产管理系统。

（1）智能视频云平台。园区100%视频监控覆盖。智能视频云平台融合AI，实现存、算、检按需组合，协同任务、算法、算力、数据，助力构筑智慧平台。通过SD-WAN技术快速构建企业级VPN，保证数据传输的安全性、稳定性。

（2）冷链IOT系统。对制冷机组及能耗进行实时监控、异常报警、统计分析。目前采集到的数据有：

1）机组数据。蒸发压力、排气压力、冷凝压力、蒸发温度、排气温度、冷凝温度、机组运行状态等。

2）库区数据。冷库温度、冷风机运行状态、冷风机化霜状态、冷风机出风温度、冷风机回风温度、冷库门开关状态、冷库门电加热运行状态等。

3）电气数据。电压数值、电流数值、累计用电量、剩余电流值、电加热系统断路器状态等。

（3）智慧叉车系统。通过为叉车加装智能车载设备和车载管理系统，云端部署智慧叉车系统，来远程管理和监控叉车和操作人员，为管理者提供必要的数据，帮助管理者实现效率最大化、能耗最低化。智慧叉车系统的主要功能有合规性管理（叉车点检系统化）、碰撞管理（智能感知叉车高风险碰撞）、作业效率管理（采集叉车不同状态数据进行统计分析）、叉车利用率管理（采集叉车开机数据进行统计分析）、电池管理（采集电池充电数据对过早充电、过度放电、更换为充满电池等异常情况进行管理）、维保管理（提醒并登记叉车维保工作）。

（4）智慧月台系统。通过物联网和视觉识别技术，实现车辆预约、车辆入园、司机交单、月台停靠、装卸作业、车辆出园各环节的线上系统化作业和智能监测分析。首先，从业务流程上打通月台作业和园区车辆调度之间的信息壁垒，实现园区内部人员、车辆和月台全流程的高效结合，提升园区整体的运营效率。同时，通过月台相机对月台作业场景的数据感知，包括车牌号码、开关门状态、车辆装载率、月台占用时长等，通过科学的数据来指导园区的管理、调度、指挥和决策，促进园区管理的数字化和智慧化升级。

（5）温湿度监控系统。温度是冷链的核心，为了更好地管控冷库温度，在冷库不同区域不同高度分布部署湿度传感器，安装温湿度监控智能网关，通过LoRa连接多个温湿度传感器采集冷库环境数据；温湿度监控网关存储分析环境数据，并通过4G或Wifi上传至系统云平台；园区和总部管理人员通过Web端、移动端工具实时监控仓储区域温湿度、接收报警信息、分析历史数据。

（6）冷链人员通行系统。通过在人闸加装人脸识别设备、门岗安装访客机对进入园区的内部工作人员、客户驻场人员、司机、访客进出园区数据进行自动采集、统计分析、异常报警。

（7）企业资产管理（EAM）系统。通过 EAM 系统及其移动端执行工具进行园区资产管理、点巡检管理、维保管理、报修管理。EAM 系统的工单管理功能和其他模块的应用打通，将园区有管理需求的工作通过移动端执行并记录，整理数据形成报表，从而支持园区和总部的管理决策。

三、信息化实施过程中的主要经验

（1）多维度全方位的智慧园区整体规划，打破先前低效的资源浪费型的"烟囱式＋分散式"建设工作。行业内首次提出覆盖物业、运营、工程、QA 多维度和高安全、高质量、高效、节能全方位的包含 13 个产品模块的智慧园区整体规划，以整体规划指导各个模块建设工作，打通各部门间、各产品模块间的壁垒，有效解决了典型的行业痛点——"烟囱式＋分散式"造成的信息孤岛和延伸扩展性差成本高，避免重复建设带来的资源浪费、效率降低等问题。

（2）深度融合管理流程机制的产品建设，领跑行业通用化浅业务的解决方案：从业务角度出发明确智慧园区各产品模块的目标并制定管理流程机制，将管理流程机制深度融合到产品方案设计中，以保证产品与业务不脱节，产品上线后业务部门能够真正有效使用来提升管理解决问题。相比于和业务割裂的去年的方案和行业通用方案，由于深度融合了业务上的管理流程机制，万纬的智慧园区产品能够为园区运营管理工作建立标准体系，真正为管理赋能，领跑于行业。

五、项目风险应对计划

制订风险应对计划是指制订措施和方法来增加对项目有利的机会，减少风险对项目的威胁，包括措施的制订和责任人的安排，所制订的风险应对计划应与风险的严重程度相适应，经济有效，及时、可操作，经各方一致同意后落实责任。

（一）风险应对计划的依据

制订风险应对计划，可参考以下资料：①风险管理计划；②按轻重缓急排序的风险清单；③项目风险评级；④按轻重缓急排序的量化风险清单；⑤项目的概率分析；⑥实现成本与时间目标的概率；⑦潜在应对措施清单（在风险识别过程中，可能会发现对个别风险或风险范畴应采取的应对措施）；⑧风险临界值；⑨风险负责人，即一份能作为风险应对负责人采取行动的项目利害关系者名单，风险负责人应当参与风险应对计划的制订；⑩风险共同原因，若干种风险可能是某种共同原因所造成的，这时通过一种应对措施就可能同时减轻多种项目风险发生的可能性；⑪风险定性与定量分析结果的趋势。

（二）风险应对策略

物流项目风险应对是针对项目目标制订提高机会、降低威胁的方案和措施，根据风险的优先级制定切实可行的应对措施，减少风险事件发生的概率以及降低损失程度。风险应对措施须与风险的重要性相匹配，既能有效应对挑战又切实可行，并得到主要干系人的认可。在条件允许的情况下，尽可能制定多个备选方案，以便及时选择最佳的应对措施。制定项目风险应对措施的过程包括以下主要环节：

（1）确认风险识别和风险评价结果。

（2）分析项目内外部各种条件。

（3）分析可用于处理各种风险的资源和能力。

（4）设定风险处理后应达到的目标。

（5）针对不同风险拟定多种应对策略备选方案。

（6）比较各种方案和代价与效果并做出选择。

（7）执行风险应对方案。

风险应对策略可以分为消极应对策略、积极应对策略和应急策略三类。

1. 消极应对策略

（1）回避策略。风险回避是指改变项目管理计划以完全消除威胁。项目经理也可以把项目目标从风险的影响中分离出来，或改变受到威胁的目标，如延长进度、改变策略或缩小范围，极端的回避策略是取消整个项目。该策略是从根本上放弃使用有风险的项目资源、项目技术、设计方案等。采取该策略可能要做出一些必要的牺牲，但比风险发生时造成的损失要小得多。

（2）转移策略。风险转移是将项目面临的风险转移给其他人或组织来承担的行为。通过合约，项目经理可将风险事故发生时的一部分损失转移到项目以外的第三方。转移风险是把风险管理责任简单地推给另一方而非消除风险。转移策略对处理风险的财务后果最有效，适用于发生概率小但损失大，或者项目组织很难控制风险的项目。风险转移可以采用多种工具，如出售、发包、合同免责条款、责任转移条款、保险与担保、履约保函等。

1）出售。通过买卖契约将风险转移给其他组织，在出售项目所有权的同时把风险转移给对方。

2）发包。通过从项目组织外部获取货物、工程或服务而将风险转移出去。

3）合同免责条款。当无法转移蕴含项目风险的活动或者转移代价太高时，尽量通过合同免责条款排除己方的责任。

4）责任转移条款。在工期较长的项目中，承包商面临着由于原材料价格上涨而导致亏损的风险，可以在承包合同中规定价格上涨超过一定幅度后，额外的采购成本由客户承担或合同价格相应上调。很多情况下，成本补偿合同可以把成本风险转移给买方（客户），而总价合同会把风险转移给卖方（即承包商）。

5）保险。保险是指投保人根据合同约定，向保险人支付保险费，保险人对于合同约定的可能发生的事故（风险）因其发生所造成的财产损失承担赔偿保险金责任，或者当被保险人死亡、伤残、疾病或者达到合同约定的年龄、期限时承担给付保险金责任的商业保险行为。

6）担保。在工程施工阶段比较适合采取保证和抵押两种担保方式。保证是指保证人和债权人约定，当债务人不履行到期债务或者发生当事人约定的情形时，保证人履行债务或者承担责任的行为。抵押是指债务人或者第三人不转移财产的占有，将该财产抵押给债权人的，债务人不履行到期债务或者发生当事人约定的实现抵押权的情形，债权人有权就该财产优先受偿。

（3）减轻策略。减轻策略包括风险预防与损失控制两种方式。风险预防是指在风险发生前采取积极的措施，把风险事件的概率和影响降低到可以接受的范围内，这是一种积极主动的策略选择，比风险发生后设法补救有效得多。损失控制是指在风险损失已经不可避免地发生后，采取措施减少损失发生的范围，遏制损失继续恶化。

（4）接受策略。接受风险是指当风险不能避免或有可能获利时由自己承担风险的做法。它可分为无意识地接受和有意识地接受两种情况，无意识地接受风险是指不知风险的存在而未加处理，有意识地接受风险是指知道风险事件可能发生但自己承担风险。主动接受风险是因为项目风险是客观存在的，小概率风险可能在项目中大量出现，由于它们发生概率小（如地震、洪水）或者影响非常小，在有限的项目资源约束下，不能消除全部威胁也无法转移风险，或者控制风险的成本很高而得不偿失，这种情况下项目组织就会主动接受这些风险。风险接受策略的判断标准有以下几个：

1）接受费用低于保险公司收取的费用。

2）企业认为期望损失低于保险公司的估计。

3）项目组织认为项目最大期望损失较小。

4）项目组织有承受最大期望损失的能力。

5）损失和费用支付分布于很长的时间，存在很大的机会成本。

6）项目投资机会非常好。

2．积极应对策略

积极应对可选择开拓策略、分担策略、提高策略等，为具体的风险选择适当的策略，以充分抓住风险带来的机会，获取最大的商业回报。

（1）开拓策略。开拓策略旨在消除与某个特定积极风险相关的不确定性，确保机会肯定出现。直接开拓包括把组织中最有能力的资源分配给项目，以缩短完成时间或节约成本。

（2）分担策略。分担策略是指当实施某个项目具有巨大商机或项目中必须进行某些活动，而又必须承担相应风险时，通过增加合作方来共同分担风险，减轻每一个投资者的压力。分担积极风险是把应对计划的部分或全部责任分配给最能为项目利益抓住该机会的第三方，包括建立风险共担的合作关系和团队，以及为特殊目的成立公司或联营体，其目的是充分利用机会，使各方都从中受益。

（3）提高策略。提高策略旨在提高机会的发生概率和积极影响，识别那些会影响积极风险发生的关键因素，并使这些因素最大化，以提高机会发生的概率，例如为尽早完成活动而增加资源。

3. 应急策略

应急策略是当已识别的风险事件发生时应采取的行动策略及步骤，以降低项目风险的负面效应。针对某些特定事件专门设计一些应对措施，当预定条件发生时才能实施这些应对策略。如果确信风险的发生会有预警信号就必须制定应急策略，对触发应急策略的事件进行定义和跟踪，例如未实现阶段性里程碑、关键人员离职等。

（三）风险应对计划的结果

1. 风险应对计划表

风险应对计划（也叫作风险登记册）的内容应尽量详细，根据其描述就能采取具体的应对行动，其格式如表2-14所示。

表2-14 项目风险应对计划表格式

项目名称					项目经理		
风险编号	风险名称	风险期望值	风险等级	风险战略	应对措施	风险应对负责人

制表人：　　　　　日期：　　　　　批准人：　　　　　日期：

项目风险应对计划是在风险分析工作完成之后，为规避项目风险而制订的计划性文书。项目风险应对计划因项目的不同，内容也会有所不同，但至少应当包括如下内容：

1）所有风险来源及每一来源中的风险因素的识别。

2）关键风险的识别，以及关于这些风险对于实现项目目标的影响的说明。

3）对于已识别出的关键风险因素的评估，包括风险发生的概率及其潜在的破坏力。

4）已经考虑过的风险规避方案及其代价。

5）建议采取的风险规避策略，包括解决每一个风险的实施计划。

6）各单独应对计划的总体综合，以及分析过风险耦合作用可能性之后制订出的其他风险应对计划。

7）项目风险形势估计、风险管理计划和风险应对计划三者综合之后的总策略。

8）实施规避策略所需资源的分配，包括关于费用、时间进度和技术考虑的说明。

9）风险管理的组织及其责任，以及负责实施风险规避策略的人员。

10）开始实施风险管理的日期、时间安排和关键的里程碑。

11）成功的标准，即何时可以认为风险已被规避，以及待使用的监视办法。

12）跟踪、决策和反馈的时间。

13）应急计划。应急计划就是预先计划好的，一旦风险事件发生就付诸实施的行动步骤和应急措施。

14）对应急行动和应急措施提出的要求。

15）项目执行组织高层领导对风险应对计划的认同和签字。

2．残留风险清单

残留风险是指采取了回避、转嫁或减轻等对策之后依然存在的风险。其中也包括已被接受并处置过的小风险，例如在所允许的成本或者时间中增加应急储备量。

3．次生风险清单

由于实施某风险应对措施而直接产生的风险称为次生风险。应当识别此类风险并规划应对措施。

4．合同协议

合同协议规定了在具体风险发生时各方所应承担的责任。合同各方也可签订关于保险、服务以及其他适当项目的合同协议，以回避或者减轻威胁。

5．所需的应急储备量

项目的概率分析和风险临界值，可帮助项目经理确定把项目目标超标风险降低到组织可接受水平所需要的缓冲量或者应急储备量。

6．向其他过程的投入

风险的大部分应对措施都需要付出额外的时间、成本或者资源，并需要改变项目计划、组织要求保证。

7．向修正项目计划的投入

项目经理应将规划过程的结果反映到项目计划中，以保证商定的行动作为当前项目的组成部分加以实施与监测。

模块小结

本模块介绍了物流项目在规划阶段需要完成的四项主要任务，分别是任务拆解、计划安排、成本分析和风险评估。项目规划是项目正式实施的前提，在实施之前项目负责人必须对拟推进的各项工作在时间、成本、风险、进度衔接等方面做到心中有数，对可能出现的问题做好预案，防患于未然。在本模块中，对学生的逻辑思维能力和数据分析能力要求较高。学生只有理清各项工作之间的前后衔接、因果发生等逻辑关系，才能达到对物流项目的高效运营与管理。本模块的内容学习起来有一定的难度,需要通过案例分析、模拟实训等加以巩固。

实训 2

课后练习

一、问答题

1. 简述 WBS 分解应遵循的原则。
2. 项目甘特图的硬逻辑和软逻辑有什么区别?
3. 物流工程项目的成本分析报告主要内容有哪些?
4. 可以依据哪些资料对项目风险进行分析?

二、案例分析

1. 某项目的任务可分解为 A~J 共 10 道工序,它们相互间的前后逻辑关系如表 2-15 所示。

表 2-15 工作项目明细表

工序	工序内容	紧前工序	工时(天)
A	生产线设计	/	60
B	外购零配件	A	45
C	下料、锻件	A	10
D	工装制造 1	A	20
E	木模、铸件	A	40
F	机械加工 1	C	18
G	工装制造 2	D	30
H	机械加工 2	D、E	15
I	工装制造 3	G	25
J	装配调试	B、F、H、I	35

(1)请画出该项目的关键路径图。
(2)请画出该项目的甘特图。

2. 2024 年 8 月,李明在北京新购了一套面积约为 130m² 三室两厅两卫的毛坯房公寓,室内面积共 110m²,其中厨房室内面积为 5m²,两个卫生间的室内面积共 10m²。李明计划花 3 个月进行中档程度的装修。假设你是某装修公司的项目经理，请先对该项目进行任务分解，并画出项目的关键路径图（每个任务所需的天数自行设定一个合理的值）。然后估算项目人工成本、材料成本、设备成本及其他形式的成本，并结合进度安排，编制一份成本预算计划。

三、实训操作

某公司的一个办公室要进行装修，假设你是该项目的管理者，现已列出本次装修所有需要完成的工作（表 2-16）。请自下而上归纳总结，完成这个项目的 WBS。

表 2-16 某办公室装修的工作清单

序号	工作内容	序号	工作内容
1	公司 Logo	16	音响系统
2	绿植	17	碎纸机
3	工程技术条件（SOEW）	18	电话会议系统
4	字画/地图	19	灯具
5	电视和视频会议系统	20	办公转椅
6	书柜（3 组）	21	沙发
7	管线施工	22	茶几
8	镜面墙施工	23	会议桌
9	计算机	24	10 把椅子
10	效果图	25	地板
11	油漆	26	地毯
12	窗帘	27	插座
13	电路布置图样	28	项目管理
14	内部布置设计	29	开关
15	办公桌		

模块三
物流项目执行

知识目标

- 了解物流项目团队的任务和目标形成。
- 理解物流项目团队不同成员角色、不同组织方式的区别。
- 掌握打造高效率物流项目团队的方法。
- 理解物流项目团队工作冲突产生的原因及应对方式。
- 理解不同物流项目间工作冲突产生的原因及应对方式。

能力目标

- 能在物流项目工作发生冲突时进行良好的沟通。
- 能根据业务需要制订规范的物流项目团队培训计划。
- 能根据案例背景对物流项目成员的工作进行合适的绩效评估。

素质目标

- 形成多方共赢的运营理念。
- 养成用创新方法解决冲突问题的意识。

关键词

项目团队管理；项目冲突；项目协同；项目沟通

案例导入

杭州亚运会的物流保障项目

2008年北京奥运会，中国物流企业当时还只是奥运赛事的旁观者。两年后的广州亚运会，更多中企参与到亚运物流体系当中，但未进入赛事物流的全部环节，物流资源也远不够应付亚运会的所有物流需求。但是在2023年的杭州亚运会上，国内的物流企业圆通承担了大部分的物流保障项目。

相较于普通物流，赛事物流的难度无疑更高。一方面，需求量巨大，物资类目繁杂，从跑鞋到帆船，从计时记分设备到家具，是一项复杂的工程；另一方面，客户群体更加特殊，各国参赛代表团、媒体甚至其他赞助商都会提出物流需求。赛事还常出现各种突发情况，不容一次差错。当然，挑战的背后是机遇。数据显示，2008年北京奥运会产生的物流经济总量超过400亿元人民币。一场广州亚运会，助推广州现代物流业从原来的地区性物流迈向现代物流高端集聚基地。

亚运物流比的是全链路综合能力

兵马未动，粮草先行。物流是赛事的"先行官"。2023年7月底，中国香港亚运代表团赛艇队计划集训备战。"圆通速度"带来惊喜——从香港沙田到浙江杭州，13箱参赛制服仅耗时1天20小时就送达了杭州亚运会物流中心。相较往常香港来杭物资，时间节省一半，这为中国香港赛艇队的备战留足了时间。

如今，物流企业已从以往"运输＋仓储"的简单服务模式，迈入覆盖多式联运、关务、仓储、端到端配送、智能化管理等服务在内的供应链时代。一趟制服运输背后，是货机空运、海外提货、干线运输、关务报关以及最后末端配送等环节的密切协调配合。

2023年6月21日，由圆通承建并运营的杭州亚运会物流中心正式启用。这是本次杭州亚运会最早交付启用，最晚结束服务的非竞赛场馆之一。圆通还驻点杭州奥体中心、亚运村和主媒体中心，为各支代表团及媒体提供专人专车的物资装卸搬运、设备出借和行李运输服务。6座办赛城市、6座亚运村和亚运分村、56个竞赛场馆，赛时共迎来1.2万余名运动员、4 700余名技术官员和1万余名媒体人员。创纪录的杭州亚运会背后，是圆通承运的20余万件亚运物资。仅开闭幕式，圆通就连续作战，在极短的时间内为超过10万名到场观众，在每一个座位准备好观众礼包。

新发展理念指引亚运物流

杭州亚运会的办赛理念是"绿色、智能、节俭、文明"，也是对赛事物流的新要求。

在环保方面，从全仓采取无纸化作业，到使用无胶纸箱和可循环托盘，亚运物流各环节能见到越来越多的"绿色"。在7.2万余平方米的杭州亚运物流中心屋顶上是1 845块高效单晶硅光伏板，每年可发电132万千瓦时，减排二氧化碳1 032吨，好比种上了近50 000棵树木。圆通大量采用新能源物流设备，赛事前后，仅200余辆亚运物流车就可节碳1 500吨左右。

为响应亚组委"能借不租，能租不买"的号召，圆通精准配备物资，保障高效利用。比如，为亚运专门配置的物流车及专属司机，根据运输节奏分阶段配置；许多办赛物资也尽量直送场馆，减少二次运输、操作成本。

杭州亚运会，是向世界展示先进物流科技的舞台。圆通依托首个物流领域国家工程实验室全权负责被称为"物流大脑"的亚运物流信息系统的研发、上线、运维和客服工作，整个系统可以实现在线下单、线上审单、实时信息沟通、仓库管理自动化和运输操作系统化等功能。打开任意一个运输界面，就能实时显示车辆最优运输线路、时速以及司机状态等信息。

在主物流中心，我们常可看到这样的场景：数台无人叉车（AGV）穿梭于托盘之间，将数吨重的亚运物资整齐地堆垛到位；盘点无人机一掠而过，高精度的摄像头清晰地拍下每一板物资信息，并与后台进行比对；安检机器人和无人扫地车各自沿着路线作业，穿过整洁的库区，检测库内温度与气体，找出潜在火源与危险气体泄漏源，确保整个中心的存储安全。

请问：杭州亚运会的物流项目涉及哪些相关方？各子物流项目的运营发生冲突时应如何处理？

单元一 物流项目团队管理

情景导航

某物流公司在浙江省杭州市的下沙物流园区租用了一个建筑面积 5 000m^2 的仓库，将其改造后用来作为电商仓库。公司要求，6 个月内完成该仓库的改造建设，配置好相应的设备，招聘好相应的员工，可以正式开展电商仓储业务运营。李三被任命为该项目的项目经理，那么他接下来应如何招聘合适的员工并完成岗前培训呢？

一、物流项目人力资源管理

（一）物流项目人力资源管理的定义

物流项目人力资源管理，就是在对项目目标、规划、任务、进展情况以及各种内外因变量进行合理有序的分析、规划和统筹的基础上，采用科学的方法，对项目过程中所有人员，包括项目经理、项目班子其他成员、项目发起方、投资方、项目业主等项目干系人予以有效的协调、控制和管理，使他们能够同项目管理班子紧密配合，在思想、心理、行为等方面尽可能地符合项目的发展需求，激励并保持项目人员对项目的忠诚与献身精神，最大限度地挖掘项目班子的人才潜能，充分发挥他们的主观能动性，最终实现项目的战略目标。

物流项目人力资源是一个涵盖甚广、较为抽象化的概念，涉及项目管理层、策划实施层、合作者以及项目受益者等诸多层面的不同人员。人力资源的管理应体现多维性和动态调适性。这既是一个复杂的过程，也是项目管理（或项目型组织）的一个难点。

物流项目经理成功的法宝是：金钱、时间与员工。其中，员工是最重要的因素，是项目的智力资产，涉及员工的决策是最重要的决策。在进行项目人员管理时，需要协调好各方面的关系，以使物流项目绩效达到最佳。

（二）物流项目人力资源管理内容

物流项目人力资源管理是对人力资源的取得、培训、保持和利用等方面所进行的计划、组织、指挥和控制活动。其主要内容如下：

（1）人力资源规划。其是指物流项目为了实现其目标而对所需人力资源进行预测，并为满足这些需要而预先进行系统安排的过程。

（2）工作分析。其是指收集、分析和整理关于某种特定工作信息的一个系统性程序，工作分析要具体说明为成功地完成该项工作，每一个人的工作内容、必要的工作条件和员工的资格是什么。工作分析信息被用来规划和协调几乎所有的人力资源管理活动。

（3）员工招聘。其是指根据项目任务的需要，为实际或潜在的职位空缺找到合适的候选人。

（4）员工培训和开发。其是指为了使员工获得或改进与工作有关的知识、技能、动机、态度和行为，提高员工的绩效以及员工对项目目标的贡献，项目组织所做的有计划、有系统的各种努力。培训聚焦于目前的工作，而开发则是为员工准备可能的未来工作。

（5）报酬管理。其是指通过建立公平合理的薪酬系统和福利制度，以起到吸引、保持和激励员工发奋地完成其工作的作用。

（6）绩效考评。其是指对工作行为的测量过程，即用过去制定的标准来比较工作绩效的记录以及将绩效评估的结果反馈给员工的过程。

（三）物流项目人力资源管理与组织人力资源管理的区别

物流项目人力资源管理是组织人力资源管理的具体应用，但由于组织的长期性、稳定性、目标多变性与项目的短期性、突发性和目标固定性不同，物流项目人力资源管理在内容上有自己的侧重点，在方法上也有一定的特殊性，它们的区别具体如表3-1所示。

表3-1　组织与物流项目的人力资源管理的区别

内容	组织人力资源管理	物流项目人力资源管理
人力资源规划	不但要考虑组织近期的需求，而且要考虑组织长远发展对人力资源的需求。因此要有不同层次的规划，对人力资源需求的预测有比较高的要求	只为满足项目人力资源的近期需求问题，需求的预测相对要简单得多
人才获取	一般按照规范的程序来进行招聘、考试和录用	经常会采用非常规的程序去找到合适的人选，在项目结束时也会同样采取非常规的方法直接解聘
人员工作安排	以平均工作强度为原则	为了项目进度的需要，可能会给员工分配高强度的工作，加班较为常见
人员培训	要同时考虑到员工、工作和组织三方面的需求，培训内容既有基础教育又有专业技能，培训目标既可能是强调岗位职责，也可能是加强企业文化的	主要是针对项目任务需求进行特定的技术技能培训
绩效考评	一般是中、长、短期分阶段考核，考核指标较复杂，内容多	通常只进行短期考核，考核指标以业绩为主
工作激励	采用多种激励手段，如加薪、晋升、更好的工作机会、福利保险制度等	对于急需临时招聘来的人员，只能以物质激励为主

> **即问即答 3-1**
>
> 和组织的人力资源管理相比,物流项目的人力资源管理有哪些不同?

二、物流项目团队的成员角色

一个完整的物流项目团队包括项目经理、项目计划人员、项目控制人员、团队普通成员、项目专家等角色。在有些项目里,一个人可能会承担几个角色。

(一)物流项目经理

物流项目经理是物流项目的负责人,具有指挥物流项目工作、汇集所需技术、交付产品或服务的独特权利。其责任主要包括如下内容:

(1)向上级管理层汇报团队的进展,帮助管理层对团队和项目实施管理。

(2)愿意迎接新角色的挑战,并努力扮演好新的角色,接受培训、不断学习,增强自己扮演新角色的信心与能力。

(3)建立物流部门与其他部门之间的交流渠道,建立团队与外界环境的联系,为团队的发展创造良好的环境。

(4)向团队传达和贯彻公司的政策及发展战略等,向团队成员传递信息、知识和技能。

(5)教导团队成员如何管理工作和评估工作结果。

(6)提高团队成员的自我激励与自我约束能力。

(7)鼓励团队成员提出不同的看法,鼓励团队寻找更新更好的方法。

(8)帮助团队解决困难和问题,帮助团队设置对客户的目标。

(9)支持团队为达到目标而采取的行动,激励团队化的行为。

(10)在团队成员发生冲突时充当裁判员,有效地解决冲突。

(11)规范团队的行为,建立团队氛围,纠正行为偏差,指导形成团队。

(12)关心团队成员,倾听、收集、采纳团队成员的想法与建议。

> **即问即答 3-2**
>
> 你认为什么样的员工适合担任物流项目经理?

(二)物流项目计划人员

物流项目计划人员的工作主要是安排物流项目的进度计划。物流项目计划工作要求从业人员具有计划的知识和能力,能够制订和推行连贯一致的项目计划;掌握有关计划的概念和原理,具有良好的沟通能力,以确保计划能够传达正确的信息。一个合格的物流项目计划人员必须能够收集相关信息,汇总成报告,描述需要完成的工作和如何完成该项工作。这就包括了项目计划工作的所有要素，如工作范围陈述、风险计划、质量计划及采购计划等，需要计划人员既懂项目计划工作，又熟悉物流项目的实施运作。

（三）项目控制人员

项目控制人员是指通过跟踪和收集信息保持项目工作的现状和进程的人员。通常，项目控制人员为项目经理或领导汇集信息。项目控制人员收集并分析信息，以确定信息的有效性，然后将其汇编成报告。经过汇编的信息就成为有关项目进程情况的文件。

（四）项目团队普通成员

普通成员是项目团队中非常重要的一环，他们的主要职责如下：

（1）帮助团队建立共同目标，并为实现团队目标尽心尽力。

（2）帮助保持扩大团队共同努力的成果。

（3）在团队会议开始前做好准备，准时参加团队会议，并积极参与讨论，针对团队的问题发表自己的观点，提出相应的解决办法。

（4）争取保质、保量、按时或超标完成团队分配给自己的任务。

（5）与其他队员密切协作。

（6）随时向其他项目成员提供帮助。

（五）项目专家

项目专家职责主要可分为以下两部分：

（1）应就团队在项目工作过程中碰到的有关专业性问题提出自己的看法与建议。

（2）解决团队碰到的难题，解决难题时既要充分运用自己的专业技能，又不能有专业偏见，一切以提高团队整体绩效和促进团队发展为目标。

（六）项目团队成员的来源

项目团队成员的来源如下：

（1）公司的职能部门。完成某一项目的大多数成员都可以从相关的职能部门中进行调配。比如项目团队的财务人员、技术人员、供应人员等，可以从公司的财务部、技术部、供应部挑选合适的人员。这些人员大都有丰富的项目经验，并且他们经常相互配合、协同作战，因此是项目团队的首选人员。

（2）人才市场。当公司无法提供项目所需的成员时，从市场上进行招聘也是一种有效的方法。

（3）外部协作方。与外部的协作方签订协议，把项目的某些工作交给他们来做。通过签订协议、支付佣金的方式，把一些专业的协作方，如咨询顾问、供应商等，纳入项目团队的管理体系。

> **即问即答 3-3**
>
> 如何能在人才市场上招到适合自己项目的人?

三、物流项目团队的任务和目标

物流项目团队的建立是为了完成物流项目的目标,比如企业为了建立制造执行系统（Manufacturing Execution System，MES），成立了企业内部的 MES 项目小组,这个项目小组实际上就是项目团队,其基本任务和目标是为企业设计和运行 MES。由此,可以把项目团队的任务和目标看作项目团队存在的理由,作为项目经理当然要明确目标,否则项目团队的存在便毫无意义了。

从广义上讲,项目团队需要完成的任务和目标一般包括以下五个方面:

（1）规划与实施项目方案。面对任务或问题,所有团队都必须制订相应的计划并努力施行。

（2）设立运行机制。团队必须根据其上级主管单位及周围环境的要求来设置工作目标,激励员工工作行为,评估工作绩效,决定工作奖酬等。

（3）提升项目工作绩效。团队需要不断提高自己的工作能力,提高队员间的合作意识,改善工作程序,加强各项训练,努力促进自身成熟并取得好成绩。

（4）协调外界关系。团队只有与外界保持协调,才能保障自身的顺利发展和项目工作的顺利进行,而且团队只有与外界保持协调,才能取得整个组织的成功。

（5）为高层提供建议。团队不仅要完成自身分内的工作,而且有义务为更高层的决策提供信息与建议,尤其是事关公司的发展方向与资源分配等影响广泛的问题时,团队有权利也有责任参与并影响更高层的决策。

四、项目团队的组织方式

项目团队由来自不同组织/部门的成员组成,还时常涉及外部的合作方（如咨询商或供应商）,没有人能保证所需的人力资源应有尽有,因此,团队管理者必须充分利用团队的力量,达到事半功倍的效果。不管项目团队由多少人员组成,也不管他们是谁,都需要以高效的团队模式运营,才能够既满足工期要求又能提供令客户满意的项目交付成果。

（一）外科手术式项目团队

外科手术团队的典型场景是所有人都围绕着主刀医生,主刀医生是整个团队的核心。

外科手术式项目团队的优点是关键任务由团队核心负责人亲自动手完成,成功率较高。但其缺点也是非常明显的,团队核心负责人事必躬亲、较为劳累,也不利于人才培养和团队成员的迅速成长。

外科手术式项目团队适用于以下情况：①关键工作必须由资深专业人员亲自操作的项目。与外科手术相类似的项目中，关键工作任务由经过严格训练和高资质的人员完成。②一个资深的项目经理带领着一批新手的项目团队。当除项目经理外的绝大多数人都是新手时，项目经理有必要在关键操作上亲自动手。

实践中，经常能够看到外科手术式项目团队在运作。有时按照这种方式运作实属无奈，但当团队已经可以转变运作方式时，如果项目经理仍不肯放手让团队成员进行关键操作，其结果是他会很累，同时团队成员也不能迅速成长。

大多数固守外科手术式团队运作的项目经理，其潜意识里都认为项目团队成员能力不足、积极性不够、责任心不强，如果放手让他们去做会将事情搞砸。

（二）交响乐队式项目团队

交响乐队在演出时，团队成员都全情投入，陶醉在美妙的乐曲中。这里，指挥家起到了很好的作用。不过，指挥家手中的指挥棒，在演奏过程的大部分时间里，主要起的是引导作用，而不是发号指令。乐手在演奏过程中，并不怎么去看指挥棒，他们盯着的是眼前的乐谱。

采用交响乐队式团队运作方式的项目，项目经理会假定项目团队成员都是勤奋的、能干的、积极的，团队成员会负责任地将事情做好。在这种情况下，这类项目经理会大胆地使用团队成员，给他们压担子、强化工作授权。在这种模式下，项目经理要做的事情主要是指导和鼓励团队成员，自己较为轻松，而项目团队成员可以得到历练、迅速成长。

交响乐队式项目团队是一种高效的团队组织方式，对组织及团队成员提出了很高的要求，一般的组织可能不具备相应条件。交响乐队式项目团队对组织及其成员的要求如下：①组织有明确的工作任务分工体系，团队成员对整个组织及其他成员了如指掌。组织成熟的分工与管理体系是团队的乐谱，团队成员依靠乐谱各负其责。在交响乐队式的项目团队中，整套项目管理计划就是项目的乐谱。②团队领导者要有大胆用人的气度，敢于授权；团队成员训练有素、自我指导、勇于承担责任，拥有良好的团队意识，配合默契。

在交响乐队式项目团队中，项目经理是"不干活的"。对于超负荷工作的多数企业家而言，想要达到这种境界是需要经过长期修炼的。

（三）爵士乐队式项目团队

爵士乐队没有"脱产"的指挥，所有人都做事——参加演奏，这种团队是一个分工协作的团队，不同的人演奏不同的乐器，合奏出美妙的音乐。爵士乐队虽然没有一个"脱产"的指挥，但同样有一个灵魂人物——项目协调人。这个人站的位置通常靠前一点。演奏开始时，一般都是由项目协调人给大家一个暗示，然后大家开始演奏。

在一些规模不大的项目中，项目经理一般不能够完全"脱产"，他要带领大家进行演奏，一马当先。爵士乐队式项目团队的要求是：①团队各成员都是专业的，能够熟练演奏自己的

"乐器"，对"乐曲"了然于胸。②团队各成员熟悉项目情况，不仅能做好自己的工作，还具备总体和系统意识，能够保持与其他成员的协调。

> **即问即答 3-4**
> 交响乐队式项目团队和爵士乐队式项目团队有哪些区别？

（四）足球队式项目团队

足球队目标明确——自己进球并有效阻止别人进球（或者说，目标是比对手多进一球）。在足球队式项目团队中，成员有相对明确的分工，每场比赛有针对性的战略和战术，但不规定在何时、由谁、在何位置、做什么，一切要随时进行调整。项目团队成员在分工相对明确的前提下，通过积极主动地灵活跑动来配合其他成员的工作。

优秀的足球队式项目团队需要具备以下条件：①团队成员之间有基本分工，但有一些中间地带，要求大家积极和灵活跑动去完成这些工作，团队成员之间需要高度配合和相互支持。②团队成员有十分明确且共同的目标，具有互相补位的意识，不计较个人得失。③团队成员能够根据场上形势迅速达成一致，共同进退。比如，一场比赛到了尾声，如果本方领先一球，前锋也必须回后场参与防守；反之，如果本方落后一球，即便是后卫也应到前场参与进攻。而且，这种共识不需要进行过多讨论，显然，这需要很强的团队意识和判断力。

某些足球队踢不好，原因可能是：①输球后常问责出现在现场的人（守门员、后卫）。这就容易导致前场人员丢球后不再回追，因为不出现在现场就不用负责。实际上，如果前场人员水平高，足球一直运行在前场，本方球门就不会有危险。②带球跑是最好的踢球方式，这样能吸引对方球员，队友才会有更好的机会和位置。但是，带球跑容易被抢断，一旦被抢断自己又要承担责任！怎么办？拿到球就传给队友（甩锅），不管队友位置好不好。以上也是足球队式项目团队容易出现的问题。

可以说，优秀的足球队式团队是所有项目团队中最理想的形式，但执行起来较为困难。

（五）最适合的就是最好的

个人要发挥其专长，首先必须符合环境的需要。如果脱离了环境的需要，其专长也就失去了价值。同样，采用什么样的项目团队组织形式，要根据项目的特点、规模以及成员对项目工作胜任的程度等多个因素进行选择。不能简单地判定交响乐队式的组织形式就一定比外科手术式的组织形式好。对于某个项目而言，最适合自身情况的组织形式就是最好的形式。

项目团队的组织结构没有一个普遍适用的模式，需要用权变的观点来考虑其结构的选择，特别是要充分考虑与项目目的性、独特性、约束性、规模、所使用技术的特点相契合。同时在结构设计中要注意团队成员的特点，他们的技术特长、成熟度、彼此间的信任和协作程度等因素对团队的影响是显著的。

项目团队的四种组织形式，在一定条件下可以相互转变。外科手术式团队可以转变为爵士乐队式团队，爵士乐队式团队也可以向交响乐队式团队转变。

当一个物流小项目团队刚组建时，一般可以先采取外科手术式的组织形式，主要任务由项目经理本人亲自操刀，当团队成员比较熟悉项目时，就可以转变为爵士乐队式项目团队。当一个爵士乐队式项目团队的规模扩大到一定程度时，就应该及时转变为交响乐队式项目团队，这时，物流项目经理就应该从"不脱产"带领大家做事的爵士乐队协调人，转变为"脱产"的交响乐队指挥，不能再陷入某项具体事务中。

五、物流项目成员的招聘

对于采用不同组织形式的项目，为了保证项目的顺利开展，需要根据人力资源规划对项目人员的数量和质量（即资格与能力）要素，通过一定的招聘途径，组建项目管理组织。项目管理组织由核心雇员和应雇人员组成。核心雇员一般是指被项目长期雇用、出现在组织工资表上的人员；应急雇员是指那些虽然为项目组织工作，但基本上属于一种临时"租借"的人员。在项目中经常会遇到一些特别的技术要求，因此临时性人员的使用较为常见。

物流项目人力资源可通过内部招聘和外部招聘两种渠道进行补充，它们的招聘渠道与优缺点如表3-2所示。

表3-2 项目内部招聘和外部招聘的区别

项目	内部招聘	外部招聘
招聘渠道	1）查阅组织档案 2）主管推荐 3）工作张榜	1）雇员推荐 2）毛遂自荐 3）广告公开招聘 4）校园招聘毕业生 5）职业介绍和代理公司
优点	1）雇主已经很熟悉内部候选人的资格 2）内部招聘花费较少 3）内部招聘能更快地填补工作空缺 4）内部候选人更熟悉组织的政策和实践，因此需要较少的培训	1）容易控制固定的雇员的成本。非核心雇员数目可根据工作变化而增减 2）减轻了项目人力资源管理的负担。可委托代理机构寻找应急人员 3）节约人力资源成本。一般而言，应急人员的成本低于核心人员成本，因为代理机构支付了某些一般管理费（如工薪、保险等）
缺点	1）影响一部分人的工作积极性。当一个空缺职位多人相求时，多数被否决者会产生怨恨 2）会带来新的人际关系矛盾。特别是受聘项目经理，在过去的同事或朋友之间扮演领导角色困难较大	1）雇员的来源不确定。如登出招聘广告，何时招到需要的人员，难以预料 2）有时要花费较高的代价。比如在校园招聘专业人才或委托猎头公司选拔项目高级主管人才，一是可能要耗费较长的时间，二是这类人才往往开价较高

在新的物流项目启动时，基层班组长和主管、经理都有可能会从现有的仓储项目中获得提拔、实现晋升，而一些基层操作岗位中也会有一定数量的人员被从现有的仓储项目中抽调。这

些老员工对企业非常了解，有一定的工作经验，在新的物流项目中上手会快一些。另外，借着新物流项目启动的机会，企业可以考虑对那些"不在位"的员工进行重新聘任，比如曾因病长期休假，康复以后原有的岗位已安排其他人员，没有其他合适岗位的员工。

六、物流项目成员的绩效评估

对物流项目团队的成员进行绩效评估，应以工作目标为导向，以工作标准为依据，对员工行为及其结果做出综合评价，目的是确认员工的工作成就，改进员工的工作方式，奖优罚劣，提高工作效率和经济效益。物流项目绩效评估可按项目团队、项目小组或项目员工的不同层次进行，其中，员工个体的绩效评估是项目人力资源管理的基本内容。

物流项目成员绩效评估的主要程序如下：

1．建立业绩标准

绩效评估的标准必须准确化、具体化、定量化。一方面，标准的建立要以分析工作信息为依据；另一方面，这些标准应足够清楚和客观，以便被理解和测量。物流项目经理对项目成员的期望也要明晰，以便能够与成员进行准确有效的交谈。

2．将业绩期望告知员工

这种交流是双向的，不但要将标准告知员工，而且要对反馈信息进行收集和分析。

3．测量实际业绩

选择标准和测算方法，收集有关数据和信息（如分配任务完成情况），测量每位员工或小组的工作业绩。其中，标准的选择尤其重要，它取决于项目的目标和当前确定的努力方向，而且一旦选错了标准，很可能挫伤员工的积极性，导致项目功能紊乱和进展受阻。

可选用的物流项目人力资源管理绩效评估方法有：直接排序法、关键事件法、评等量表法、等级分配法和目标管理法等。

4．比较实际业绩和标准

主要是要关注标准和实际水平之间的差异。

5．与员工讨论评估结果

项目经理需要向下属说明评定结果，并使下属能够以积极的态度接受对他们的评定。这是一项困难的工作，因为一旦评估失去公允，将对员工的自尊心和以后的工作积极性产生较大的负面影响。

6．在必要时进行矫正

一旦发生绩效评估的偏差，须及时矫正。成功的物流项目管理者应该清楚，他们必须抽出时间去分析偏差，并在经济合算的前提下，永久性地消灭导致偏差的原因。

七、物流项目成员的培训与开发

物流项目人力资源的培训与开发是指为提高员工技能和知识、增进员工的工作能力，从而促进员工现在和未来工作业绩所做的努力。有计划地组织培训，能提高员工的工作能力和减少项目关键人员的流失。

物流项目成员的培训主要步骤如下：

1．确定培训目标

如物流项目管理者认为有必要开展培训，则需要设计和确定培训目标，明确要达到什么样的培训目的。例如一个物流园区的规划项目，首先需要对项目组织人员普及现代物流的基本理论；其次，在统一理念下，展开各项规划与设计的管理工作，这样就会少走弯路。有些培训是以增加员工的一些特殊技能为目的的。如为了在整个物流项目团队推行项目信息管理数字化，在物流项目开始阶段，就需要对负责项目信息处理的各层次人员进行物流项目管理软件使用的短期培训。培训目标还可以被用来判断培训方案的有效性，即作为评估培训效果的依据。

2．选择培训对象

根据不同的培训目标和要求，在不同的时间段需要选择不同的员工参与某一种培训，以满足项目对某项特殊、急需人才的需求。

3．选择培训方法

根据不同的培训要求，可以选择以下适当的培训方法：

（1）在职培训。在职培训是最普遍的培训方式。其最大的优点是经济。项目组织不必支付培训费用或专门设立培训机构，而且学员学习时所处的工作环境与他们以后在实际工作中的环境相同，工作上手快。

（2）工作指导培训。培训者首先讲解并演示任务，然后让受训者一步步地执行任务，必要时给予纠正性反馈。当受训者能够连续两次执行任务而无须提出反馈时，培训结束。比如项目管理软件的使用采用工作指导培训方式最合适。

（3）讲授法。讲授法就是课程学习，它最适合以简单地获取知识为目标的情形。讲授法的优点是效率高，一个培训者同时可以培训很多员工（比如新雇员集中进行项目目标的定向描述）。由于它是一种被动的学习方法，不容易双向沟通。有些技能的培训，还需要与其他方式相结合，才能取得理想效果。

（4）工作模拟培训。工作模拟培训能够提供几乎真实的工作环境，同时又不失去对培训过程的有效控制，从而为受训者创造了一种较好的学习条件。这种方法适合对项目管理人员进行培训，以提高项目管理人员的认知技能、决策能力和处理人际关系的能力。工作模拟可以运用适当的技术设备（如计算机仿真系统），还可以采取十几个人的群体模拟活动方式，考查学员在一定范围内对变化环境的应对能力。

4. 评估培训效果

评估培训效果是指在培训过程中受训者所获得的知识、才能、才干和其他特性应用于工作的程度。积极的培训效果表现为其工作绩效得到提高。如果工作绩效没有提高甚至反而下降，则说明培训没有实现原定的目标，带来了培训时间和经费的损失。

资料链接 3-1

培训老师的选择

一、为什么选

培训负责人一定要明确每一个培训课程要解决的问题，也就是清楚培训的目标。培训目标应是可以衡量的、有标准的、可以量化的，只有达到这三点，培训才能取得最佳的效果。如果在目标不明确的情况下贸然选择培训老师，企业虽花费了大量的时间和精力，但未必能获益。

二、选什么样的

第一，工作任务匹配。也就是说，培训老师有没有做过相应的工作。例如，可以进行收货作业流程培训的人，要么是在各类基础业务方面都有一定经验的基层优秀员工，要么至少是基层操作岗位上一个层级的人员，例如仓库主管或者仓库经理。

第二，工作场景匹配。这是指培训老师以前有没有在跟目前新启动的物流项目的业务操作模式类似的场景中工作过。物流活动在整个供应链上的多个节点中都会存在，比如生产前端的 VMI 仓库、厂内的原材料和包材仓库、配套成品仓库、分销中心仓库、配送中心仓库等。不同节点的物流业务的工作关注点会有所区别，中小型仓储项目和大型仓储项目的人员分工和业务操作难度也会有所区别，不同行业的仓储业务在存储方式上也会有所区别。

第三，工作时点匹配。这是指培训老师什么时候做过相应工作。10 年前做过、5 年前做过和 1 年前做过同类项目的培训老师的工作经验跟新启动的仓储项目的匹配度均不相同，工作时点越接近当前仓储项目的启动时间越好。因为在不同的时期，无论是仓储需求，还是物流技术都不一样，对人的要求也会有所不同，更匹配的经验有更高的价值。

三、如何选

有了培训老师的筛选标准，培训负责人应该如何执行呢？这时可以一看二听三选择。

看，就是培训负责人在企业内部发出通知，邀请符合要求的人员踊跃报名，包括正在启动中的物流项目招聘到的新人。报名时，报名者需要提交一份个人简历。结合工作任务匹配、工作场景匹配和工作时点匹配三个方面，把个人简历过一遍，找到与培训课程相匹配的人员。

听，就是培训负责人一定要听一听第一轮通过简历筛选的人员的课程试讲，物流行业有很多实干家的工作经验很丰富，也能够把经验转化成文字，但是让他们把知识讲出来时就犯难了。有的人虽然敢讲，但是讲出来的东西晦涩难懂，培训效果也很一般。

选择，通过一听二看，培训负责人就能基本上筛选出符合要求的培训老师了。通常情况下，培训老师也是培训教材的撰写者，如果其同时也是对应流程的制定者就更好了。

资料来源：冯银川. 仓储管理实战 [M]. 北京：人民邮电出版社，2023.

八、打造高效率的项目团队

1．整合团队成员

在项目团队中，项目成员可能没有共同合作的经历。项目经理必须做出努力，整合团队成员，让他们能够建立起良好的合作。在团队建设这一方面，并没有绝对正确的方式，同时，不同类型的人员，需要在不同的时间范围内组合起来，共同完成项目工作。为了做好团队建设，项目经理整合团队成员需要做到以下几点：

（1）认真对待动员工作。项目团队第一次动员时，项目经理一定要对项目目标和每个人员的角色充分沟通。要特意安排一定的时间，让大家彼此熟悉。

（2）要确保每个人对自己的角色有清楚而深刻的认识和理解。

（3）确保建立畅通的沟通渠道。不仅项目经理和团队成员之间要建立畅通的沟通渠道，项目成员之间也需要建立畅通的沟通渠道。

（4）项目经理应该尽量创造机会，让项目成员多见面，多创造交流的机会。

（5）对项目成员之间那些有助于团队建设的行为、活动，项目经理要多加鼓励。对那些不利于团队建设的活动，项目经理要予以坚决抵制。

2．确保团队成员的个人成长和发展空间

只要团队成员参与了项目，无论时间长短，如果无法从中取得个人的成长和发展空间，工作起来就没有激情。如果团队成员感到自己的技能能够在项目过程中得到强化，就会成为激励他们忘我工作的一个重要动力。项目经理在安排相关人员参与项目工作时，应该做到以下几点：

（1）理解项目成员获得个人成长和发展的必要性。通常这并不是项目经理的核心目标，但它对项目的成功却至关重要。因此，项目经理要尽力平衡好项目成员现有技能和学习目标之间的关系。

（2）在引导项目成员参与项目时，要准确理解、把握项目成员的需要和想法。如果项目成员的期望与现实之间无法做到协调或是项目成员的期望显然不合理，就要直接指出来，而不要拖延到项目工程后期，毕竟项目开始时，项目经理还有一定的机会去应对某些问题。

（3）要尽力向员工推销这样的理念：从项目过程中自然而然地会学到想学的东西。

3. 确保团队成员在项目结束后有一个好的归宿

在参与项目的一些人员中,有些是以项目管理为职业的专业人员,他们把自己全部精力投入项目工作中,总是结束一个项目又会转入另一个项目。但多数项目团队的成员是从他们日常的职能部门中抽调出来,参与到项目过程中的。对他们来说,若需要在项目中投入较长时间,就会心存顾虑。项目经理可以围绕以下几个方面,做好这一工作:

(1)项目团队在配备相应人员前,需要针对可能出现的问题做好充分准备。

(2)项目完成后,需要告知团队成员,他们仍旧需要对项目付出一定的努力。

(3)可能的话,对抽调到项目中的成员,可以安排其他人员或聘请外部人员暂时担负起他们原来的工作,在项目结束时,他们就可以重新回到原来的工作岗位。

(4)对一些核心人员,可以采取一些极端的做法,比如,可以在项目结束时,向他们发放一些奖金或其他报酬,以弥补他们参加项目所承担的风险。这种做法并不常用,但非常有效。

4. 为团队成员创造聚会场所和沟通渠道

如果团队成员能够在工作时保持密切接触,就可以做出更为突出的工作成绩,想到更富有创造性的解决方案,而彼此之间的冲突也会大大降低。因而项目经理在接受新的项目任务时,应尽力为项目团队找一个聚会的场所,这会对项目进展的效率和效果带来显著影响。项目如果极为重要,就需要投入精力和时间创造条件,让大家能够在一起进行充分的沟通和研讨。

实在没条件,也应确保所有项目成员至少要相互认识,彼此见见面。通常,在这种情况下,要确保沟通渠道畅通无阻,确保大家能够尽量以"便于密切交往"的方式交流和沟通,最理想的沟通方式是面对面沟通,其次是网络视频会议沟通、电话联系、电子邮件沟通。

5. 做好零星资源的管理工作

每个项目经理都希望团队成员能够全力以赴,把自己的全部心思和精力投入项目工作中。但实际上,总有一些项目成员在承担项目任务时,还需要承担项目以外的其他任务,如其他项目的一些任务、企业中其他一些日常的事务性工作。

许多小型项目,其主要成员基本是由兼职人员构成。在这样的项目中,项目经理是唯一的项目专职人员,必须向其他人员做出种种"恳求",趁着他人方便,为项目挤出一点儿资源,完成相关任务。因此,项目经理会把自己大部分时间用在说服工作和资源争取工作上,而不是用在其他方面的工作上,以取得零星的资源投入。

当然,如果项目需要投入的工作量很大,项目经理必须努力争取更多的人员全职参与到项目中,但不管怎样,项目经理都要做好对零星资源的充分利用,以克服全职人员不足的困难。

(1)项目经理要确保项目成员能够拿出固定的、能够量化的时间,参与到项目中。例如,需要弄清项目成员每周能拿出多长时间投入项目中,是一天还是两天。

(2)对项目成员能够投入的时间做好控制和管理,确保对方同意投入的时间能够如约投入项目中。

（3）尽力做好协调工作，确保为项目留出充足时间。如果项目经理需要安排两个成员合作完成某项任务，但两人每人每周只能抽出两天空余时间投入项目工作，这时，项目经理就需要进行协调，做出安排，至少应该确保这两个需要合作的项目成员能够把工作安排到同两天中，这样，两人就可以在工作时进行合作了。

（4）测量项目成员完成的项目成果和所投入的时间，做出工作进展的评估。

（5）项目团队中有一些人员的作用至关重要，但他们通常处于组织的初级岗位上，工作繁忙，几乎没有太多的时间投入项目中。这时，项目经理需要做出权衡，通过自己的人格魅力和得体行为，说服他们为项目投入更多时间，或者是把问题提交到项目发起人那里，迫使他们做出新的调整，把工作重点转到自己负责的项目中。

6. 管理好高层人士在项目中承担的工作

几乎所有的项目，都会有一些任务需要由高层人士（专家）来完成。项目经理需要管理好这些高层人士（专家）在项目中的工作。

（1）项目经理一定要事先告知项目成员，让他们知道项目需要他们留出一定的时间投入具体的项目工作中。如果那些高层人士（专家）在项目中承担着某种正式职责，那么做到这点就很简单了，例如，像项目发起人这样的高层人士，项目经理需要在项目开始时，就把需要让他们承担的工作坦诚相告，至少应该让他们知道随着项目的进展，到时会有一些问题提交给他们予以解决。

（2）要把需要高层人士承担工作的原因简洁、明了地解释清楚。项目经理应该让高层人士认识到，要完成项目，确实需要他们承担相应的工作。

（3）项目经理需要向对方说明自己制定的时间安排，需要在什么时间完成相应的项目任务。高层人士很少能够全力以赴地投入项目中，他们还有其他一些重要的事情需要去做。因此，对高层人士来说，他们需要不断调整任务的优先考虑顺序，这就要求项目经理确保自己的项目不被排除在他们优先考虑的范畴以外。如果能够让高层人士明白他们拖延工作所能带来的后果，那么他们通常会做出积极行为，确保项目任务的按期实现。

（4）要尊重他们。项目经理要注重礼貌，要把事情解释清楚，要对高层人士给予足够的尊重，但同时，项目经理还需要积极主动，以确保任务能够及时完成。做到了这点，多数高层人士就会做出积极响应。

7. 做好兼职专家的管理工作

某些专家只能以兼职的形式参与项目。在需要专家提供兼职服务时，项目经理应注意确保这些兼职专家们能够恰如其分地对待其工作任务，因而，要向专家做出详细解释，使他们明白自己承担的工作处在一个什么样的项目背景下，以及自己的行为会对项目带来什么深远影响。

项目经理应让这些兼职专家知道，他们需要达到的具体要求，以确保他们提供可靠的解决方案，从而保证任务如期完成。

资料链接 3-2

某物流公司国际业务团队的建设与管理

一、背景

某物流公司原来的国际业务存在以下问题。第一，国际业务经营和操作前后端缺乏统一的绩效机制协调而造成支撑不足。第二，业务管理岗位缺乏跨部门的管理授权而不能闭环经营管理。第三，市场信息无法实时流向公司的经营决策层，公司价格体系及促销政策也下行不畅。这包括两个方面：一是市场信息无法主动实时流向公司的经营决策层，往往到了营销一线就被卡住，造成机会白白流失，同时公司经营决策失真。二是营销一线不能机动、灵活、实时地掌握公司的经营政策的信息。第四，因公司渠道不够丰富导致难以满足客户多层次需求。业务渠道的单一，选择面较狭窄，市场竞争力便不复存在。第五，经营一线国际业务专业技能和营销水平不高。一方面，因为不够专业，只单纯依靠低价作为参与竞争的唯一筹码，在损失利润的同时，也被客户定位为低端品牌；另一方面，因为各类渠道产品不够精通、单证材料操作的不专业及对操作流程关键节点的情况了解不够，经常出现延误、丢件等问题而流失客户。

打造高效率的项目团队

二、组建国际业务团队

该公司经充分调研酝酿后决定创新经营机制，组建专业性的国际业务团队，实现国际速递专业化经营。基本出发点就是通过团队的强力支撑，实现有效的压力传导。其主要思路如下：

（1）对国际团队提一个要求——不允许向客户说"不"，必须将问题的解决方案想到极致，对每一个客户都尽最大努力。

（2）对经营一线给出一个承诺，团队的口号为"只要提供信息，剩下的事我们来做"。引导一线始终关注市场，关注客户。

（3）给经营一线树立"只有发生了业务，才能称之为我们的客户"的理念。重点是引导公司各层面高度重视客户的第一次走件，有效建立并完善客户数据库。

（4）对经营一线设一个强制性的规定：重件业务坚持每票业务询价制。

三、措施与成效

（1）配备专业人员，实施分工协作。该公司将国际业务团队主要职能设定为负责全区国际业务的营销支持、渠道建设、全程跟踪、专项解决方案等。国际业务团队负责人通过公司公开竞聘，选拔了公司综合素质高、业务水平能力强的专业人士担纲，同时选拔了一批具有极强敬业精神，且专业知识、综合能力过硬的人员组成精英团队。通过上述三类岗位的分工协作，国际业务团队以客户需求为导向，成为控制营销、操作、售后的闭环管理组织，能够真正做到为业务负责、为客户负责、为公司负责。同时，公司为团队配套制定了专项激励政策，设立了年终专项奖励，并在公司内部充分授权，实现责、权、利的高度统一。

（2）主导市场开发，拓展重大客户。该公司着重发挥国际业务团队在市场开发中的主导作用。针对经营一线对国际业务不够精通的弱势，公司规定，在开发国际业务客户时，首次拜访必须由国际团队牵头，经营一线参加，确保在首次接触客户时就树立专业形象，并在了解客户需求、制定服务方案方面做到一击必中。

公司采取了两级开发维护策略：对于年收入100万元及以上的重大客户，由国际团队直接开发和维护；年收入100万元以下的，由各分部负责开发维护。在国际团队的努力之下，总部直管的三个重大国际速递用邮客户，业务比上年增长一倍多。

（3）专业赢得客户，掌控获取效益。为解决营销员依赖于低价位拓展市场的问题，实现效益最大化，该公司通过国际团队来对整体资费和折扣进行初审把关。某营销员提出要为一家俄罗斯的客户申请资费优惠，国际业务团队详细了解客户资料后否决了该申请，原因是中国邮政速递发往俄罗斯在价格、清关和时限上综合优势很大，不需要通过低价竞争赢得市场，同时团队为客户制作了服务方案，客户欣然接受了我方意见，邮件发运也相当顺利，因此客户对该公司品牌也表示了高度认可。由此可见，在实际营销过程中，团队表现出对市场的深度了解、精准把握使公司在销售价格方面拥有较强的掌控能力。

（4）优化业务渠道，规范操作流程。该公司定位自身为综合性快递物流服务商，以集团公司和省公司的相关渠道为主，通过对现有产行深度分析，分析每个业务品种的优缺点，根据市场需求建立和规范全面的价格体系和发货渠道，设计多层次、全方位的渠道和产品，以满足客户多元化的市场需求。

有一次，分部营销员反映客户有一批货发往中东叙利亚，由于阿迈斯与其他专线相比，具有时限快、清关能力强等较为明显的优势，公司初步选择了阿迈斯作为优先渠道，但由于客户对价格要求高，公司与阿迈斯公司多次协商，量身定做了空运+配送的个性化运输方案，得到客户认可，最终从美国联邦快递手中夺得这票业务，公司的专业性得到客户的高度认可。

（5）加强专业培训，提升一线技能。该公司借由团队具备的专业知识、技能着力打造两支一线队伍。首先是打造优秀的一线营销队伍，针对分部经理和营销员的不同能力和要求，公司分别开展培训工作：一是由团队组织分部经理定期召开专项培训推进会，就近期在营销和操作过程中遇到的问题和需要注意的事项广泛地开展讨论，推行有针对性的解决方案，包括大客户用邮变化情况、竞争对手采用的策略和价格情况、客户反映制约业务发展的问题等，使业务发展对策随市场的变化得到相应的调整，保证业务朝着健康有序的方向发展；二是公司创建了营销员之家，每周六上午召集所有营销员组织培训会议，由团队制定培训方案，对营销员进行理论和实践方面的双向指导，包括书面考试、模拟营销场景实战演练等多种手段切实提高营销员的国际速递专业营销技能。

公司打造的第二支队伍是一线操作队伍。现行总部集中操作模式虽有利于质量掌控，但操作时间过于集中带来了晚间赶发邮路的时间瓶颈，同时一线操作人员无法成长，不利于业务长远发展。经过调整，公司实施国际邮件操作前路工作，将操作逐步分散至各营业分部，以分部收寄操作人员为对象集中培训，并派专员赴相关分部现场指导，逐步培养分部操作人员的专业技能，使发现操作问题的时间大大提前，便于及时与客户沟通解决，也有利于一线团队实时掌握客户动向，了解客户需求，更好地维护客户和实施深度开发。

该公司在国际业务团队建设方面，做到"一个定位、两大核心、三支队伍、五大举措"。一个定位就是综合性快递服务商；两大核心就是专业、诚信；三支队伍就是以国际业务团队为龙头，辅以优秀的一线营销队伍及专业的一线运营队伍，由专业的人做专业的事；五大举措如上文所述。

单元二 物流项目工作协调

情景导航

某物流公司新成立了配送事业部，主要负责本地几家连锁生鲜企业的门店配送业务。这些企业的业务波动基本一致，平时的配送业务是比较稳定的。但是在节假日，配送的需求量会突然增加，公司的配送车辆和人员会来不及应对。假设你是负责该项目的项目经理，你会如何协调这些工作？

一、物流项目团队冲突处理

由于供给方的资源有限，而需求方的要求不会一直很稳定，所以物流项目工作中的冲突是必然存在的。在物流项目实施过程中，冲突来源于各种情形。它可能涉及项目团队成员、项目经理甚至是客户。以下是常见的物流项目工作中冲突的来源：

（1）工作内容。关于如何完成物流工作、要做多少工作或工作以怎样的标准完成会存在不同的意见，从而导致冲突。

（2）资源分配。冲突可能会由于分配某个成员从事某项具体任务或某项具体任务分配的资源数量多少而产生。

（3）进度计划。冲突可能来源于对完成物流工作的次序及完成所需时间长短的不同意见。

（4）成本。项目进程中，经常会由于物流工作所需成本的多少产生冲突。

（5）先后次序。当某一人员被同时分配在几个不同项目中工作，或当不同人员需要同时使用某种有限资源时，可能会产生冲突。

（6）组织问题。有各种不同的组织问题会导致冲突，特别是在团队发展的激荡期。

（7）个体差异。由于偏见或者在个人价值及态度上的差异，团队成员之间会产生冲突。

二、利益相关方不配合工作的原因

如果管理出了问题，到底是上司的责任还是下属的责任？其实不能完全归咎于上司或是完全归咎于下属，而是两者之间的关联关系出了问题。就像企业一样，企业发展出了问题，是管理机制的问题还是盈利模式的问题？其实常常是两者之间的关联关系出了问题，这就是"一阴一阳之谓道"。项目的利益相关方来自不同的部门、不同的企业和利益团体，既然走到了一起必然都希望项目成功，如果客观上存在不配合的现象，大多是因为彼此之间的关联关系出了问题。

概括起来，造成项目利益相关方不配合工作的原因主要有以下几个方面：

（1）他们并不知道为什么这是他们应该做的事情。很多项目委托人有这样的想法：我花钱，你就应该替我做事来减少我的麻烦。这是一个很大的误区。项目需要彼此合作，而不是由某一方提供一个完全封装的产品。为了避免这个问题，项目组需要在制订计划时尽可能早地推动项目利益相关方的介入，先民主后集中，慢慢计划快速行动。一些项目计划中没有包含沟通计划，项目计划本身也没有得到项目利益相关方的认可和承诺，这可能是出于对项目计划的保密和财务方面的考虑等，但结果往往得不偿失。经济学中的博弈论很流行，但博弈是靠信息的隐藏来体现其价值的，在项目中你若有欺瞒，别人便不会配合你。

（2）利益相关方不知道该如何做。有些项目专业性要求很高，所以有结构师、建造师、造价师，还有项目经理资格认证，但是项目承担者需要资格认证并不意味着项目利益相关方都需要资格认证。在很多情况下，利益相关方想帮助项目组，但他们不知道该怎么做。与不专业的客户合作很难做到准确有效配合，所以项目组要培训利益相关方使他们更专业。如果项目组不能够改变利益相关方，就需要改变自己，要主动走向他们。

（3）利益相关方认为项目组的方法没有效果。利益相关方中有各种各样的人，当然也会有人怀疑项目组的方案。在这种情况下应该如何使利益相关方配合项目组呢？首先是要得到他们的信任。大家都是为了项目的成功走到一起的，那么谁的方案正确就应该听谁的，项目组的方案可能确实不是最好的，所以要有开放的心态，任何精确的方法都不能代替利益相关方的经验和直觉。这里要特别注意的是：千万不要通过让别人做错事来证明项目组的想法是正确的。

（4）利益相关方可能认为其他的事更重要。项目组不能够指望所有项目利益相关方都把他们的项目当成最优先的，但是项目组确实应该努力争取让利益相关方将项目的某些关键活动放在优先位置。项目并不是一个同时进行的整体，它们可以被分解和逐步实施，而其中的关键活动并不多，也并不一定会与其他项目的关键活动发生冲突。项目之间的关联性构成了一个系统，项目组可以利用系统中间的长短板，给利益相关方动态调整资源的机会，扩大他们资源的有效度。当然，同样不现实的是在多个项目中追求完美。有时需要以退为进，以局部的让步来换取利益相关方在其他方面的支持以保证整体的进步。

（5）对利益相关方来说这件事没有正面结果。项目周期有时候会很长，项目成果起作用的时间可能会更长，利益相关方不一定有耐心等待着分享项目成果。当他们有别的利益或者长时间得不到回报的时候，自然就会对项目失去信心，那么不配合也就在情理之中。因此项目组要采用透明的项目进展情况以及阶段性成果移交来使项目利益相关方对项目保持信心。在项目的实施过程中需要尽可能使项目利益相关方投入时间到该项目上。他在某个项目上投入的时间越多，这个项目对他的影响也就越大，他就越不希望这个项目失败。项目计划应该最大限度地向利益相关方公开。甲方或是乙方都不要将彼此的关系局限在商业关系上，要尽量建立一些个人友谊，要尽量扩大项目的激励范围，包括对业主、供应方和使用方等外部相关方的激励。

（6）对方误认为他们正在配合项目组。有时候人们会误认为只要按合同办事就是配合，但实际上这样是远远不够的，合同如果能将所有的事情都定义清楚，实践中就没有这么多麻烦事了。如果项目组对利益相关方的需求理解得不明确、不正确，那么不但会耽误项目进度，还会引起利益相关方的反感。为了保证正确理解利益相关方的需求，要及时反馈项目组对其需求的理解，这样就可以避免利益相关方错误配合。此外，反馈的时点也很重要，包括项目的里程碑、生命周期转阶段的时点、存在风险的时点等，可以利用这些时机加强对利益相关方的反馈。

（7）超出他们控制范围内的障碍。在现实生活中，项目组常常对利益相关方的要求过于苛刻。要减少这种情况的发生，需要从组织设计方面找原因。从广义上讲，任何事都是人做出来的，但是具体到个案上，人往往不是最重要的因素，组织的作用要大于个人。项目责任矩阵至少应包含两类，一类是项目内部的，另一类是所有利益相关方的。如果所有利益相关方之间的责任关系定得比较清晰，利益相关方的配合程度就会大大提升。

> **即问即答 3-5**
>
> 在资源相对宽裕的情况下，项目冲突往往会由哪些原因导致？

三、物流项目利益相关方协调管理的内容

物流项目利益相关方的协调管理包括两个方面：一是项目组织与近外层关系的协调，主要包括业主与施工承包商、勘察设计单位、监理单位、材料设备供应承包商、贷款银团等参与单位的关系的协调。这些关系都是合同关系或买卖关系，应在平等的基础上进行协调。二是项目与远外层关系的协调，包括与政府、社区、用户等单位的关系。这些关系的处理没有定式，协调更加困难，应按有关法规、公共关系准则和经济联系处理。不同类型的项目管理，其项目组织协调管理的内容不同，但协调的原理和方法是相似的。

下面以物流项目组织与业主关系的协调为例加以说明。物流项目组织与业主的关系协调，不仅会影响项目的顺利实施，而且会影响公司与业主的长期合作关系。在项目实施过程中，项目组织和业主之间发生多种业务关系，项目阶段不同，这些业务关系的内容也不同，因此项目组织与业主的协调工作内容也不同。

1. 概念规划阶段的协调

物流项目经理作为公司在项目上的代表人，应参与工程承包合同的洽谈和签订，熟悉各种洽谈记录和签订过程。承包合同中应明确相互的权、责、利，业主要保证落实资金、材料、设计、建设场地和外部水、电、道路，而物流项目组织负责落实施工必需的劳动力、材料、机具、技术及场地准备等。物流项目组织负责编制施工组织设计，并参加业主的施工组织审核会，开工条件落实后应及时提出开工报告。

2. 物流项目实施阶段的协调

实施阶段的主要协调工作有：

（1）材料、设备的交验。物流项目组织负责提出根据合同规定应由业主提供的材料、设备的供应计划，并根据有关规定对业主提供的材料、设备进行交接验收。供应到现场的各类物资必须在物流项目组织调配下统一设库、统一保管、统一发料、统一加工、按规定结算。

（2）进度控制。物流项目组织和业主都希望建设项目能按计划进度实施。双方应密切合作，创造条件保证项目的顺利进行。物流项目组织应及时向业主提出施工进度计划、月份施工作业计划、月份施工统计表等，并接受业主的检查、监督。

（3）质量控制。物流项目组织在进行质量控制时应注意尊重业主对质量的监督权，对重要的隐蔽工程和关键工序的质量检查，应请业主代表参加并签字，确认合格后方可进入下道工序。物流项目组织应及时向业主或业主代表提交材料报验单、进场设备报验单、施工放样报验单、隐蔽工程验收通知、工程质量事故报告等材料，以便业主或业主代表进行分析、监督和控制。

（4）合同关系。施工承包商和业主都应真心实意共同履约。项目经理作为施工承包商在项目上的代表，应注意协调与业主的合同关系。对于合同纠纷，首先应协商解决，协商不成才向合同管理机构申请调解，仲裁或法院审判解决。施工期间，一般合同问题切忌诉讼，遇到非常棘手的合同问题，不妨暂时回避。只有当对方严重违约而使自己的利益受到重大损失时才采用诉讼手段。

（5）变更处理。在项目的施工过程中，出现工程变更和项目的增减现象是不可避免的。工程变更可能由业主、设计方或承包商提出，对于变更的处理，应该严格按照合同规定的程序来执行。主要涉及变更起因、变更引起的相关费用和工期的变化等。

（6）收付进度款。项目组织应根据已完成工程量及收费标准，计算已完工的工程价值，编制"工程价款结算单"和"已完工工程月报表"等送交业主或业主代表办理签证结算。

3．物流项目收尾阶段的协调

当物流项目的全部建设工程项目或单项工程完工后,双方应按规定及时办理交工验收手续。物流项目组织应按交工资料清单整理有关交工资料,验收后交业主保管。

> **资料链接 3-3**
>
> **智能仓库建设与使用的困境**
>
> 很多智能化的物流设备以及先进的技术,已经投放到了大型的电商仓库中,可是反观大部分传统物流仓库,你可能会心存疑惑——为什么这些传统物流仓库的智能化程度如此之低?
>
> **一、资金压力**
>
> 1．投入成本
>
> 智能仓库所需要的资金投入,不是一般企业所能承受得了的。以一个二三线城市5万平方米的丙二类仓库的规划建设为例。不考虑地面上安装货架的成本,只是从拿地到仓库建成,就花费高达数亿元。虽然现在随着分工的专业化,有了专门的物流地产商,他们专门为那些资金实力不够但也需要仓库的物流企业或者其他制造或贸易型企业提供仓库租赁服务。有了物流地产商的场地支持,仓库的使用方只需要支付每月的租金,确实是减少了一大笔资金的占用。但是如果仓库的面积达到几万平方米,智能化设备上的投入又要花费数亿元。
>
> 2．维护成本
>
> 设备的投入成本是能够看得见的显性成本,随着智能化设备的运行,还会涉及后续使用过程中的成本,比如设备维修、维护成本,这部分的成本是不能忽视的,具体包括维修保养人员的人工成本、设备易损件的采购成本、设备保养的物料采购成本、设备软件系统的升级成本等。
>
> **二、业务局限**
>
> 1．合作周期
>
> 以第三方物流企业为例,很多时候,甲方会把物流业务外包给第三方物流公司,外包的业务包括仓储管理、运输管理、配送管理、二次包装等。目前,对于甲方跟第三方物流企业的合同周期,1年是常态,3～5年就算是很长了,而且5年的合同通常会设计成"3+2"的形式,第三方物流企业要承担第4至第5年的合同撤销风险。
>
> 假设,甲方跟第三方物流企业商量后,保证合同周期为5年,条件是第三方物流企业建设一个智能仓库。那么,在设计阶段,第三方物流企业肯定会基于目前合作的甲方的货物信息及订单情况进行设计。但是5年以后,合同到期,业务存在丢失的风险,再加上对智能化设备通用性的考虑,大部分第三方物流企业会选择保守策略,那就是将所有的投资的回报周期设定为5年。

> 做个对比会发现，电商企业因为仓库是自己建的，智能化设备也是自己花钱采购的，所以仓库和智能化设备都算是电商企业的固定资产，那么，这些固定资产在财务上的折旧时间至少是10年（这里主要指的是那些大件的、高价值的智能化设备）。同样的总投入，电商企业按10年折旧，第三方物流企业按5年折旧。可以看出，电商企业分摊到每个月的成本明显占优势。即使甲方把合同周期延长至10年，第三方物流企业也会担心甲方的业务出现风险，或者其所在的行业出现"黑天鹅"事件，第三方物流企业也会跟着承受损失。
>
> 前面是从第三方物流企业跟甲方合同周期长短的角度考虑的，如果第三方物流企业使用的仓库不是自建的，而是从物流地产商那里租赁的，那么，在购买智能化设备时，第三方物流企业还要考虑其跟物流地产商的合同周期及违约风险。通常情况下，除非第三方物流企业的业务稳定且规模不断增长，否则很少与物流地产商签订长周期的租赁合同。
>
> **2. 货物特点**
>
> 不是所有的货物都适合存放在智能化仓库中。有些货物重量较大，比如每盘货物重量超过1t；每箱/件货物的尺寸多样化且存在特殊尺寸的非标产品，比如建筑或者装修中用到的管材、板材；每盘货物堆码不稳定，即使使用拉伸膜保护也无法长时间存放，比如袋装的洗衣粉；产品的货值较低，比如瓶装的饮用水。
>
> 资料来源：冯银川. 仓储管理实战[M]. 北京：人民邮电出版社，2023.

四、利益相关方协调管理的具体方法

1. 加强沟通

利益相关者协调的关键在于不断沟通。沟通是项目管理系统所进行的信息、意见、观点、思想、情感与愿望的传递和交换，并借以取得系统内部组织之间、上下级之间的相互了解和信任，从而形成良好的人际关系，产生强大的凝聚力，完成项目计划目标的活动。长期以来，由于人们认识上的问题，不重视项目的沟通问题，忽视了使各项目相关者满意，以及如何使他们满意的问题。人们仅将沟通看作一个信息过程，而忽视了它也是心理的和组织行为的过程。项目沟通中的信息过程是表面的，而心理过程是内在的、实质性的。因此，加强沟通是很有必要的。

2. 信息分享

信息交流属于单向信息流动，包括向各有关方面披露有关项目的信息，或者收集物流项目受益者或受物流项目影响群体的数据。信息流动可以进行方向性的引导，信息发布有助于项目获得当地受益群体的理解、支持和合作。如果利益相关者不能充分了解一个物流项目的目的和预期效果，他们就不可能真正地参与该项目。因此，信息交流在促使物流项目各方进行有意义的磋商以及使利益相关者真正参与项目方面具有十分重要的作用。

3. 磋商

磋商是指利益相关方之间的信息双向交流，例如物流项目管理者和受益者或者受项目影响群体之间的信息交流。虽然决策者通常是政府或主要投资者，但利益相关者可以对决策或者规划的项目提出意见。通过磋商收集到的信息和反馈意见必须在物流项目的规划和实施过程中有所体现，从而使磋商更加真诚有效。

4. 参与

参与是一个过程。在这个过程中，利益相关者共同设定目标、找出问题、寻找并商讨问题的解决方案、评估规划草案等。参与实际上是分享决策控制权的一个途径。共同进行评价、共同做出决策并在项目的规划和实施过程中通力合作，都是参与的不同形式。

5. 规范合同管理

合同管理对于规范企业生产经营、避免或减少不必要的损失至为重要。建设物流项目时间长涉及面广，需要业主、承包商、设计单位以及监理单位等各方面的密切配合。因此在建设物流项目施工过程中加强合同管理有利于合同双方友好合作、照章办事减少不必要的扯皮与麻烦，保障工程的顺利进行。

五、项目与部门间的冲突

矩阵型组织结构试图在稳定性的职能型组织与临时性的项目型组织之间取得平衡。基于此，矩阵型组织结构的常见矛盾也恰好是职能部门工作和项目工作间的矛盾。项目经理能否对来自职能部门的团队成员产生较强的影响力，是矩阵型组织下项目取得成功的关键点。

在矩阵型组织中，项目中来自职能部门的团队成员更倾向于服从职能经理的任务安排。其本质原因是职能经理对团队成员在公司中的绩效考核和职位升迁的影响更大，这几乎是个人无力改变的事实。因此，项目经理应想办法和职能经理达成共识，尽管这比较困难，因为同一个职能部门往往会同时参加公司其他的项目，而且还同时承担着自己部门的任务。

矩阵型组织结构在实际工作中最为常见。这种职能部门人员临时参与项目、项目结束时释放资源的方式，引发了项目中关于人的最常见问题：争夺职能资源。统计发现，项目人力资源管理的问题中 85% 以上来自矩阵型组织结构，而其中的大多数问题又都与项目经理认为自身权力不足有关。

在矩阵型组织中，常见的冲突问题包括：

项目经理如何增强自己的影响力？

职能部门经理不配合，怎么办？

项目实施过程中职能经理更换了自己职能部门的人员，如何应对？

其他职能部门经理推卸责任，怎么办？

如何制定项目的绩效考核体系？

如何发放项目的奖金？

项目组成员分配过多精力给其自身所在部门工作从而影响了项目,如何应对?

未经项目经理同意,职能部门经理给自己部门成员放假,如何处理?

如何跟其他项目经理争夺一个关键核心资源?

为更好地应对矩阵型组织下的各种问题,项目经理需要提升自己的领导力。实践中,可以采取以下措施:

(1)明确目标,并让每个人知悉。一个明确的目标可以让每个项目团队成员都有工作的动力。人做任何事都需要一个理由,哪怕这个理由并不一定经得起推敲。

项目管理者需要做的就是使项目目标成为每个员工工作的理由。大家并不一定会认真思考这个理由的合理性,只是需要一个理由而已。通常使用的让项目目标成为工作理由的说法如下:

1)这个项目很重要,对公司的发展十分关键。

2)通过这个项目,项目组的每个人都会在技能上有所提高。

3)客户急需项目组的产品,只有保证进度和质量才能不影响他们的使用。

4)如何达到项目目标对项目组团队是一个考验,项目组要证明项目组的团队是合格的。

(2)设定一个可以短期实现的里程碑。过于长远的目标往往给人造成心理上的压力,有时项目需要人为地制造一个短期里程碑,虽然从业务上讲也许并没有实质性的进展,但这对建立项目节奏、保持工作效率的帮助很大。因此,第一个里程碑要简单一些,让成品可以迅速达到。

(3)不要让团队成员闲下来。这似乎有些不近人情,但事实就是如此。闲下来的团队成员会把注意力分散到其他方面,例如刷微信、看微博、读即时消息、试验各种新技术(未必与项目相关),甚至还有人会关注其部门内部的人员关系等。这不可避免地会对还在紧张工作的人造成影响。要人为地为团队成员找一些事情做,让大家保持忙碌的状态。

资料链接 3-4

处理冲突的六步法

第一步:明确冲突解决的基本原则和目标

在项目过程中,团队的发展必然会有冲突,而且随着成员的加入,冲突会贯穿整个项目周期和团队发展周期。那么,不可避免的冲突,无论是项目经理还是团队成员在解决冲突时,明确最基本的原则就显得非常重要。也就是说,一切冲突的解决,其基本原则都在于我们是为了共同的目标而努力。有了共同的目标,团队成员彼此的出发点就能达成一致,都是希望把项目做好,只是在某种场合下,对方案和资源等,如何更好地决策。

第二步:制定好相应的规则

在项目启动之初,可以根据实际情况,制定相应的冲突处理规则。人都是感性动物,一旦情绪上来,若没有统一的规则约束,就容易情绪化。所以,项目经理有责任,也有义务制定好相应的规则。例如,这两个规则:一是遇到问题以团队目标为出发点,先自我分析,不推脱、勇于承担责任、公开讨论、对事不对人;二是沟通尽量做到及时、有效、公开、坦诚。

第三步：描述问题（识别冲突）

有了统一的目标和相应的规则之后，很多冲突的解决都会相对有序。因为情绪得到比较好的控制之后，冲突通常不会升级，更不会引发大的变化。所以，第三步，就是描述问题（识别冲突）。当出现冲突的时候，冲突双方需要各自描述他们具体遇到的问题，在描述问题时，要基于观察的事实，客观地说明彼此的观点、不带任何评论。

第四步：表达彼此的观点和利益

在第三步的基础上，描述清楚具体的问题之后，给予对方彼此表达的观点和利益。项目管理者在这时需要有效判定，彼此之间的冲突所带来的观点和利益，是否对项目目标有利。之所以要判定是否对达成项目目标有利，是因为需要在给对方充分阐述自己观点和诉求的同时，在具体寻找解决方案时不要偏袒任何一方。

第五步：寻找合适的解决方案

想要寻找合适的解决方案，要从项目目标的角度出发，通过充分地收集相关信息，做出更合适的决策，从而使冲突得到缓解或解决。在寻找合适的解决方案时，如有可能，最好要有一些备选方案。

第六步：达成共识并实施

无论是哪种冲突行为，是对哪方更有利，在沟通方案确定之后，都需要和彼此达成共识，形成结论，最后实施落地。如果相应的冲突引发对流程、规则的调整，在达成共识之后，还需要对流程或规则进行调整，然后实施落地。项目经理要切记这一点，否则很容易在后续出现类似的冲突。

当然，六步法只是处理常见冲突的步骤，实际在项目推进过程中，可以根据具体情况具体分析。

> **即问即答 3-6**
>
> 你如何理解"不要让团队成员闲下来"这句话？假设你是项目经理，在项目工作相对空闲的时候，你会安排成员做些什么事情？

六、项目间的冲突

资源约束是项目管控中不可忽视的问题，项目管理者都希望项目组成员是一些"牛人"，这些"牛人"确实能对项目的效率产生重要的作用。但在一个企业中，牛人的数量是有限的，他们很难完全服务于某个项目。他们经常被迫在多个项目中充当救火队员或清洁工的角色。

资料链接 3-5

"牛人"时间冲突如何解决

假设某物流公司有三个项目 A、B、C 在同时运作，现在遇到一个糟糕的局面：因为之前三个项目经理在做计划时没有互相通气，这三个项目从第二天起都需要公司"牛人"

张三的帮助才能完成，而且均需要张三为其工作 10 天，找不到任何替代资源。现在问题已经摆在面前，项目经理们应该怎么办？

（1）第一种安排：如图 3-1 所示，这其实算不上是安排，只能算是 A、B、C 三个项目经理的期望，这将导致张三每天 24 小时地工作，显然这是不可行也绝不可能的，更是没有人性的安排。

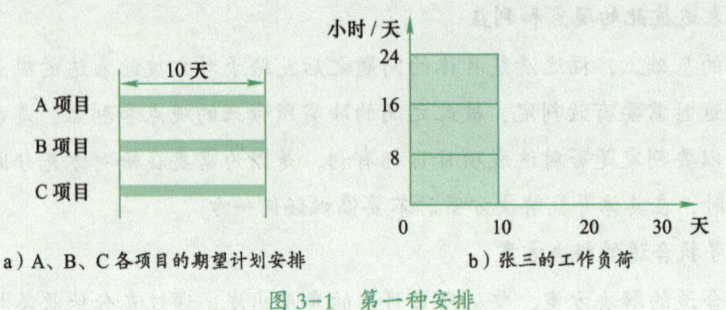

a）A、B、C 各项目的期望计划安排　　　　　b）张三的工作负荷

图 3-1　第一种安排

（2）第二种安排：如果公司设有组织级的项目管理办公室（Project Management Office，PMO）这种专门机构，PMO 就可以依据组织战略基于可"明示"的标准进行优先级排序。假如排序为 A→B→C，则张三的工作安排如图 3-2 所示。其结果是：A 项目按时完成，B 项目拖期 10 天，C 项目拖期 20 天。

a）A、B、C 各项目的计划安排　　　　　b）张三的工作负荷

图 3-2　第二种安排

但是，将 PMO 作为常设机构在国内物流企业并不普遍，即便常设也往往处于支持性 PMO 层次，时常没有明确的项目优先级评价标准。

最终往往是由老板来确定优先级顺序。假如老板给出的优先级排序为 A→B→C，试想 B 和 C 的项目经理会做何感想？自己或/和自己的项目"不重要"——这是他们的感受（特别是 C 项目的项目经理）。这种由某个高管确定项目优先级的方式，就是常见的"一把手工程"。"一把手工程"强调了高管的重要性和他们的责任，但也会因为缺乏管理程序而造成"无事不需一把手"的情况。

（3）第三种安排：这三个项目的项目经理均向公司管理层极力呼吁，要优先将张三安排给其负责的项目使用，互不相让。众所周知，"会哭的孩子有奶吃"。经过"研究"，管理层只好安排张三到这三个项目轮流工作，其安排如图 3-3 所示。

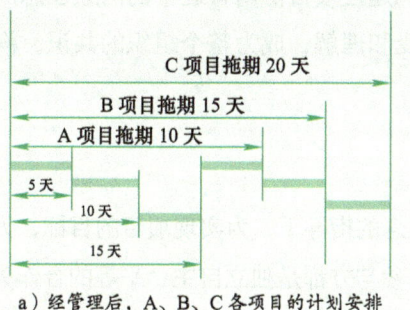

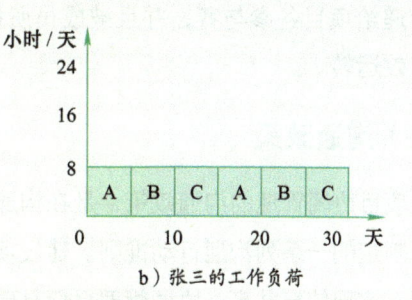

a）经管理后，A、B、C各项目的计划安排　　b）张三的工作负荷

图 3-3　第三种安排

1）在 A 项目工作 5 天。
2）在 B 项目工作 5 天。
3）在 C 项目工作 5 天。
4）再赶到 A 项目"灭火"5 天，完成 A 项目的工作。
5）再赶到 B 项目"灭火"5 天，完成 B 项目的工作。
6）再赶到 C 项目"灭火"5 天，完成 C 项目的工作。

经过管理后的结果：A 项目拖期 10 天，B 项目拖期 15 天，C 项目拖期 20 天。张三的时间被分散使用，会造成三个项目工期均拖延。

第二种安排和第三种安排的结果对比如表 3-3 所示。如果按工作优先级排序，三个项目还有好有坏，经过管理协调后三个项目都变坏了，但有些时候这种情况却是最优解，正所谓"不患寡而患不均"！

表 3-3　经过"管理"前后的项目状况

项目	A	B	C
第二种安排	按时完成	延期 10 天	延期 20 天
第三种安排	延期 10 天	延期 15 天	延期 20 天
前后对比	更坏了	更坏了	未变好

当然，这都是组织架构和组织级项目管理的缺陷在项目上的反映。如果公司设有有效的 PMO，同时又有稳定的组织战略，该问题的解决还是相对容易的。

资料来源：郭致星. 极简项目管理 [M]. 北京：机械工业出版社，2020.

七、协调的核心是沟通

（一）沟通理念

沟通理念是引领沟通机制的关键。沟通理念首先代表了建设项目决策层尤其是建设项目协调管理委员会人员对沟通的认知。它融合各参与者的组织文化、管理理念与经营哲学等方面的观念，结合项目目标、任务、特殊状况，在建设项目内形成相应的沟通理念。在这种沟通理念的指导下，实施各项沟通活动。另外，建设项目协调管理中的沟通理念同样要通过各渠道传递给项目各参与者，并且被成员所接受和理解，成为整个组织的共识，沟通机制才有可能有效运转。

（二）沟通政策

建设项目协调管理的沟通政策，是在沟通理念的指导下，为实现项目的目标，为有效的协调管理而制定的一系列沟通行动准则。建设项目参与方都是独立自主、平等的合作关系，如何借助沟通，实现信息共享，协调管理目标是建设项目沟通政策的要点。在这种形式下，建设项目的沟通应该是：根据参与方是业主、承包商与其他参与者的区分享有不同的信息类别。同时，在制定沟通政策的细则时，须制定相应的沟通内容、沟通形式、反馈机制，以及倡导双向沟通等方面的具体规定。

（三）沟通内容

沟通内容是指在沟通政策的指导下，有选择地与各参与方沟通的具体内容。在具体的沟通活动中，选择什么沟通内容，通过什么方式和渠道沟通，这些问题都会影响到沟通的效果。在沟通内容的选择方面，首先因沟通对象的不同而不同。建设项目协调管理决策层可能涉及的沟通对象有政府、银行、用户、公众、建设单位或施工单位，而建设项目协调管理执行层涉及的沟通对象主要有各参与方与各参与方内部的成员。针对这些不同的沟通对象，选择与他们相关的信息内容，保证他们的知情权。其次，无论与谁沟通，都应鼓励和倡导双向沟通，促进双方的信息交流，不断寻求反馈，了解对方的需求。最后，有关建设项目的目标、建设状况、建设进度成果等的信息始终都是与所有参与方沟通的主题。

（四）沟通形式

沟通形式是项目协调管理机制中沟通机制运作的关键。随着物流项目的不断进展，外部环境也跟着发生相应的改变，不同外部环境的沟通形式有着明显的不同。一般常用的沟通形式有直接沟通、联席会议、座谈、访问、书面通知、私下交换意见、通过中间人直接沟通、反复沟通、体态语言沟通、语调沟通及电子媒介沟通等。在传统的组织中采用最频繁的沟通形式为面谈、书面汇报、会议，而随着网络信息技术的发展，电子邮件、手机、内部网络、互联网等沟通形式的使用越来越广泛。

通信技术和计算机技术的发展为建设项目协调管理的沟通提供了便利，但也存在着一定的弊端，如建设项目实施过程中因缺少面对面的沟通，非正式沟通较少。沟通最终是通过人来实现的，根据人共有的特性，面对面的沟通能起到其他沟通形式无法取代的效果。任何一种沟通方式和途径都有它的优势与不足。在选择沟通形式和途径时要依据协调管理的沟通目标、任务、对象等因素选择有效的沟通渠道。

（五）沟通反馈机制

从沟通过程来看，它是双向沟通的一个重要环节。从建设项目协调管理沟通机制的建立来讲，它是整个沟通体系的重要核心部分。反馈机制的设计关键在于保证信息传递的流畅性、完整性、真实性及科学的决策机制的建立。它应包括：

（1）外部环境变化的反馈机制建立。应该在合作协议中明确规定外部环境信息的收集、处理与传递的职责与责任机构，并保证决策机构能够及时了解有关信息，及时调整目标，以对环境变化做出迅速的反应。

（2）内部的反馈机制。内部反馈机制的关键在于及时了解参与方的有关信息，对参与方的行为进行控制与约束，并在必要时对机会主义行为进行惩罚。各参与建设项目协调管理方有责任提供有关项目实施的信息，并保证其完整性与真实性，按照合同文件的规定对参与方的阶段成果进行评价。

建设项目协调管理沟通机制建立后，其运作的效率如何还决定于建设项目内外的沟通氛围、沟通制度的制定、沟通策略与沟通技能的应用和协调管理信息沟通平台的建设。这些都是沟通机制运作过程中参与沟通的各参与方在沟通操作层面上的问题。

> **即问即答 3-7**
>
> 当项目团队和公司其他部门发生冲突时，往往是由于双方的利益诉求不一致。请问在这种情况下应如何进行沟通？

模块小结

物流项目的执行是物流项目推进过程中承上启下的关键环节。本模块从人力资源管理、团队成员任务、团队组织形式、高效率项目团队打造等角度对物流项目的团队管理进行了介绍，并阐述了物流项目在实施中发生各种类型冲突时应如何处理。物流项目虽然具有临时性，但是具体的工作是需要团队成员共同完成的，项目负责人如何选好人、用好人，是项目顺利推进的关键。由于涉及范围广，物流项目实施过程中发生各类冲突也是难免的，需要项目负责人能够理性地分析冲突产生的真实原因，根据多方共赢的原则设计出合理的解决方案，并进行有效沟通。

实训 3

课后练习

一、问答题

1. 物流项目的人力资源管理培训应该包含哪些步骤？
2. 物流项目经理的主要责任有哪些？
3. 物流项目成员的绩效评估流程是怎样的？
4. 物流项目协调管理的总体思路是什么？
5. 物流项目利益相关方协调管理的具体方法有哪些？

二、案例分析

某公司采购部负责整个公司的物料采购工作。该部门在采购部经理赵敏的带领下，共有10个员工，他们每天加班加点、提高效率，确保了2 000多个类别物料的采购。

2024年，该公司推行项目化管理之后，赵经理的工作有麻烦了。本来平常的工作时间就紧张，现在推进项目管理，紧急采购单比以前多了近一成。这些订单多为项目实施过程中的紧急采购，需要专门分出两个人负责，结果导致日常采购的个别物料出现了延迟，差点影响了生产计划。赵经理为此受到了领导的批评。为了配合公司的项目化管理，结果反倒挨批评，赵经理感到很委屈。

项目团队和职能团队的同时存在，打破了原来的单一结构，因此带来的冲突不可避免。

问：针对采购部门工作中产生的业务冲突，你认为应该如何应对处理？

三、实训操作

1. 请利用办公软件分别画出人力资源管理、工作协调的逻辑思维导图。
2. 某电商仓库新招了10名实习生，他们的第一个工作岗位是仓库的拣货员。现需要对这些学生进行为期3天的岗前培训。请为这个培训项目制订一份完整的培训计划书。

模块四

物流项目监控

知识目标

- 了解物流企业重视项目数据分析的背景。
- 理解物流项目数据分析的作用。
- 掌握物流项目进行质量控制的方法。

能力目标

- 能熟练利用相关软件绘制物流项目数据分析图。
- 能结合物流项目案例背景较好地描述变更实施的步骤。
- 能结合物流项目案例背景提出有效的质量控制方案。

素质目标

- 形成注重细节的良好工作作风。
- 养成用数据精准剖析问题的工作习惯。
- 形成守法规范运作的经营理念。
- 形成注重项目风险防范的良好意识。

关键词

项目数据分析；项目质量控制；项目变更实施；项目监控

案例导入

家乐福的物流追踪系统

家乐福（Carrefour）是全球知名的零售巨头，其成功的关键因素之一是高效的物流和配送服务。为了确保供应链的透明度和实时监控，家乐福开发了一套全面的物流追踪系统。家乐福的物流系统需要应对各种挑战，包括长距离运输、多层次的仓库管理和复杂的配送路线。为了更好地满足客户需求并提高运营效率，家乐福决定开发一套物流追踪系统。

该系统包括以下几项功能：

（1）实时位置追踪。通过GPS技术和物联网设备，家乐福能够实时追踪货物的位置和运输状态。无论货物在哪个环节，系统都能提供准确的地理位置信息。

（2）温度和湿度控制。对于需要特定温度和湿度条件的货物，家乐福的物流追踪系统能够实时监控这些参数，确保货物在整个运输过程中保持最佳状态。

（3）货物完整性检查。系统会定期检查货物的完整性，包括数量和质量方面。如有异常情况，系统会立即发出警报，以便工作人员采取相应措施。

（4）数据分析与报告。物流追踪系统收集了大量的数据，包括运输时间、运输成本、货物损坏率等。通过数据分析，家乐福能够找出潜在的问题和改进点，为未来的运营提供有力支持。

（5）预警和应急响应。系统能够根据预设的条件发出预警，例如运输延误、货物损坏等。在发生紧急情况时，系统会启动应急响应程序，确保问题能够迅速得到解决。

（6）持续改进。家乐福定期对物流追踪系统进行评估和升级，以适应不断变化的业务需求和市场环境。通过收集用户反馈和使用数据，持续改进物流系统的功能和性能。

项目成果

家乐福的物流追踪系统成功地提高了供应链的透明度和实时监控能力。通过实时位置追踪、温度和湿度控制等功能，系统确保了货物的安全和完整。同时，数据分析与报告能够帮助家乐福更好地理解运营效率，为持续改进提供了有力支持。预警和应急响应机制则确保了问题能够及时发现并得到解决。

该项目的成功实施为家乐福带来了显著的效益提升。客户能够更加便捷地了解订单状态和预计送达时间，从而提高客户满意度。同时，通过优化运输路径和减少不必要的延误，家乐福降低了运输成本。此外，系统的实时监控功能还为家乐福提供了对供应链伙伴的约束能力，确保了合作伙伴的绩效和可靠性。

家乐福的物流追踪系统也为其他零售企业提供了借鉴经验。通过采用类似的系统，其他公司也能够提高供应链的透明度和实时监控能力，从而优化运营效率、提升客户满意度并降低成本。这一成功案例充分展示了物流项目监控的重要性及其对整个供应链管理的积极影响。

单元一　物流项目数据分析

情景导航

某物流公司为了降低运输成本并提高运输效率，决定对现有的运输路线进行分析和优化。该公司了解到，通过数据分析可以有效地挖掘运输路线的潜在优化空间。因此，他们聘请了专业的数据分析团队，对公司的物流数据进行深入分析，以寻找优化运输路线的方案。企业应当如何找出运输路线的瓶颈和优化空间？如何制定优化方案，降低运输成本并提高运输效率？如何确保优化方案在实际操作中的可行性?让我们通过物流项目数据分析来一起寻找答案。

一、物流项目数据分析的背景和意义

物流行业是一个复杂而庞大的产业链,涉及采购、生产、储存、销售等多个环节。在这个过程中,会产生大量数据,包括库存数据、运输数据、客户数据等。这些数据不仅数量庞大,而且类型繁多,为企业进行有效的数据分析和利用带来了挑战。同时,随着市场竞争的加剧和客户需求的多样化,物流企业需要更加精准地了解市场需求和客户需求,提供更加个性化和高质量的服务。企业可以通过对历史数据的分析,预测未来市场需求和趋势,提前做好规划和准备。

数据分析可以帮助企业获得更加全面和准确的市场信息、客户信息和运营信息,有助于企业做出更加科学、准确的决策。例如,通过对市场趋势的分析,企业可以更加精准地制订营销策略和销售计划;通过对客户行为的挖掘,企业可以更加深入地了解客户需求和偏好,提供更加个性化和优质的服务;通过对运输数据的分析,企业可以选择更好的运输路线和运输方式,降低运输成本和提高运输效率。

数据分析可以帮助企业更好地了解供应链各环节的情况,实现信息的共享和协同,有助于企业整合协同供应链资源。例如,通过对供应商数据的分析,企业可以更好地了解供应商的产能和交货情况;通过对销售数据的分析,企业可以更好地了解市场需求和趋势变化。

数据分析可以帮助企业发现新的市场机会和商业模式,推动物流行业的创新和发展。例如,通过对大数据技术的运用和分析,企业可以开发更加智能化和高效的物流系统;通过对客户消费行为的分析,企业可以发现新的商业机会并开发新的产品和服务。这些创新和发展有助于提高整个行业的竞争力和发展水平。

二、物流项目数据分析的步骤

(一)数据的整理

物流活动中会出现大量业务数据,大部分比较原始,通常只能够满足记录业务活动信息的功能,想要进行数据分析,第一步就需要对这些原始数据进行整理。常见的数据整理手段有填充、排序、筛选、设置条件格式等。

以 Excel 软件为例,常见的数据格式有数值、日期、文本等,如图 4-1 所示。这些不同类型的数据在表格中发挥着不同的作用。其中,数值数据分布最广,操作也最复杂。在实际操作中,可以在单元格中或者在"编辑栏"中输入数据,直接在对应单元格中输入数据是最常见的填充方式。在填充完数据后,往往需要对数据进行排序和筛选操作,直接在菜单栏单击"排序和筛选",选择对应的按钮操作,"排序和筛选"在菜单栏的位置如图 4-2 所示。对图 4-3 左侧表格按包裹数量升序进行排序,则会得到右侧的结果。最后可以对某些特殊的数据设置条件格式,条件可以是文本、数值、公式等,格式可以是颜色、字体、字号等。

图 4-1 常见的数据格式　　图 4-2 "排序和筛选"位置

排序前		排序后	
配送站点编号	包裹数量（件）	配送站点编号	包裹数量（件）
配送站 1	7693	配送站 4	4701
配送站 2	5936	配送站 2	5936
配送站 3	8367	配送站 5	7397
配送站 4	4701	配送站 1	7693
配送站 5	7397	配送站 3	8367

图 4-3　排序前后数据对比表格

（二）数据的运算

经过整理的物流项目数据，尽管已经存在于一个或者几个表格之中，但它们的关联性还是很小。在进行物流项目数据分析时，往往需要对这些数据进行进一步的处理，按照一定的公式和函数重新运算组合，来体现不同数据之间的逻辑关系。

以 Excel 软件为例，常见的运算符如表 4-1 所示。利用这些运算符就能够输入出想要的公式。输入公式的方式和输入数据基本类似，可以通过在单元格直接输入或者在"编辑栏"内输入两种方式，但在输入公式时，需要先输入"="，然后再输入数据和运算符，以区别公式和文本数据。

表 4-1　Excel 公式支持的运算符及说明

算术运算符		比较运算符		引用运算符		文本运算符	
运算符	说明	运算符	说明	运算符	说明	运算符	说明
+	正号、加号	=	等于	:（冒号）	引用冒号两端两个单元格形成的连续矩形区域	&	合并多个文本字符串，返回文本值
-	负号、减号	<>	不等于				
*	乘号	<	小于	,（逗号）	引用逗号前后单元格或者区域的合集		
/	除号	>	大于				
%	百分号	<=	小于等于	（单个空格）	引用空格前后区域共同的单元格		
^	乘幂	>=	大于等于				

（三）数据的显示

在物流项目中，数据显示的重要性在于它能够将复杂的数据以直观、易于理解的方式呈现出来。数据图表可以清晰地展示不同时间段、不同地区、不同运输方式等各个方面的数据对比情况，也可以清晰地看到数据的变化趋势。物流企业能够使用它来进行可视化分析，预测市场和客户需求、制定长远规划以及调整运营策略。

数据图表的表现形式多样，可以根据不同的需求和场景选择折线图、柱状图、饼图、散点图等多种形式。几种常见的数据图如图4-4～图4-7所示。

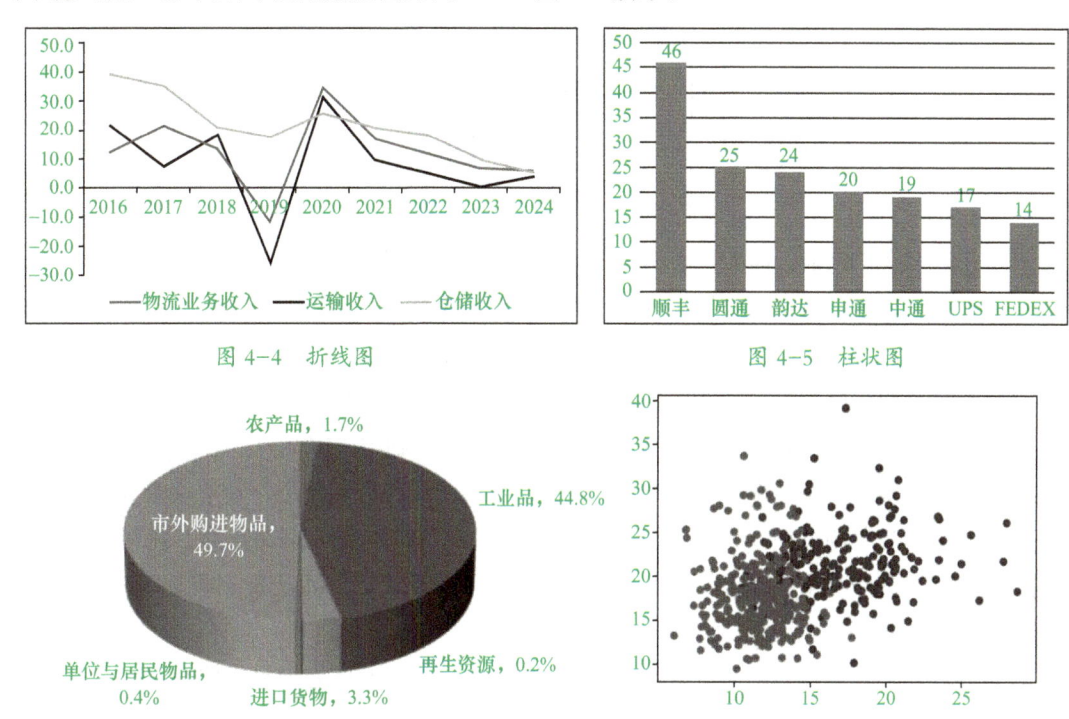

图 4-4　折线图

图 4-5　柱状图

图 4-6　饼图

图 4-7　散点图

（四）数据分析报告

在对物流项目运营过程中产生的各种数据进行分析后，往往需要以书面形式呈现分析结果和改进建议，也就是得出数据分析报告。该报告通常包括物流项目的简介，数据分析的目的，物流项目数据的收集、整理、运算和分析过程，并对分析结果进行解读，以及提出具体的改进措施和建议。物流项目数据分析报告旨在帮助企业全面了解物流项目的运营情况，发现问题并制定相应的解决方案，以提高企业的竞争力和市场占有率。该报告需要充分考虑业务实际，将数据分析结果转化为具体的改进措施，并注意数据的准确性和有效性，以确保分析报告的质量和价值。

💡 **即问即答 4-1**

　　对企业而言，物流项目的数据分析可以起到哪些作用？

三、物流项目数据分析的方法

（一）控制图法

控制图法是一种以图形方式呈现的质量控制工具。它利用统计学原理，通过对项目过程的数据进行分析，设立控制界限，对项目过程进行实时监控和调整。控制图法可以直观地展示项目过程的状态，帮助管理人员及时发现异常情况，采取相应的纠正措施。控制图法的应用步骤如图4-8所示。

收集数据 → 分析数据 → 绘制控制图 → 监控与调整

图4-8 控制图法的应用步骤

在应用控制图法之前，需要收集项目过程的相关数据，包括运输时间、运输成本、货物损失率、客户满意度等。数据的收集应具有代表性，能够反映物流项目的整体情况。之后对收集到的数据进行统计分析，包括平均值、极差、标准差等指标。通过这些指标可以了解项目过程的集中趋势和离散程度，为后续的控制图绘制提供依据。根据分析得到的数据，绘制控制图。控制图通常包括中心线（CL）、上控制限（UCL）和下控制限（LCL）。中心线表示数据的平均值，上控制限和下控制限则根据数据的分布情况设定。在控制图中，异常点通常用点符号进行标注。在项目实施过程中，对控制图进行实时监控。当图中出现异常点时，需要对项目过程进行调整，以消除异常原因。如果项目过程一直处于受控状态，可以适当调整控制界限，以降低质量成本。

控制图法能够直观地展示项目过程的状态，便于管理人员及时发现异常情况；通过对数据进行分析，可以了解项目过程的集中趋势和离散程度，为改进提供依据；控制图法具有可重复性，可以在不同阶段对项目质量进行持续改进。但使用控制图法需要一定的统计学知识储备，在数据收集和分析阶段，可能需要进行额外的数据处理工作；控制图的绘制过程相对复杂，需要借助专业的统计软件。

例如，某物流公司为了提高运输过程中的货物准时到达率，采用控制图法对运输过程进行质量控制。首先，收集了三个月内运输过程的到达时间数据；然后，对这些数据进行分析，发现运输过程中的到达时间存在较大波动；接着，根据分析结果绘制了控制图；最后，通过观察控制图发现，异常点主要出现在周末和节假日。针对这一情况，该公司对运输计划进行调整，增加了周末和节假日的运输班次，从而提高了货物的准时到达率。

资料链接 4-1

物流仓储系统规划设计的数据分析

数据分析是一件很严肃和需要专业知识的工作，并非仅仅对数据进行简单的加减排列组合。一项设计，设计指标是基础。基础出现问题，选用的设备再好，系统再先进，也是于事无补的。其实物流仓储系统的规划设计没有那么难，关键一点是需求要清楚明确，而需求是可以用数据来描述和定义的。一个项目，其关键数据也就那么几个，如收货量、发货量、库存量、拆零量、SKU（库存量单位）等，并不难掌握。以下就讲一讲这些最基本的需求，为了便于理解，主要从物流仓储的几个环节进行描述。

在进行系统性描述之前，一定要清楚物流的作业当量最后是以小时来计算的（当然还可以细化到半小时，甚至更小单位）。所以，我们所有的物流量，最终要以小时为单位来计算。然而，从用户那里得到的实际的设计指标，很可能是年度的作业数据，如年配送达到100亿元。这个数据非常重要，却也是非常不确定的，因为从这个指标推导下来，就会看到每年的作业天数、每天的作业时间、货物的价值、仓库库存周转次数等，对最终设计都有很大的影响。所以，这些关联数据应该是要首先明确的。

假设年配送目标是G，单箱价格是p，则年度总配送箱数是

$$Q=G/p$$

假设每年作业天数是N，每天工作时间是t，则每小时的作业量是

$$q=Q/N/t$$

如果库存周转天数为D，则库存量的计算公式为

$$W=q*t*D$$

以上的数据关系都很容易推导，但在实际中要注意的是：不同的作业，其作业时间可能是变化的，如高峰时期每天作业时间要大于平常作业时间，发货时间有时也与收货时间不同等，会增加计算和分析的难度。

在进行具体数据分析时，还要明确箱与托盘的对应关系。托盘一般选择标准托盘（1 200×1 000），假设平均的满盘量为n，则库存托盘数应为

$$P=W/n$$

当然，在描述具体数据时，要区分收货、发货还是退货，每一个作业也许是不一样的。很多时候，用户是不清楚这些差异的，或者表述不清楚，那么我们就应该将自己的经验或理解进行分享，以便双方达到认识的一致。

1. 收货有关的数据

与收货有关的数据，包括到货量（箱）、订单数、车辆的装载量、收货区域大小、收货作业时间、每天收货SKU数等。

车辆的装载量和卸载时间主要对于站台设计有影响，包括车辆大小、载重量等。一般情况下，还要分析卸货的方式、速度，以便详细规划站台的数量。

收货一般是比较简单的，但也有比较复杂的情形，比如新华书店图书的收货即是如此。因为每天到货的品种很多，还有大量混包的情形，因此收货要进行专门的处理。有些电商的收货也比较复杂，包括要进行QC等动作，对收货区的要求就不一样。

很多人对高点平均值和算术平均值对于设计的影响不甚了解。简单来说，将一年（或一定时间）的收货量除以一年（或一定时间）的实际工作天数，即得到平均每天收货量，一年中最大收货量的一天，即最大收货量。在实际设计中，如果按照平均值设计，则使得

加班的天数会很多；如果按照最大值进行设计，则会出现工作很不饱满，设备闲置的现象。因此，一般取平均值和最大值之间的某个值进行设计，具体要根据实际需要确定，发货也有这种情况。

2. 储存有关的数据

库存能力对系统的设计非常重要。但如何确定库存却是非常有讲究的。除了库存量以外，还要考虑SKU数，以及各种存储方式下的库存要求等。很多情况下，仓库的设计并非是单一的。所以，设计的时候就要清楚储存的方式是什么，有什么要求。

一般的储存分为两种主要方式：以托盘为单位储存（分为立体库和平面库两种最基本形式）和以箱为单位储存。当然还有其他形式，如包裹、麻袋、散料等，也有条状物（如钢材）、异形物品（如服装的挂装等）等，不再详述。在设计中，这两种方式都要考虑，有时以托盘为主，有时以箱储存为主，有时两者比较均衡。

计算库存能力当然与箱规有关，也与平均库存天数有关，这是基础。SKU对库存分配的要求有很大的制约作用，往往与作业面设计有关。此外，发货量对于库存设计也有非常大的影响，如拆零量，就要求对拆零区有一定限制。

库存ABC分析也是非常重要的，对于仓库设计起到重要作用。一般情况下，库存ABC分析结果决定了储存形式，ABC的定义将随着不同业务有所不同，要因地制宜。实际操作中，往往要对够托盘、够1/2托盘的SKU及这些SKU所占库存比例进行分析，以便正确决策。

随着电子商务的兴起，SKU不断扩大，ABC分析越发重要。此外要注意的一个趋势是，箱式存储方式越来越受到重视，其占比也越来越高，会影响库存的分析。

在计算储存能力时，人们普遍对库存充满率感到困惑。一般情况下，我们知道，托盘或货箱并不能完全被充满，而为了满足作业的顺利进行，货位也不能完全被充满。因此，要留有余地，这两个系数在不同的案例中会有差异，但都不应该被忽视。

3. 拣选有关的数据

拣选的订单数、订单行数、发货量是比较重要的设计数据。发货ABC分析同样重要，要注意的是：发货ABC分布与库存ABC分布往往是不相同的，分析时要注意加以区分。拣选环节设计关注的主要是拣选、包装和输送问题，因此，有关拣选的细节问题就非常重要。如整盘出库量、整件出库量和拆零出库量，这三个参数对于设计也是非常重要的。

一些基础信息也是要清楚的，如拣选效率和包装效率等，有些可以通过其他项目经验获得，有些应进行实际测量。需要指出的是，测量结果与作业流程、工位设计以及测量方法有关，有时很难确定一个准确的结果。

不同拣选方法的效率差异很大，这是设计要特别考虑的地方。事实上，采用什么样的技术手段，对设计结果影响甚大。这一些问题，在数据分析时，就应该有所考虑。

4. 发货有关的数据

发货路向、发货数量、车辆型号、作业时间、暂存时间等数据是发货设计阶段的基础。

众所周知，分拣机的格口不可能无限增加。因此，设计中应考虑波次问题，以便控制格口数量。有些物流中心的发货区设计得很小，站台停车位很少，给发货造成很大困难。

集货区的大小与发货波次有关。很多小的物流中心，每天只安排一次发货，其发货区就要大一些；对一个大型的物流中心来说，一般要按照多个大波次组织发货，每个大波次还有若干小波次，由此可以大幅度降低对集货区的需求。这在设计中是要注意的。

随着大家对物流认识越来越深刻，发货装车环节越来越受到重视。因此，设计中也要与时俱进，考虑自动化系统对发货区的影响。

5. 退货有关的数据

退货很重要也很困难，但容易受到忽视。在通常的数据分析中，退货分析也是不充分的。事实上，退货与收货的过程是不一样的。这主要是因为退货收货需要处理的数据量远远大于普通收货。

退货作业不是均衡的，有很大的波动性。因此，在数据分析中，要将退货收货与退货处理分开来（实际作业也是如此）。其作业时间和作业量都不会一样。对退货来说，其作业流程对于设计会产生影响。一般数据分析仅提供订单数、订单行、SKU、退货数量等数据即可。

要注意的是，退货有两种形式，其一是终端退回到物流中心；其二是物流中心退回供应商或者报废处理。两者差异是很大的。在数据分析时，要分别对待。

6. 其他

数据分析很重要，也有一定难度，经验和专业知识对于数据分析很重要。此外，数据分析结果必须得到用户确认才能用于设计。

对一个数据样本的预处理，是分析数据的第一步。什么数据是有效的，什么是无效的，要有明确的规则。剔除无效数据对于数据分析是很关键的一步。当然，要做到这一点，除了认真调研和分析外，经验和常识也很重要。

数据要有典型性，因此，数据量不能太少。比如，一年四季的数据是变化的，一个季度之中的数据也是变化的。每月、每周、每天，甚至每个小时的变化如何，要有系统的分析。一个静止的和孤立的数据是没有意义的，必须与系统环境相关联。这一点也很重要。

有时，数据分析与方案设计不是一个人，这时就需要注意沟通。数据分析不可能完全独立进行，它需要与设计方案相匹配，正因为如此，每个项目的数据分析的重点也是不一样的。数据分析人员至少要对设计需求有所了解，才能知道如何分析数据，如何从成千上万的数据中找到规律并抽出有用的东西。

> 最后要说明一点的是，数据分析的结果并不是直接应用于设计，而是要据此提出设计指标。其中有些数据的变化是比较缓慢的，如产品特点、订单结构、品项数、作业方式等，有些却会变化剧烈，如设计指标等。这些除了经验、行业情况能够提供帮助外，关键的是要认真分析，找出规律。在这个过程中，充分的调研，与用户充分的沟通尤其重要。

（二）帕累托图法

帕累托图法是一种以帕累托图为工具的质量控制方法。帕累托图是由意大利经济学家帕累托（Vilfredo Pareto）提出的一种按发生频率大小顺序绘制的直方图，用于分析质量问题中影响程度较大的因素，从而有重点地采取相应的纠正措施。在物流项目质量控制中，帕累托图法同样被用来分析质量问题，确定产生质量问题的主要因素。

帕累托图法的核心思想是找到"关键的少数"（A类）和"次要的多数"（C类）。在物流项目质量问题中，往往只有少数几个因素对整个项目的质量影响较大，而其他大多数因素对质量的影响相对较小。通过绘制帕累托图，将出现的质量问题和质量改进项目按照重要程度依次排列，可以直观地看出哪些因素对物流项目的质量影响最大，进而采取相应的纠正措施。

绘制帕累托图需要将质量问题按等级排序，并标注出频率和累积频率。横坐标表示影响质量的各项因素，按影响程度的大小（即出现频数多少）从左到右排列。这种图表的具体做法和结果如图4-9所示。图中有两条纵轴，左边表示频数（n），右边表示频率（f），二者等高。图中横轴以等分宽度表示质量要素（或质量影响因素），沿纵轴画出各要素的频数和频率的矩形图。通过观察帕累托图，可以抓住影响物流项目质量的主要因素，从而优先解决主要问题。

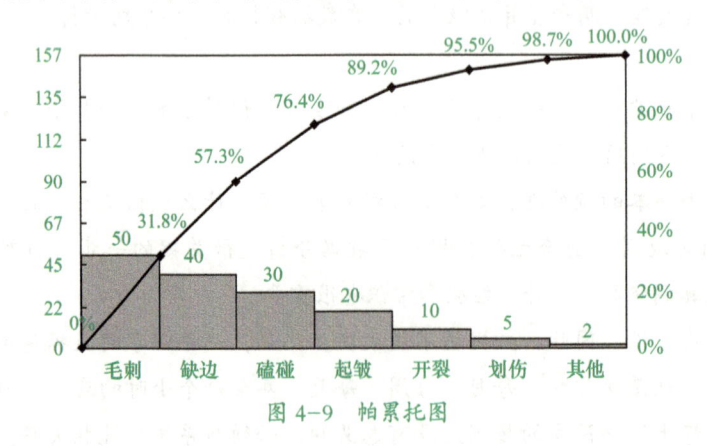

图 4-9 帕累托图

（三）统计样本法

统计样本法是一种通过选取一定数量的样本进行检验和分析，以推断整体物流项目质量情况的方法。通过统计样本的特性，如数量、质量、时间等，可以了解物流项目中的各种问题和风险，并制定相应的质量控制策略。这种方法可以降低全面检测的必要性，提高效率和经济性，同时也可以根据样本的特性推断整体的质量情况。

（四）趋势分析法

趋势分析法是一种通过收集和分析物流项目质量数据，了解物流项目质量的变化趋势和规律，从而进行质量控制的方法。该方法主要依据时间序列分析理论，通过绘制质量数据的时间序列曲线，观察其发展趋势和周期性变化规律，从而推断未来的质量状况。如果发现曲线呈现出上升或下降的趋势，或者存在周期性变化规律，就可以根据这些趋势和规律预测未来的质量状况。此外，还可以利用统计学的回归分析等方法，对质量数据进行处理和分析。

即问即答 4-2

在物流作业中，关键的多数和次要的少数也是随处可见的。请想想在实际物流作业中，在哪些方面有此类现象？

单元二　物流项目质量控制

情景导航

某物流公司承担了一批重要客户的货物运输任务，由于这批货物价值较高且对运输质量要求严格，公司决定对物流项目进行全面的质量控制。在物流项目实施过程中，你认为可能会出现什么问题，我们应该如何去解决这些问题？

一、物流项目质量的概念

物流项目质量是指物流项目在实现过程中，满足企业需要和客户消费需要的各个特性的总和。它以国家有关质量标准和规范为基础，以物流项目客户需要为向导，以物流项目达到和超过预期功能目标为宗旨。

物流项目质量具体包含以下内容：

（1）物流对象质量。这是指物流项目所涉及的货物、物品等的质量，如运输货物的安全性、新鲜度、无菌性等。

（2）物流服务质量。这是指物流项目提供的服务的质量，包括运输、仓储、配送、报关等环节的效率和准确性，以及服务人员的专业性和态度等。

（3）物流工作质量。这是指物流项目实施过程中，各项工作环节的质量，包括计划、组织、协调、控制等环节的合理性和有效性。

（4）物流工程质量。这是指物流项目本身的质量，包括项目的规划、设计、施工、维护等方面的质量和效果。

物流项目质量管理是指为保证物流项目成果能够符合物流项目质量的要求对物流项目开发建设的方方面面和各个环节所进行的日常质量管理活动。

二、物流项目质量控制的概念

物流项目质量控制是指为达到物流质量要求所采取的作业技术和活动。它贯穿于物流项目形成的全过程、各环节，包括设计、施工、验收等环节，要排除这些环节的技术、活动偏离有关规范的现象，使其恢复正常，达到控制的目的。通过对物流项目质量的控制，可以确保物流项目能够达到预期的功能和性能，提高物流服务的质量和效率，增强企业的竞争力和客户满意度。

（一）物流项目质量控制的含义

物流项目质量控制是指对物流项目质量进行全面管理和控制的过程。这个过程旨在确保物流项目从设计、施工、运营到维护等各个阶段都符合预定的质量标准，以达到物流项目质量要求。在质量控制过程中，需要采取一系列的技术手段和管理措施，对物流项目的质量进行持续改进和提升，以实现物流项目的经济效益和社会效益的最大化。

（二）物流项目质量控制的重要性

1．提高物流服务质量和效率

物流项目质量控制的首要目的是提高物流服务的质量和效率。通过对物流项目质量的控制，可以确保物流项目在运营过程中各项服务指标符合标准要求，提高客户的满意度。同时，通过优化物流项目的设计和施工方案，可以减少后期维护和维修的频率和成本，提高物流项目的整体运营效率。

2．增强企业竞争力和品牌形象

在市场竞争日益激烈的背景下，物流企业的竞争力和品牌形象显得尤为重要。通过加强物流项目质量控制，可以提高企业的服务质量和可靠性，增强企业的竞争力。同时，优质的物流项目可以为企业赢得良好的口碑和信誉，提升企业的品牌形象。

3．降低项目风险和维护成本

物流项目质量控制还有助于降低项目风险和维护成本。如果物流项目存在质量问题，不仅会增加维修和整改的成本，还会影响项目的正常运营和客户的满意度。因此，通过加强质量控制，可以及时发现和解决潜在问题，降低项目风险和维护成本。

> 💡 即问即答 4-3
>
> 什么是物流项目质量控制？应该从哪些方面着手？

三、物流项目质量控制的依据

物流项目质量控制的依据主要包括以下几个方面。

（一）物流项目的质量计划

物流项目的质量计划是指为确定物流项目应该达到的质量标准和如何达到这些项目质量标准而做的项目质量的计划安排。它是项目规划程序推进的主要动力之一，可以为整个物流项目提供一个明确且全面的质量标准和实施方案，是物流项目质量控制的基础和指导文件。

质量计划通常包括以下内容：

（1）明确物流项目的质量目标。这些目标通常包括交货准时性、货物准确性、服务态度、安全性等。

（2）确定物流项目质量的标准和要求。这些标准可以包括国际标准、行业标准、客户特定要求等。

（3）制定实现质量目标的计划和措施。这可能包括改进物流流程、提升技术水平、加强员工培训等。

（4）确定质量计划的执行和监控过程。这包括明确责任和任务分配，以及设立监控和报告机制。

（5）针对可能出现的质量问题制定应对措施。这可能包括问题识别、原因分析、采取纠正措施等。

（二）物流项目质量的工作说明

物流服务项目质量的工作说明是指对物流服务项目质量工作的具体内容、方法和要求的详细说明。它为物流项目质量工作的开展提供了明确的方向和指导，确保质量工作能够按照计划和要求顺利进行，是物流项目质量控制的重要参考文件。

物流项目质量的工作说明通常包括以下内容：

（1）物流项目的质量目标和要求。它包括项目的整体质量目标和每个阶段的具体质量目标，以及为实现这些目标需要满足的要求和标准。

（2）物流项目的质量责任和任务分配。它明确了项目团队成员在质量工作中的职责和任务，确保每个成员都清楚自己的工作内容和要求。

（3）物流项目的质量流程和标准操作程序。它包括项目质量管理的具体流程和步骤，以及每个步骤应该遵循的标准操作程序和规范。

（4）物流项目的质量监控和改进措施。它包括项目质量工作的监控方式、频率和内容，以及针对质量问题所采取的改进措施和方案。

（5）物流项目的质量风险管理和应对措施。它包括对可能出现的质量风险的识别、评估和应对措施，以确保项目质量不受风险影响。

（三）物流项目质量控制的标准与要求

物流项目质量控制的标准与要求包括国家和行业标准、企业标准和规章制度，以及合同和协议中涉及的质量要求和控制标准等。这些标准与要求是物流项目质量控制的重要依据，确保物流项目能够达到预期的质量水平，满足客户需求和相关标准。团队需建立完善的质量管理体系，明确质量目标和标准，并严格实施和监督。成员需要具备质量控制意识，掌握质量控制方法，确保项目质量达标。同时，优化成本、提升服务水平、持续改进、加强沟通协作、培训和发展、落实责任制、建立应急预案等也是质量控制的必要条件。团队应针对可能出现的突发事件制定相应的应对措施和预案，确保项目质量不受影响。

（四）物流项目质量的实际结果

物流项目质量的实际结果指的是物流项目在实施后所呈现出的具体质量状况，它反映了项目满足客户需求和行业标准的程度。物流项目质量的实际结果受到多种因素的影响，如团队成员的素质、物流流程的顺畅性、质量控制措施的有效性等。这些因素的综合作用决定了物流项目的最终质量结果。通过对物流项目质量实际结果的评估，我们可以了解项目的成功程度，以及是否需要采取改进措施来提高物流项目的管理水平和质量。它包括物流项目各个阶段的质量绩效度量结果，以及相应的数据分析和改进措施。物流项目质量的实际结果是评估物流项目管理的重要依据之一。

这些依据主要用于将物流服务项目质量的实际情况与物流服务项目质量要求和控制标准进行对照，以便发现物流服务项目的质量问题和采取纠偏措施，最终使物流服务项目质量保持在受控状态。这些依据的应用贯穿物流项目的整个生命周期，对于确保物流项目的质量和效率具有重要意义。

四、物流项目质量控制的方法

物流项目质量控制的方法主要包括清单检验法、质量检验法、流程图法等。这些方法的应用可以有效地保证物流项目的质量和效益。

1．清单检验法

清单检验法是一种质量控制方法，通过制订详细的检验清单，对物流项目的各个组成部分进行逐一检查，以确保项目满足质量标准。检验清单可以根据具体的物流项目情况进行定制，包括但不限于运输方式、运输时间、货物类型、包装方式、装卸方式等。通过检验清单的制定和实施，可以有效地提高物流项目的质量水平，减少质量问题的出现，提高客户的满意度和企业的竞争力。

2．质量检验法

物流项目质量控制质量检验法是一种在物流项目实施过程中，通过检验物流项目的各个组成部分，以确定其是否符合质量标准的方法。这种方法涉及以下三方面：①操作者自检，指在操作过程中，操作者对自己完成的工作进行自我检查；②互检，指操作者之间互相检查对方的工作；③专职检验人员的专检，指由专门的检验人员对物流项目进行全面系统的检查。通过这些检验方式，可以发现物流项目中的质量问题，并及时采取措施进行改进，从而确保物流项目的整体质量。

3．流程图法

流程图法通过将物流项目过程中的各个活动和环节进行分解，并按照时间顺序或逻辑关系进行排列，从而形成一个流程图。在这个流程图中，每个活动和环节都被标注出可能存在的质量问题，以及针对这些问题的预防和应对措施。通过观察和分析流程图，人们可以更加清晰地了解物流项目过程中可能出现的质量问题，以及如何针对这些问题进行控制和管理。

流程图法的优点在于可视化和系统化。通过流程图，人们可以更加直观地了解物流项目过程中的各个环节和活动，以及它们之间的相互关系。同时，流程图还可以帮助人们系统地分析物流项目过程中可能出现的质量问题，并制定相应的对策来预防和解决这些问题。此外，流程图法还可以帮助人们更好地进行资源分配和管理，以实现物流项目的高效运作和质量保证。

在应用流程图法时，需要注意以下几点：首先，要充分了解物流项目的具体情况和特点，以便准确地绘制流程图；其次，要对物流项目过程中的各个环节和活动进行认真分析和分解，以便找出可能存在的质量问题；最后，要根据实际情况制定相应的预防和应对措施，以确保物流项目的高效运作。

> **即问即答 4-4**
>
> 在使用流程图法对物流项目质量进行控制时，应当注意哪些内容？

五、项目风险监控

在项目的整个生命周期内，项目经理应监视残余风险，识别新的风险，执行风险应对计划，以及评价这些工作的有效性。风险监测与控制过程进行得好，可以提供有助于在风险发生之前制定有效决策的信息。项目经理需要与所有项目利害关系者沟通，以定期评估项目风险水平的可接受性。

（一）项目风险监控的依据

项目风险监控的依据主要有：①风险登记册，包括已识别的风险、风险责任人、商定的风险应对措施、具体的实施行动、风险征兆和预警信号、残留风险和衍生风险、低优先风险观察清单，以及时间和成本应急储备；②项目管理计划；③工作绩效信息；④绩效报告。

（二）项目风险监控的方法

监控风险过程需要采用诸如偏差和趋势分析的各种方法，这些方法需要以项目实施中生成的绩效信息为基础。

（1）风险再评估。项目经理应安排定期进行项目风险再评估。项目团队状态审查会的议程中应包括项目风险管理的内容。重复的内容和详细程度取决于项目相对于目标的进展情况。例如，如果出现了风险登记单未预期的风险或"观察清单"未包括的风险，或其对目标的影响与预期的影响不同，规划的应对措施可能将无济于事，则此时需要进行额外的风险应对规划以对风险进行控制。

（2）风险审计。风险审计在于检查并记录风险应对策略处理已识别风险及其根源的效力以及风险管理过程的效力。

（3）偏差和趋势分析。应通过绩效信息对项目实施趋势进行审查。可通过价值分析和项目偏差和趋势分析的其他分析方法，对项目总体绩效进行监控。分析的结果可以揭示项目完成时在成本与进度目标方面的潜在偏离。与基准计划的偏差可能表明威胁或机会的潜在影响。

（4）技术绩效衡量。技术绩效衡量是将项目执行期间的技术成果与项目计划中的技术成果进度进行比较。如出现偏差，例如在某里程碑处未实现计划规定的功能，有可能意味着项目范围的实现存在风险。

（5）储备金分析。在项目实施过程中可能会发生一些对预算或进度应急储备金造成积极或消极影响的风险。储备金分析是指在项目的任何时点将剩余的储备金金额与剩余风险量进行比较，以确定剩余的储备金是否仍旧充足。

（6）状态审查会。项目风险管理可以是定期召开的项目状态审查会的一项议程。该议程项目所占用的会议时间可长可短，这取决于已识别的风险、风险优先度以及应对的难易程度。经常就风险进行讨论，可促使有关风险（特别是威胁）的讨论更加容易和准确。

（三）项目风险监控的步骤

首先，判断风险（广义上的风险）是否已经发生。如果风险没有发生，则遵循风险管理的过程：识别新风险→实施风险定性分析→实施风险定量分析→规划风险应对→控制风险等一系列过程。如果风险已经发生则遵循下述步骤：

（1）针对已识别的风险。做风险应对计划并执行风险应对计划，如采取了积极的接受，则执行应急计划或风险储备。以上措施如不能达到预期效果，则执行额外的风险应对规划。对已识别的风险，首先要查阅风险登记册中是否有相应的应对策略。若有相应的应对策略则遵循：提出变更申请→查阅问题解决权限→获得解决方案的批准→执行解决方案→跟踪解决过程→更新风险登记册等一系列过程。若没有相应的应对策略则遵循：提出变更申请→分析风险对项目范围、进度、成本、质量等诸方面的影响→给出问题的解决方案→查阅问题解决权限→获得解决方案的批准→执行解决方案→跟踪解决过程→更新风险登记册等一系列过程。

（2）针对新风险。若当前风险已发生负面影响，则采取权变措施；若风险尚未发生，则更新识别、分析、应对规划。具体步骤为：书面记录该未知风险的特征→提出变更申请→分析风险对范围、进度、成本、质量等诸方面的影响→提出已发生风险的相应解决方案→查阅问题的审批权限→获得解决方案的批准→执行解决方案→跟踪解决过程→更新风险登记册。

> **资料链接 4-2**
>
> **某冷链物流监控项目**
>
> **一、项目背景**
>
> ××冷链是国内知名的冷链物流服务门户网站,为广大冷链物流参与者提供车源、货源、库源等服务,同时也是集合冷链资讯、行业动态、冷链物流行情指数发布、冷链知识等信息的产业公司。为了更好地监测生鲜在运输过程中车辆的温湿度数据,该公司与无锡某科技公司开展合作,采用了他们自主研发的蚁蚕F8冷链数据监测系统。F8冷链数据监测系统专为中小物流企业提供,适用于计算机机房、变电站、温室大棚、仓库、图书馆、冷链运输等各个场景。
>
> **二、项目特色**
>
> 该系统主要采用温湿度传感标签(MT-L700)采集运输过程中各监测点的温湿度并将其无线传输给主机(MT-L3710),由主机统一处理和上传给服务器,在系统平台显示实时数据和业务部分。实现应用场景多点温湿度实时监测,超限报警。
>
> MT-L3710和MT-L700是冷链物流监控设备。MT-L3710是该公司自研的冷链监控主机,实现定位和采集各传感器标签数据并发送给远程服务器。
>
> 1. **MT-L3710监控主机的特色**
>
> 一对多通信,一台主机可连接50多个标签。在冷链车车厢或者冷库等场景下,各点温度不是完全均匀和统一的,因此多点监控是一个需求点,例如靠出风口的温度低,货物可能没问题,但是靠车门的货物可能会有问题。
>
> (1)定位监控。通过GPS和GIS技术,监控中心可以对集装箱车辆进行地理位置定位和调度。
>
> (2)实时温湿度监测。
>
> (3)超限监管。用户可自定义温度阈值,超限设备自动报警。
>
> (4)报警提醒。可通过监控后台或App报警。
>
> (5)本地备份。
>
> (6)有配套的管理平台。
>
> MT-L700是配套的温湿度标签。主机和标签采用无线连接,配套的主机和标签上电后,即可通信。实现了移动化,多点监控。
>
> 2. **MT-L700温湿度标签的特色**
>
> (1)计量准确,成本低。
>
> (2)防水、体积小、携带方便。
>
> (3)功耗低、内置锂电池。
>
> (4)无线数据传输,穿透力强。

（5）内置锂电池，可充电，满电后工作时间可达3个月以上。

三、项目优点

该系统有以下几个优点：

（1）通过设备实时获取车辆动态信息，方便管理人员及时跟踪货物状态，车辆调度。

（2）使用便捷。只需将多个冷链温湿度标签放置车辆内多个点，标签会采集运输过程中货物的温湿度，并随时上报给冷链主机，主机反馈给冷链数据监控系统，系统生成可视化图表，低于或高于正常值及时报警。

（3）温湿度实时监控。车辆自带温湿度传感器，通过远程GPRS数据传输可以实时远程监控车厢内运输货物的温湿度，并实时显示在平台上。

（4）智能化监控管理。车辆运输过程中的数据，可以查询到记录，查询到行车路线，用图标展示货物在运输过程中的动态曲线，如图4-10所示。

图4-10 货物在运输过程中的动态曲线

单元三　物流项目变更实施

情景导航

某物流公司在进行一个物流项目时，由于客户需求发生变化，需要对项目进行变更。然而，物流公司没有及时评估变更的影响，导致运输计划混乱，运输频次不合理，且与客户沟通不畅。在变更实施过程中，物流公司没有采取有效的措施来确保变更的顺利进行，导致运输过程出现延误和问题。由于信息不透明，客户对变更的原因和实施计划不了解，对物流公司的服务感到不满意。如果你是这个项目的负责人，会怎样确保变更有效实施呢？

在物流项目开展的过程中，有时会因为某些原因，如客户需求变化、供应链问题、政策变化、技术更新或内部管理调整等，而对物流项目的计划、执行和结果进行修改或调整。这些变更可能包括更改运输方式、调整运输路线、增加或减少运输频次，或者对物流项目的时间表进行修改等。

当客户的需求发生变化时，物流项目可能需要变更以适应新的需求。例如，客户可能需要更改订单的数量、产品的规格或者发货的时间等。如果供应链中的某个环节出现问题，如供应商延迟交货或运输延误等，也可能需要对物流项目进行变更。政策的变化也可能影响物流项目的执行。例如，政府政策的调整或变化可能会影响物流项目的成本、时间表或者执行的可行性。新的物流技术或设备的出现也可能需要对原有的物流项目进行升级或调整。同时，物流公司也可能因为内部管理需要而对物流项目进行重新规划或调整。这可能包括对组织结构的调整、流程的优化等。不可抗力因素，如自然灾害、疫情等，也可能导致物流项目需要进行紧急调整或变更。

一、实施变更的依据

（一）项目的各种文件

包括项目计划、任务分配、时间表、预算等项目管理文件，这些文件为变更实施提供了指导和约束。

（二）项目的绩效报告

通过评估绩效结果，团队可以判断变更是否按计划进行，是否需要调整实施计划。同时，项目绩效报告为项目团队提供了关于项目实施效果的客观数据和信息，这些信息可以作为团队决策的依据。例如，根据绩效结果评估，团队可以决定是否实施变更、调整实施计划或采取补救措施。

（三）提交项目变更请求

项目变更请求是指在项目执行过程中，对项目计划提出的各种改动要求，这些改动要求可能包括范围变化、项目预算变更或者进度估算变化等。在提交项目变更请求时，需要详细说明变更的性质和对项目的影响，记录变更情况和批准变更的主体情况，以便未来进行意见分歧的防止和解决。同时，项目变更请求应输入总体变更控制系统，用于追踪所有的涉众请求以及整个项目生命周期中的相关状态信息。

💡 即问即答 4-5

结合已经学习的专业知识，谈谈项目在哪些情况下需要实施变更？

物流公司的项目变更实施

二、变更控制的工具和方法

（一）项目变更控制系统

项目变更控制系统是一套正式和文档化的程序，用于管理项目变更。该系统的主要目标是提供正式的、文档化的程序，以确保所有项目活动的变更请求被准确、及时、有效地处理。它涵盖了变更请求的提出、评估、批准和实施等环节，确保了变更过程的规范化和透明化。

（二）项目管理信息系统

项目管理信息系统（Project Management Information System，PMIS）是一种集成了各种项目管理工具和技术的软件系统，旨在帮助项目管理人员有效地规划、执行和监控项目。项目管理信息系统对项目变更的作用主要体现在提供变更控制功能、支持变更评估、记录变更历史和状态、促进变更沟通、提高决策效率、降低企业成本以及支持移动化管理等方面。它提供了一种集中管理项目信息的方式，使项目团队能够更好地协作、沟通和控制项目进展。

（三）项目配置管理

项目配置包括项目的各种文档、工具、资源、软件和硬件等。项目配置管理的目的是确保项目的配置能够满足项目需求，并保持项目的稳定性和一致性。项目配置管理在项目变更中扮演着重要的角色，它可以确保项目的一致性和稳定性，控制和审核变更，提供完整的变更历史记录，辅助问题定位和解决，提高团队协作效率，降低项目风险，并支持项目审计和评审。因此，在项目管理过程中，应重视并加强项目配置管理，以提高项目的质量和效率。

三、实施变更控制的结果

（一）批准的项目变更请求

批准的项目变更请求可以确认变更的合法性和有效性，提供实施变更的依据，更新项目计划和范围，促进团队协作和沟通，监控项目的进展。

（二）更新的项目管理计划

更新后的项目管理计划是对原有项目的整体计划、专项计划及相应的细节支持所做出的修改和更新，并根据需要把更新通知给项目当事人。更新后的项目管理计划能够为项目团队提供指导和方向，为资源的协调和分配提供依据，为风险管理提供框架和方法，有助于监控项目的进展，有助于促进团队之间的沟通协调，有助于确保项目的变更得到适当的审批和控制。

（三）纠正和预防措施

纠正措施是指为了使项目工作绩效重新与项目管理计划一致而进行的有目的的活动，保证项目的实施结果与项目管理计划相符合，在项目管理中一般是批准的文件或指示。预防措施一一般是指为降低项目风险带来的消极后果的可能性而经批准形成的文件或指示。

（四）项目应吸取的教训

项目应吸取的教训是指在项目变更过程中出现的问题、偏差和风险等，以及变更对项目各个方面的影响，包括范围、时间、成本、质量、资源等。这些教训可以包括变更管理的有效性、团队成员的沟通协调、资源分配的合理性等方面，以及改进项目管理流程、加强团队培训和持续监控与评估等方面的措施。通过评估和总结变更的经验教训，可以更好地应对未来的项目挑战，提高项目管理水平。

> **资料链接 4-3**
>
> **某物流公司的项目变更实施**
>
> 某物流公司正在执行一个重要的物流项目，该项目涉及多个环节和复杂的运营流程。然而，由于客户需求的变更以及市场环境的变化，项目需要进行一些重要的变更。为了确保项目的顺利进行和按时完成，公司决定实施物流项目变更。
>
> 在实施项目变更过程中，可能会出现各种问题，例如：①变更对现有运营流程有影响；②变更导致额外成本；③变更对项目进度有影响；④员工对变更的接受程度；⑤变更可能带来的风险。
>
> 为了解决以上问题，该物流公司采取了以下措施：
>
> （1）评估变更的影响。对拟进行的变更进行全面的影响评估，包括对现有运营流程、成本、项目进度等方面的影响。根据评估结果，确定变更的可行性和优先级。
>
> （2）与相关部门沟通。与客户、供应商、内部相关部门等进行充分沟通，解释变更的原因、影响和预期结果，确保各方的理解和支持。
>
> （3）制订实施计划。根据评估结果和沟通情况，制订详细的实施计划，包括变更的具体内容、时间表、责任人和所需资源等。
>
> （4）培训与支持。对相关员工进行必要的培训，使他们了解变更的具体内容、实施方法和操作流程等。同时，确保他们具备应对变更带来的挑战和问题的能力。
>
> （5）风险管理与应对。对可能出现的风险进行预测和评估，制定相应的风险管理措施。例如，针对可能出现的延误情况，制定备用方案以确保项目按时完成。
>
> （6）持续监控与评估。在变更实施过程中，定期进行监控和评估，确保变更的顺利实施并取得预期效果。同时，根据实际情况及时调整实施计划和应对措施。
>
> （7）项目团队协同合作。加强项目团队成员之间的沟通与协作，确保各方在变更实施过程中保持一致和配合。通过定期召开项目会议等方式，及时分享信息、解决问题和调整方向。
>
> （8）跟踪与反馈机制。建立跟踪与反馈机制，及时收集和处理各方对变更实施的意见和建议。对于出现的问题和挑战，积极寻找解决方案并及时调整实施计划。

（9）总结与经验积累。在项目变更实施完成后，进行全面的总结和分析，梳理成功经验和不足之处。将经验教训纳入公司知识库，为未来类似项目的实施提供有益的参考和借鉴。

通过实施上述措施，该物流公司成功地完成了物流项目变更的实施。变更对运营流程、成本和项目进度等方面都产生了积极的影响，提高了公司的服务质量和客户满意度。同时，员工对变更的接受程度也得到了提高，团队合作更加紧密。公司也从中总结了宝贵的经验教训，为未来其他项目的实施提供了有益的参考。

模块小结

本模块对物流项目监控的相关概念和内容进行了介绍，对物流项目监控中需要关注的物流项目数据分析、物流项目质量控制、物流项目变更实施等工作进行了梳理。物流项目数据分析要求学生理解数据分析的意义，并对相关数据分析软件的使用有一定了解。在进行物流项目质量控制时要有核实的依据和方法。如果监控到已经发生的项目问题，简单的修正已经无法保证目标实现，就需要对项目实施变更。通过本模块学习，应掌握如何对物流项目进行监控，并能根据要求组织项目变更的实施。

实训 4

课后练习

一、问答题

1. 请叙述物流项目帕累托图的绘制步骤。
2. 请列举三个数据图表的类型，它们分别具有怎样的特点？
3. 物流项目质量控制的方法主要有哪些？
4. 如果让你针对某一仓库布局项目实施项目变更，你需要注意哪些内容？

二、案例分析

如何提升物流系统项目交付能力

作为一项非常复杂的系统工程，物流系统建设项目管理正面临着越来越严苛的要求。如何提升物流系统项目交付能力，尤其是提高项目交付的时效性以及成功率，成为物流系统项目建设承接方面临的重要课题。

总体来说，与大型基础设施建设或土建等工程项目相比，物流系统项目工程的投资和规模相对较小，但整体建设流程的严谨性和合规性是一样的。此外，由于大型物流系统几乎都是定制化开发建设，这就要求建设主体在项目整体把控能力、工程设计和设备选型等方面具备较高的专业能力。物流系统项目建设是一项非常复杂的系统工程，整个过程主要包括需求分析、方案设计（分为概念设计与详细设计）、设备制造、安装调试、交付与运营导入等阶段。在我国，随着甲方客户商业模式的不断变化与物流技术的快速迭代升级，物流系统项目规模不断扩大，复杂度日益提升，同时甲方企业的要求也越来越高（包括项目交付周期越来越短，方案智能化和柔性化的要求越来越高，对物流系统建设成本控制日益重视等），这无疑加大了物流系统项目建设和顺利交付的难度。对项目承接企业来说，成功完成一个物流系统项目要应对更多难题，付出更多智慧。

在物流系统工程项目中，现场的管理是精益化的重点，现场管理的四大要素包括安全、进度、质量、成本。随着物流系统工程建设整个行业的发展和扩张，对于施工的需求量越来越大，利用社会化资源，引入劳务外包也是行业发展大趋势之一。在这种趋势面前，管理能力就显得越发重要。为了提升项目交付的效率和成功率，项目管理者要对一些关键环节，如工期控制、成本控制、质量管理等始终保持高度的关注。首先，对工期的控制要做到"吹毛求疵"，严格控制各环节时间节点，项目执行是一个整体过程，每个环节互相配合、互相制约，其中一个环节的延误可能会导致整个项目延期；其次，作为项目管理者要时刻有"钱"这个概念，一个项目的成功，成本控制非常重要，对于现场实施来讲，工期即成本，在完全合乎计划的时间内高质量完成项目的功能，甚至提早让客户进入项目系统使用，这都能更好地体现出项目的整体价值；最后，在质量管理方面，项目要想做到项目按期完成，保质保量是其中的必要因素；一个质量上等的项目，使用、验收是水到渠成；项目质量管理有多种方案，影响项目质量的因素主要有人、机、料、法、环这几点，要全面掌控关键因素，并且要贯彻在项目实施的整个过程中。

在信息技术不断发展的情况下，物流系统项目建设的现场管理和质量监督工作也进入信息时代。基于工程数字化系统，以工程设计图样为标准，加强每个环节的工程完成质量评估与检验工作，及时发现质量问题，在科学处理的同时优化后续施工方式，能全面提升工程施工质量。物流装备朝着数字化、网络化的方向发展，使远程监控、远程诊断、远程技术支持成为可能，也使装备企业对物流系统项目工程支持的能力和效率大幅提升。

自2015年起，包括云计算、大数据、移动互联网、物联网等在内的信息技术得到广泛应用，使在项目建设与管理过程中，数据不断被产生、传递、挖掘和利用，并以这种方式提升效率、推进变革。随着以"互联网+"技术为代表的信息技术的快速推进，其应用和融合于项目管理已是未来发展的必然趋势。在"互联网+"的环境下，项目管理中各参与方之间的协同工作可以进行频繁的信息交流，而集成化的信息管理系统、信息处理系统将大大提高信息交流的效率,由此给项目推进提供巨大动力和支撑。其中的关键技术,包含建模、信息整合、提取和利用等众多工具手段,从而可以提高项目管理过程中信息获取、采集、处理、传输及应用的效率。

这要求项目各参与方所在企业必须具备相应的硬件及软件基础,硬件包括计算机、服务器、网络等基础硬件,软件包括各类专业软件或企业自主开发的综合项目管理系统及大数据系统。由于各企业在工程建设项目中的职能和责任不同,因此各方所用到的这些技术支撑在功能上也会有所不同,但需要各参与方使用能够互联互通的软件信息系统,或者由第三方负责运维的专业第三方平台,包括电子商务平台、互联网金融平台、信息资源共享平台和云服务平台等。通过充分利用全新信息技术支撑架构所提供的基于数据的各种软件及平台类服务,全新的沟通协作方式取代了原有的低效率面对面或依赖于文件的协同方式,极大提高了项目建设和管理中的协同效率。

在整个项目建设和交付过程中,甲方既要严控投资,严把质量关,也要换位思考,尽力支持承建单位,为项目顺利推进创造条件。在这期间,甲方抓好招标采购、详细系统工程设计、项目管理和验收等重点工作,也就把握了保质、保量开展项目建设的关键,为项目实施不断不乱,工作规范、安全、顺畅奠定了基础。而对于项目承接方来说,技术进步和管理提升始终是保证圆满交付的重要支撑因素。

思考:

1. 案例中这家公司为保证项目的交付做了哪些努力?
2. 案例中这家公司如何监控项目管理过程当中遇到的问题?使用哪种方式能够有效解决这些问题?

模块五

物流项目收尾

知识目标

- 了解项目收尾需要完成哪些工作。
- 理解验收和总结的重要性。
- 掌握物流项目收尾阶段具体任务的内容。

能力目标

- 能熟练进行物流项目的验收评价。
- 能撰写物流项目总结报告。

素质目标

- 养成符合项目验收评价要求的工作习惯。
- 培养严谨的工作态度。

关键词

项目收尾；验收评价；总结报告

案例导入

日产武汉专用仓储中心启用 汽车供应链近岸化趋势加速

一、项目简介

2023年，日产汽车公司与世界领先的物流公司A.P.穆勒-马士基（Maersk）携手建立长期合作伙伴关系，双方共同打造的日产汽车武汉专用仓储中心于2023年10月19日正式启用。

值得关注的是，日产汽车武汉专用仓储中心距离武汉阳逻港区仅2km，因靠近港口，能够实现高效便捷的货物运输，连接起了日产汽车在中国中部地区的生产线与其在中国其他地区和全球的市场，反映出汽车供应链本地化、近岸化趋势加速。

官方资料显示，武汉专用仓储中心室内面积达 3 000m²，另外还有 500m² 为临时扩建面积，室外面积为 1 000m²。作为长期合作伙伴，马士基为日产汽车提供了定制服务，包括零部件和托盘的出入库操作、检验、混合捆扎、质量保证和多种增值服务。

二、项目收尾客户评价和总结

根据合作内容，双方将共同打造更强大、更具灵活性与竞争力的物流供应链，从海运业务拓展至端到端物流领域，助力双方在各自的业务领域实现可持续增长。

更具灵活性与竞争力的物流供应链对于汽车公司"降本增效"极为重要。中国电动汽车百人会副理事长兼秘书长张永伟在 2023 全球新能源与智能汽车供应链创新大会高层论坛上谈道："为什么供应链如此'性命攸关'？是因为事关企业的降本提质。有没有好的供应链决定了产品的质量和品牌，自己做得好还不够，还需要把供应链好好管起来，确保自己的品牌能够得到全方位的维护。"

物流供应链作为汽车供应链中的一环，其重要性也不可小觑。做好物流供应链管理，能够提高企业效益、竞争力、客户满意度和产品质量，降低成本。

日产汽车公司副总裁、日产（中国）投资有限公司总经理松山昌史（Masashi Matsuyama）先生表示："作为日产全球零部件供应链的核心市场之一，日产（中国）零部件出口事业部自 2006 年成立以来，积极履行'在中国，为中国和世界'的承诺，在将中国零部件供应至全球市场、推动中国零部件行业和汽车制造业的发展中扮演了非常重要的角色。得益于与马士基等全球伙伴的持续合作，日产（中国）建立起强大、高效的物流链，以确保全球供应。"

日产（中国）零部件出口事业部部长柳田宏幸（Hiroyuki Yanagida）对此次合作非常满意，他表示："我们考虑到现在的出货量和未来预期，从去年开始计划在武汉建立新的国际物流网络（International Logistics Network，ILN）。该设施的成功建立取决于基础设施条件、成本优势、地方政府提供的优惠政策、项目环保因素，以及如马士基这样的专业物流合作伙伴。"

"尽管中国汽车市场竞争激烈，为履行'在中国，为中国和世界'的承诺，日产汽车从中国出口至其他国家的汽车零部件业务不断在创造新的月度纪录。尽管市场环境充满挑战，但我们的业务仍然保持增长。所以，我们对武汉专用仓储中心的稳定出货寄予厚望，并期待其为满足全球市场不断增长的需求做出贡献。"柳田宏幸称。

"对于汽车行业而言，应对供应链风险、不断变化的消费者需求以及其他多种挑战都需要良好的战略规划，在构建具有韧性的汽车行业供应链的过程中需要注重协作，以实现各个环节的高效配合与优化。日产汽车与马士基将利用双方的专业技能和资源，共同提高供应链效率，优化成本，确保日产汽车出口产品及时、可靠地交付。"日产（中国）方面表示。

请问：你认为该物流项目需要从哪些方面进行验收评价？该项目收尾的总价报告应该怎么写？

单元一　物流项目验收评价

📋 情景导航

2024年，兰州某化工园区物流园货场项目顺利通过竣工验收。本次验收内容包括甲类仓库A、B、C、D，丙类仓库E，戊类仓库F，硝酸罐区，盐化工卸车站台及其配套设施。该化工园区物流园货场项目的实施对统一规划大宗原料及产品的储运需求、促进园区运输物流业发展以及优化园区投资环境、提高区域经济发展水平等具有重要意义。该项目通过竣工验收，将对化工园区的快速发展、企业的入驻、仓储物流项目物料的集中转运运输提供坚强的后盾。请问，该物流项目的验收评价具体需要完成哪些工作？

物流项目的验收评价是指在物流项目竣工之后，对其施工质量、设施设备的安装、工艺流程的布置等进行验收的工作，属于交通验收的范畴。同时需要出具验收的评价，为有关部门审核提供依据。在物流项目收尾的验收评价阶段，其实包含了竣工验收和交付验收两个部分。也就是说，验收评价既是对已完成项目的施工建设的验收，也是在将该项目向委托方或者客户交付前的交工验收。

对于物流项目最终成果或者阶段性成果进行验收，其意义在于可以转移物流项目建设的成果，实现预期的效益。可以积累物流项目的有关资料，总结前期的经验教训，从而便于项目的承建方和项目的接收方终止各自的权利义务，并且获得各自的权益。

物流项目后期评价首先是一个学习的过程。在物流项目完成投资和建设之后，通过对该项目的目的、执行过程、效益、作用和影响所做的系统性分析，可以总结正反两方面的经验和教训，方便项目的决策者、管理者、建设者学习到更加合理的方法和策略，从而提高建设和管理的水平。同时物流项目评价还有利于培养管理者和建设者的责任心，因为在形成评价的过程中，管理者和建设者工作中的得和失就展现出来，从而激励鞭策管理者和建设者以更好的姿态完成每一项工作。再者，评价也有利于投资者和决策者及时了解该物流项目的预期效果。

一、物流项目验收的定义和意义

物流项目验收，是指对已完成的物流项目进行审查，核查项目计划或合同规定范围内的各项活动是否已经完成，应交付的成果是否令人满意。物流项目验收情况记录在案，并经过验收各方的签字确认，形成文件。

对于物流项目最终成果或者阶段性成果进行验收，意义在于可以转移项目建设的成果，尽早实现物流项目的效益；可以总结前期经验教训；可以积累相关资料，并形成档案备查；可以为发包方和承包方就履约情况进行衡量，从而获得各自的权益。

二、物流项目验收的分类

根据验收的目的、物流项目的类型、验收的时段、验收的范围，物流项目评价可以有以下几种分类方式：

（一）按物流项目的时段分类

（1）合同期验收。这种验收可以理解为开工前验收，物流项目的甲方将要求告诉承揽方，承揽方根据从甲方业主处得到的信息和要求提供物流项目进度、质量、技术规范、设计方案、施工步骤、预算等方面的报告，以供物流项目的业主审查。

（2）中间验收。在物流项目的建设过程中，由物流项目业主、项目承建方、监理单位根据物流项目计划和实际进度进行跟踪检查，从速度、质量、经济效益等多个纬度进行考察，从而确保物流项目整体实施的进度、质量在预期范围之内。

（3）竣工验收。竣工验收是指在物流项目基本完成或者完成之后，正式交付之前，相关方对物流项目的施工结果、质量状况、整体效果进行审查和验收，也就是物流项目收尾的验收。

本书所说的验收多指竣工验收。

（二）按项目验收的范围分类

按验收范围可以将物流项目的验收分为部分验收和总体验收。

（1）部分验收。部分验收是指物流项目在取得阶段性成果后，由项目接收方或其代理人对这一阶段成果进行检验，部分验收可以作为总体验收的基础。一般由物流项目承建方向委托方或者验收方发出验收申请，将所有相关资料和文档、技术资料、施工台账交给验收单位核查。

（2）总体验收。总体验收是指项目全部完成以后，对取得的成果进行全面、综合的考核，以便为项目的终结做出合理的结论。所有项目都要经过总体验收的环节。

（三）按项目的特点和内容分类

按照物流项目的特点可以将物流项目的验收分为生产性项目验收、第三方公共物流项目验收、其他物流项目验收。

按照项目的内容可将物流项目的验收分为质量验收和资料验收。

即问即答 5-1

物流项目验收的含义是什么，物流项目验收有哪些分类？

三、物流项目验收的内容和程序

物流项目质量验收是依据物流项目合同中的质量条款和指标要求，遵循相关的质量验收评定标准，对项目完成的质量情况进行测试、评定、认可和办理验收交接手续的过程。质量验收是项目接收方控制项目成果最终质量的手段，也是项目实体验收的最重要内容。在较复杂的物流项目中，质量验收贯穿始终。项目质量验收的直接结果就是生成质量验收评定报告和项目技术说明书。

物流项目验收的内容主要包括项目总体情况、各项功能性指标完成情况、项目投资完成情况、资金落实到位情况及资金的使用是否合理规范,以及社会效益的实现情况。

物流项目在执行过程中会形成各种类型的文件资料,这些资料是项目留下的财富,对以后的类似项目有重要的借鉴价值,其中的经验和教训可为后续物流项目的执行提供参考,可作为改进日后工作的依据。

物流项目的验收包括准备验收、预验收、正式验收、残留问题处理、最终核验等环节和程序。

即问即答 5-2

物流项目验收有哪些步骤,不同分类的物流项目验收有哪些共性和差异?

资料链接 5-1

威海国际物流多式联运中心项目

一、项目背景

作为山东省新旧动能转换重大工程实施规划的重点项目、威海市重点打造的十大高端产业园之一,威海国际物流多式联运中心项目自开工建设以来就备受关注,目前各项建设工作正在加紧推进。

威海国际物流多式联运中心项目由中外运集团投资建设,计划分三期实施。目前,正在进行一期的基础设施及配套管网项目建设。项目现场,挖掘机轰隆作响,运土车来回穿梭,整个工地一片紧张有序的忙碌景象。

蓝海投资开发有限公司副总经理介绍,目前现场有挖掘机15台,自卸车量70多台,每天完成土石方量1.5万m^3,计划11月中旬完成土石方量达到120万m^3,为后期物流园、产业园的相关建设提供保障。

二、施工进展

威海国际物流多式联运中心项目一期工程,新建1 050m铁路支线一条,作为集装箱装卸线;维修使用原有4 000m^2普通仓库一栋,作为货物集散分拨仓库;硬化集装箱堆场区、集装箱装卸区50 000m^2。项目建成以后,将为中欧班列、中亚班列、中蒙班列的顺利运行提供基础设施支撑,助力全市外向型经济发展。

山东中外运亚欧物联网运营有限公司总经理表示,自项目立项以来,区委、区政府对该项目高度重视,专门成立了以区长为组长的项目建设领导小组,文登的交通局、商务局、发改局、自然资源局、行政审批局和米山镇政府对项目也非常关注,多次主动上门对接项目进展情况,对项目的顺利开展提供了很大的帮助。现在一期的投资资金已经全部到位,等待土地平整完成之后,他们将进行项目建设。

三、项目预期

项目建成后,将充分发挥铁路、公路、海运、空运等各种运输方式的优势和效率,为文登打造现代物流百亿产业集群提供有力支撑,注入新的活力,对于加快构建威海联通日韩和欧亚大陆的国际物流大通道,成为"一带一路"发展战略的关键节点城市、东北亚的国际航运中心、物流中心、贸易中心具有重要意义。

四、物流项目验收评价

物流项目验收评价，是指对已经完成的物流项目的目的、执行过程、效益、作用和影响所做的系统客观的分析，通过项目活动实践的检查总结，确定项目预期的目标是否达成，物流项目或规划是否合理有效，项目的主要效益指标能否实现。通过验收评价找出物流项目的得失成败，总结经验教训，为未来提高决策水平、管理水平、物流项目施工水平提出合理化建议，同时也为后续相应的物流项目运营提供有益的参考，从而实现投资价值的最大化。

物流项目验收评价按照时间节点可以分为物流项目跟踪评价、物流项目实施效果评价和物流项目影响评价。

（1）物流项目验收评价的目的主要有以下三个：

1）反馈信息，调整相关政策、计划、进度，改进或完善在建项目和后续项目。

2）增强项目实施的社会透明度和管理部门的责任心，提高投资管理水平。

3）通过经验教训的反馈，调整和完善投资政策和发展规划，提高决策水平，改进未来的投资计划和管理，增加投资效益。

（2）物流项目验收评价的原则包括以下五点：

1）科学性。物流项目成功的经验和失败的教训都要总结，验收评价方需要具有独立性，同时需要有丰富的相关经验和敏锐的洞察力，这些是验收评价具有科学性的重要条件。验收评价的科学性还体现在信息资料的翔实和准确。报告需要注明验收评价方的单位和姓名。

2）独立性。验收评价必须保证公正性与独立性。公正性要求验收评价方利用专业知识不偏不倚地进行评判，分析过程和结果都要客观。独立性一条重要的原则是不能自己评价自己，也不能利益相关方进行评判。独立公正应贯穿整个验收评价过程的始终。

3）实用性。验收评价报告应该清晰明了，重要内容一定要交代清楚，建议要明确且可行。

4）透明性。验收评价需要将发现的问题一览无余地展现出来，这样才能为更多的人提供有用的价值。

5）反馈性。验收评价完成后，需要呈现在投资方、委托方面前，为投资者、决策者提供依据，也为管理者提供重要的参考信息。

> **即问即答 5-3**
>
> 物流项目验收的目的有哪些，物流验收评价需要注意哪些关键原则？

五、验收评价实施程序

（一）验收评价的计划

验收评价计划一般由物流项目的投资方或决策层下达任务。对于物流项目的管理部门来说，项目验收评价的计划越早制订越好，一般建议在物流项目的准备阶段就着手制订。验收评价计划尽早确立，可以方便项目实施过程中的资料收集。

有了验收评价计划之后就需要把任务下达到具体执行部门，建议物流项目的委托方或者业主单位负责组织编写"物流项目自我评价报告"，或者向具体执行部门下达指令。同时尽早选定验收评价的单位和组织。下达验收评价的任务后，就要与接受和执行验收评价的单位签订合同。同时要针对验收评价计划聘请专家，开展调研，形成分析报告。

（二）验收评价的调查和分析

物流项目验收评价的目的是收集第一手资料，调查是验收评价的基础，是分析问题、总结经验的主要依据，对提高物流项目验收评价报告的质量、准确客观评价物流项目起到至关重要的作用。

物流项目建设实施的情况调查包括：项目法人组建情况、工程承包和技术设备状况、投资资金到位情况、项目竣工验收情况等。项目法人组建情况需要调查项目合伙人之间签订合同或者意向书的情况，需要调查公司章程、营业执照、施工图样、施工合同、技术谈判、商务谈判等情况；工程承包和技术设备状况需要调查工程承包中的询价、报价、信用担保等情况；投资资金的情况需要调查有关单位自有资金、银行贷款、资金调拨计划和实际情况等。

验收评价的调查和分析还包括设计调查方案、实施物流项目调查、研究和总结等步骤。物流项目验收评价的调查分析思路是，通过阅读文件、现场调查，对照物流项目原定的目标和指标，找出项目实施过程中的变化、问题及其影响，通过对变化和问题的分析，找出内部和外部的原因，通过原因的分析，提出对策建议，通过全面总结，提出可供借鉴的经验教训。

（三）验收评价成果的反馈与扩散

验收评价成果的反馈是物流项目验收评价的主要特点，评价成果反馈的好坏是验收评价能否达到最终目的的关键之一。然而由于种种原因，物流项目评价成果的反馈并不是都很理想，对投资决策的影响作用有限。

评价反馈是验收评价体系中一个非常重要的环节，它是一个动态过程，同时该机制还应保证这些成果能够在本项目，以及其他项目中发挥作用。反馈过程有两个要素：一是评价信息的扩散，二是评价成果和经验教训的应用。

评价成果有组织地扩散，是改进投资活动计划和执行的重要手段。通过扩散将评价的信息、包括问题、结论、建议和经验教训及时扩散，直接为评价委托者服务。此外，还可以通过发布会、专业会议以及内参材料等形式进行报道和扩散到社会各个方面。

> **即问即答 5-4**
>
> 物流项目的验收评价阶段具体有哪些步骤？验收评价本身的好与坏如何判断？验收评价应该发挥哪些应有的作用？

六、验收评价与物流项目决策管理的联系

物流项目验收评价的成果通过反馈影响新项目的决策和管理过程。首先,要建立和健全投资管理的规定,从法律、制度、程序上形成体系,建立必要的执行和管理机构;其次,要建立物流项目管理的信息数据库,从物流项目筛选、立项、实施、完工到运营全流程进行监控;最后,要保存和发展验收评价的专业队伍,在实践中运用和发展与国际接轨的评价理论和方法,不断提高验收评价的质量。

在实际运作中,加强验收评价与完工项目、新项目决策的联系是一个重要环节。物流项目决策立项阶段,应该借鉴先进经验,在项目可研(评估)报告中增加一项必备的内容,即"过往经验教训",说明投资与拟建物流项目同类工程的主要经验教训和预案。在物流项目准备阶段要建立项目管理信息系统,明确物流项目的检测评价指标、监测程序、监测的执行和管理,没有建立信息系统的项目严格控制开工。在项目实施阶段,应该实施项目绩效管理,进行中间评价;严格把控竣工验收的关键节点,竣工报告必须达到项目的要求。

资料链接 5-2

上海 SS 物流"临床供应链服务标准化试点"项目

一、验收背景

近日,上海 SS 物流有限公司(简称 SS 物流)"临床供应链服务标准化试点"项目以 94 分通过上海市标准化试点项目评估验收,该项目也是闵行区五个通过验收的项目之一。

"临床试验药物的供应链连接着项目申办方(制药公司等)、试验中心(医院)和受试者(患者),流程复杂,需要多方和多岗位参与,存在诸多不确定性。在过去的案例中,临床药品的贴签、二次包装、供应、储存温度等都会影响临床试验的成败。"华漕镇经发办相关负责人介绍,指导 SS 物流完成"临床供应链服务标准化试点"项目验收,也是今年经发办的重要工作,构建临床供应链服务标准化体系,可以避免药品在运输、储存、配送等环节中受污染和变质,从而保证受试者或患者的健康和安全。

SS 物流成立于 2009 年,主要的业务方向是为生命科学、生物技术、新药研发、商业成品药等领域的客户提供全链条一体化综合冷链服务。SS 物流总裁介绍,SS 物流深耕临床供应链多年,做了充分准备。早在 2015 年,行业普遍还在采用泡沫箱+冰袋进行临床药物配送时,SS 物流就已经通过自主研发,实现了 VIP+PCM(即真空隔热板+相变材料)冷链包装解决方案的量产。"生物样品、临床试验药品对一项临床试验来说极为珍贵,甚至是不可重复获得的,因而对全程冷链服务要求很高,运输中对于温度的控制需要十分精准,我们的包装技术可以实现超 168 小时控温,已经领先了行业一代甚至两代的水平。"负责人说。

做好标准化工作,不仅契合公司以客户为中心的服务理念,也强化了一线队伍的交付

项目选择的评价模型

能力，为临床药品的供应管理提供了体系支持，也进一步为科研实验、患者用药提供了保障。SS物流在参与国家标准制定的项目的同时，也借助信息化手段，不仅实现了流程的标准化，也将流程标准化与公司的业务作业文件紧密融合，开拓了智能、灵活和高效的临床供应链管理模式，进一步提升了标准化在公司质量管理中的运用水平。

二、验收评价项目

在参观过程中，记者看到临床药品仓储、运输、回收、销毁等十多项流程信息都能在SS物流自研的计算机系统上实时展示，临床试验药品的基本信息、实时温度、物流信息也一应俱全。SS物流标准化工作办公室副主任李秋向记者介绍，"在参与项目前，许多工作需要借助人工完成，尤其是检药工作，需要大量的检验、培训和管理工作。采用电子文件管理系统后，改变了以前的纸质分发，采用电子考核，效率提高了不少。"

谈及SS物流为何积极参与国家标准制定项目，该企业负责人表示："参与行业标准制定项目，有利于更好地形成科学、高效、安全的生产标准，同时也有助于提高行业标准，最终为客户带去更好的服务体验。"

三、项目验收评价反馈

不断提高质量和效率，大力投入研发成本，提高标准化水平为SS物流带来了机遇。2018年，在行业内大多企业仍采用分包代理模式时，SS物流率先在全国34个城市，全面推行"自营化"的运营模式，从员工到司机，统一招聘、培训和管理，精细化运营流程。"从分包转向'自营'，也就意味着我们向重资产模式转型，不仅要建仓库买车，还要培训一线员工，增加了管理成本，但长远看来，这形成了差异化竞争力，有力保障了一线服务质量。"该企业负责人表示，重视标准化工作，不仅强化了公司的核心竞争力，在客户之间打造出了口碑，同时也形成了良性循环，进一步扩大了市场，树立起了企业形象。

质量的提升和客户的口碑让SS物流在市场上取得了领先地位。该负责人介绍，近年来公司的销售收入快速增长，市场份额也逐年攀升，已经发展为国内生物医药冷链服务行业的龙头企业。华漕便利的交通，持续向好的营商环境，以及长三角一体化发展、虹桥国际开放枢纽建设和进博会三大国家战略叠加，为企业带来了更多机遇，更坚定了公司在前湾地区取得更高成就的信心。

"标准化是开展经济、贸易、文化、技术等交流的重要规则和手段，对经济社会发展具有长远的意义。近年来，镇经发办坚持高标准引领，对拟申报项目逐项梳理，扎实做好标准化试点示范项目申报工作。"华漕镇经发办相关负责人表示，未来将继续积极引导龙头企业、优秀企业参与国家、行业、地方、团体标准的研究和制定，并通过示范引领、辐射带动，指导已验收项目单位立足更高起点，形成一批可复制可推广的经验，带动更多企业提升质量能力，提高管理水平。

面对高质量发展的新形势、新任务、新要求，华漕镇将全面总结质量提升工作阶段性成果，以市级标准化试点工作为抓手，推动标准化工作在华漕全面展开，加快建设质量强镇，助力地区经济社会高质量发展。

单元二　撰写物流项目总结报告

📊 情景导航

作为天津市滨海新区八大产业功能区之一的先进制造产业区的重要功能组团，滨海新区散货物流区同时担负着制造业和物流业的产业功能，力求构筑一个能快速向国内外用户提供商品配送和高质量服务的物流体系，实现更大范围参与市场竞争，建成辐射"三北"地区，拥有多种运输条件，具有加工制造、物流配送和生产服务等功能的大型集散物流中心和大宗商品物流信息平台。所以该物流项目的总结报告需要涵盖的面很广，除了物流项目本身，还需要包括道路，给排水，污水，电力，通信，燃气，热力及场地平整，以及基础设施。

一、报告的语言风格与表达

在撰写物流项目总结报告时，语言风格应简洁明了、客观准确，避免使用模糊或主观性强的表述。报告应着重于事实和数据，确保信息的真实性和可靠性。同时，要注意使用专业术语和行业规范，体现物流项目的专业性和规范性。

在表达上，应逻辑清晰、条理分明，按照项目总结报告的结构和要点进行组织。每个部分的内容都应紧扣主题，突出重点，避免冗余和重复。同时，要注重语言的准确性和精炼性，避免使用冗长的句子和复杂的词汇，使报告易于理解和接受。

二、数据的整理与分析

数据是物流项目总结报告的重要组成部分，对于项目的成果和效益评估具有重要意义。因此，在撰写报告前，需要对项目过程中收集到的数据进行整理和分析。

数据的整理应按照一定的分类和顺序进行，例如按照时间顺序整理，按照部门分工、业务类型等进行分类。同时，要确保数据的准确性和完整性，避免出现错误或遗漏。

数据的分析应运用合适的统计方法和工具，对项目的各项指标进行量化分析和比较。例如，可以通过图表、表格等形式展示项目的进度、成本、质量等方面的数据，并结合实际情况进行解释和说明。

在分析数据时，要注重数据的代表性和可比性，避免片面或主观的解读。同时，要关注数据的异常值和变化趋势，以便及时发现问题和提出改进措施。

资料链接5-3

××动物防疫冷链体系建设项目技术总结报告

××动物防疫冷链体系建设项目由农业农村部立项，省农业厅统一安排实施。为保证项目顺利实施，县上成立了行政领导和技术领导小组，协调和指导项目实施。两年来，在各级行政、业务部门的大力支持下，经过艰苦细致的工作，已经基本完成了项目计划的各项建设任务。现将项目建设技术工作总结如下：

一、项目建设基本情况

1. 项目基础设施建设按规定全部完成了任务

一是改扩建了原有的县畜牧中心化验室。这次改建以无菌间、准备间、化验间为重点，参照省、市相关化验室的标准和模式，使原有化验室的布局结构更加合理，水、电等配套设施设备齐全，消毒、污物处理达到了部颁标准。改建、扩建后的实验室102m^2，是原计划100m^{2}的102%。同时根据工作需要，分设了更衣消毒室、业务管理室、病料收发室、解剖室、血清检验室、细菌学检验室、毒物学检验室、仪器室等相对独立的功能区和工作间。实验室配备了工作所需的实验台、试剂柜、试剂架和工作服，无菌工作室配有超净工作台。整个实验室布局合理，功能完备，达到了县级中心实验室环境建设的目标和要求。二是新建小型冷库一座30m^2，完成项目原计划的100%，解决原来仅靠常温条件和仅有的几台冰箱保存的困难和问题。三是新建30m^{2}焚烧炉一间，安装医用焚烧炉一台，对污染病料、污物、污水、病死畜禽等全部实行无害化处理，防止了病原的污染。四是新建微机室一间40m^2，购买微机2套，配备打印机2台，复印机传真机各1台，微机桌椅各2套，使疫情测报工作实现了微机化管理。五是乡镇畜牧站的冷链建设工作全面完成。目前全县所有乡镇畜牧站和良种猪场各已建成15m^{2}左右的生物药品贮存室一处，各配备了冰箱1台，冷藏包4个，普通显微镜1台，完成项目原计划的100%，达到了"有人员、有设备、有生物药品存放、有其他设备配套"的"四有"标准，并且已能常年开展工作。

2. 加强了动物防疫人员队伍建设

按照项目实施方案，项目建设单位认真组织专业技术人员进行业务技能培训。一是对动物疫情测报人员进行了微机培训，使全县的动物防疫实现了微机化管理。二是组织选派了多名业务骨干到省里业务部门进行了一次业务技能和行政培训，提高了本县疫病诊断和检测能力。三是把全县的防疫人员组织起来集中进行了一次业务技能和行政执法培训，提高了全县畜牧兽医整体业务技能和执法水平。四是结合乡镇动物防疫的实际情况，对乡镇畜牧站的工作人员进行了调整，充实了防疫人员队伍。五是确定了各乡镇畜牧站化验室的工作人员，并对化验室人员进行了操作技能培训，使乡镇畜牧站能正常开展流行病调查、实验室剖检等业务。

3. 建立健全了动物防疫监督机制

县上十分重视动物防疫监督工作，成立了由主管县长任组长的动物防疫领导小组，各乡镇也都成立了由乡镇长任组长的动物防疫领导小组，组建了办公室，指定了专门的业务人员，进行疫情的检测和上报工作，切实加强了对全县动物防疫工作的监督管理。全县动物疫情检测上报严格实行零报告和日报告制度。

二、项目运行情况

1. 实验室技术人员到位

中心实验室配备了兽医检验人员3名，其中高级兽医1名、兽医1名、专职检验员1名，具有本科学历2名。对所有检验人员进行了相应的技术培训，使他们能熟练操作各种仪器设备，并具有一定的实验室操作技能。同时对全县防疫员、检验员、生物制品管理员进行了专题技术培训，这些人员在实际工作中发挥了积极作用。

2. 实验室业务正常开展

从2004年起，项目建成并开始投入使用。通过对原有实验室的改扩建及设备仪器的配备，中心化验室已能正常开展细菌分离鉴定、病理组织学检查、尸体剖检、病料涂片检查、血清学检查等业务。至今实验室共接收养殖户、县乡（镇）畜牧兽医站检验病料若干份。为及时扑灭控制动物疫情提供了可靠的依据，保护了全县畜牧业安全，创造了巨大的经济和社会效益。

3. 生物制剂冷链配送体系充分发挥作用

疫苗等生物制剂对保存条件有严格要求，以前因条件限制，不能按规定在低温条件下运输和存放，而导致疫苗失效造成很大的浪费。动物防疫冷链体系建成后，大大改善了我县疫苗储备条件，降低了疫苗的失效浪费，保证了突发疫情时疫苗的及时供应。

4. 购买设备使用正常

我们按照项目批复所列的仪器设备清单，采取省、市政府采购的办法，购置了一定的仪器设备。通过省控办购置了普通显微镜24台、冷藏包60个、疫苗效价检测吸管1套、电子精密天平1台、超净工作台1台、低温冰柜2个、生化培养箱2台、酶标仪1台、移液器1台、微机打印机1套、稳压器1台、30平方米冷库1座、疫苗真空监测器2台、高压灭菌设备1套、消毒喷雾器2台、录音笔1支，总共102台（件）仪器设备；通过市控办新购置的电脑桌椅、办公桌椅、会议桌椅、实验台、微机、诊断试剂、玻璃器械若干套（件）。目前所有仪器设备摆放合理，安装调试完毕，并投入正常使用。保证了实验室和疫病防治的工作要求，大大提高了我市动物疫情检测能力和工作效率。

5. 修改完善了各项规章制度

为了保证购买设备的正常使用，兽医诊断室制定和完善了"细菌学检验室工作制度""仪器室管理制度""实验室安全卫生制度"等十五项规章制度，实验室工作人员必须严格消毒，杜绝将试验器具带出实验室；仪器设备专人管理和维护，精密仪器建立使用、维护登记制度；实验室各种试剂、药品按类摆放整齐，剧毒、易燃、易爆等危险品实行专人专柜管理，保证了各类仪器设备、药品试剂的正常使用。

三、存在的问题

项目运行以来，也存在一些问题。主要表现在：

一是部分仪器设备无配套药械。新购的酶标仪等先进设备，没有配套的酶标诊断试剂，目前还不能发挥应有的作用。

二是设备利用率较低。由于新设备运行费用较高、试剂投入较大，一些设备使用方法尚需进一步摸索掌握，仪器设备的使用效率有待提高。

三是个别设备质量不达标，影响了正常使用，需厂家来现场进行维护。

四是随着动物疫病增多，违禁药查处力度加大和畜产品安全检测工作的需要，化验室现有仪器设备还不能完全适应，特别是毒物分析、药残检验等方面的仪器设备仍然不足，化验药品、诊断液、小型器材消耗大、费用高。

针对以上存在的问题，建议上级业务部门今后加大对化验室药械及监测资金的投入，配备一些必要的诊断试剂，并对化验人员进行系统的技术培训，以提高设备利用率和疫病诊断水平，使动物防疫冷链体系项目在我县畜牧业发展中发挥更大的作用。

> **即问即答 5-5**
>
> 物流项目的总结报告用什么样的语气口吻比较合适？哪些类型的数据会被反映在总结报告中？

三、图表与附件的运用

图表是物流项目总结报告中重要的辅助工具，能够直观地展示项目的成果和效益。在报告中，应合理使用图表来呈现数据和分析结果。

图表的类型应根据展示内容的需要进行选择，如柱状图、折线图、饼图等。同时，要确保图表的清晰度和可读性，避免过于复杂或模糊。

除了图表，还可以利用附件来补充报告的内容。附件可以包括项目过程中的重要文件、资料、照片等，以便为读者提供更全面和深入的了解。

在运用图表和附件时，要注意其与报告内容的关联性和一致性，确保它们能够增强报告的说服力和可信度。同时，要注意对图表和附件进行编号和标注，方便读者查阅和引用。

综上所述，撰写物流项目总结报告需要注重语言风格与表达、数据的整理与分析以及图表与附件的运用等方面的技巧和方法。通过不断学习和实践，可以提高报告的质量和水平，为物流项目的成功实施和总结提供有力支持。

四、物流项目建设施工状况总结

物流项目总结报告是对物流项目情况的总结概括和全面客观反映，这部分内容首先必须对物流项目建设的竣工验收情况进行总结，并以文字、图标等形式体现出来。物流项目建设施工状况的总结主要包括以下内容。

（一）导论

本部分将对物流项目的建设施工过程进行全面总结，对物流项目建设过程进行全面、深入的剖析，旨在梳理施工过程中的经验与教训，不仅有助于梳理项目经验、提升项目管理水平，更能为今后的物流项目建设提供宝贵的借鉴与参考。

本部分将重点围绕物流项目建设的总体情况、关键环节、成果展示以及经验教训等方面展开总结。通过对项目建设过程中的规划、设计、施工、调试等各个环节的梳理，全面展示项目建设的全过程，分析项目成功的原因和存在的不足，提炼出具有普遍意义的经验教训。

此外，导论中还可以结合物流行业的发展趋势和市场需求，对物流项目建设的未来发展方向进行展望。通过深入分析行业趋势、市场需求以及技术创新等因素，提出有针对性的建议和措施，为物流项目的可持续发展提供有力支撑。

通过本部分介绍，读者将能够全面了解物流项目建设的全过程和关键要素，掌握项目管理的核心方法和技巧，提升解决实际问题的能力。同时，通过借鉴和总结项目经验，读者将能够在今后的物流项目建设中更好地规避风险、提升效率、实现可持续发展。

（二）施工过程概述

物流项目施工是一个系统而复杂的过程，涉及多个环节和专业领域的协同作业。总结报告要对施工过程中，是否遵循科学的施工流程和管理规范，是否确保项目的顺利进行和高质量完成进行描述，要充分反映现场的组织与管理、施工质量与进度、施工质量的高低等情况。

（三）施工管理与协调

在施工管理方面，总结报告需要反映项目是否建立了完善的施工管理体系，从而明确各项工作的责任与分工；需要反映是否通过定期召开施工协调会议，解决了施工过程中的各种问题与困难，确保施工的顺利进行；还需要反映是否与项目各方做好沟通与协调工作，形成良好的合作关系，能否为项目的顺利推进提供有力保障。

（四）施工质量管理与控制

物流项目总结报告中的施工质量管理与控制部分，应全面反映项目施工过程中质量管理的实施情况、控制效果及存在的问题。具体来说，需要涵盖以下几个方面：

首先，需要详细描述施工质量管理体系的构建情况，包括质量标准的制定、质量检测手段的选择以及质量管理体系的运行情况等。

其次，应总结施工过程中质量控制的具体措施和成效，如关键施工环节的质量控制措施、质量检测数据的记录与分析等。

此外，对于施工过程中出现的质量问题，应详细记录问题的产生原因、处理过程及结果，并对问题的根源进行深入分析，提出改进措施。

最后，本部分还应包括对施工质量管理与控制工作的整体评价，分析存在的不足，并提出今后项目施工质量管理与控制的改进建议。

（五）施工成本管理与优化

在物流项目总结报告中，施工成本管理与优化是一个至关重要的部分，应包含以下具体内容：

首先，应对施工成本预算的制定与执行情况进行详细阐述。这包括项目初期成本预算的编制依据、预算分配的合理性，在施工过程中预算的实际执行情况，以及成本支出的实时监控和预算调整的合理性。

其次，应分析施工过程中的成本控制措施及其效果。这包括材料采购的成本控制、施工机械使用费用的优化、人工成本的管理等。通过比较实际成本与目标成本，分析成本偏差的原因，并提出针对性的改进措施。

此外，施工成本的优化策略也是总结报告的重要组成部分。报告应总结项目在施工过程中采取的成本优化措施，如优化施工方案、提高施工效率、减少材料浪费等，并分析这些措施对降低施工成本的具体效果。

最后，本部分还应对施工成本管理与优化的整体效果进行评估，总结项目在成本管理方面的成功经验和不足之处，并提出今后在类似项目中改进施工成本管理与优化的建议。

通过以上内容，我们可以全面、深入地了解物流项目在施工过程中成本管理与优化的具体情况，为今后的项目管理提供有益的参考和借鉴。

（六）施工安全与风险管理

首先，应对施工过程中的安全管理体系进行全面梳理。这包括安全规章制度的制定、安全教育培训的开展以及安全监督机制的建立等方面。通过详细描述这些措施的实施情况，可以展现出项目对安全管理的重视和实际效果。

其次，报告需要深入分析施工过程中遇到的各种安全风险，如高处坠落、物体打击、机械伤害等。针对这些风险，应详细阐述所采取的风险识别、评估和控制措施，包括风险源的识别、风险评估方法的选择以及风险控制措施的实施等。

此外，报告还应关注施工过程中的安全事故及其处理情况。对于发生的安全事故，应详细记录事故发生的经过、原因以及处理过程和结果。同时，应对事故进行深入分析，找出事故发生的根本原因，并提出针对性的改进措施，以防止类似事故的再次发生。

最后，报告应对施工安全与风险管理的整体效果进行评估。通过对比施工过程中的安全指标和预期目标，分析安全管理工作的成效和不足。同时，应总结项目在安全管理方面的成功经验和教训，为今后的物流项目提供有益的参考和借鉴。

综上，物流项目总结报告中的施工安全与风险管理部分应全面反映项目在安全管理方面的实际情况和成效，为提升物流项目的安全管理水平提供有力支持。

（七）施工经验教训总结

通过深入剖析项目施工过程中的成功经验和失败教训，可以为今后的物流项目提供宝贵的借鉴和指导。具体而言，施工经验与教训总结应包含以下具体内容：

首先，要总结项目施工过程中的成功经验。这包括有效的施工组织与管理方法、高效的施工技术和工艺、合理的资源配置和成本控制措施等。通过详细描述这些成功经验的实施过程和效果，可以为类似项目的施工提供有益的参考。

其次，要深入剖析项目施工过程中遇到的困难和挑战。这些困难和挑战可能来自技术难题、环境限制、人员配合等方面。通过详细描述这些问题的产生原因和处理过程，可以为其他项目在遇到类似问题时提供解决思路和方法。

此外，还要重点分析项目施工过程中的失败教训。这些教训可能来自决策失误、管理不善、技术缺陷等方面。通过深入剖析这些教训的根源和影响，可以避免在今后的项目中重蹈覆辙，提高项目的成功率。

最后，基于以上经验和教训的总结，要提出具有针对性的改进建议。这些建议可能涉及施工技术的创新、管理流程的优化、人员培训的提升等方面。通过不断改进和提升，可以为物流项目的施工提供更加完善和有效的解决方案。

施工经验与教训总结是物流项目总结报告中不可或缺的一部分。通过深入剖析项目施工过程中的成功经验和失败教训，可以为今后的物流项目提供有益的借鉴和指导，推动物流行业的持续发展和进步。

（八）结语

物流项目建设施工总结是对施工过程的全面梳理与反思。通过总结经验与教训，不断提高施工管理水平和技术能力，为未来的物流项目建设施工提供更加优质的服务与支持。同时总结能够为相关领域的人员提供一定的参考与借鉴价值，共同推动物流行业的发展与进步。

> **即问即答 5-6**
> 物流项目总结报告的施工建设部分一般包括哪些内容？

五、物流项目效益预测和风险分析

物流项目包括多种效益以及不同的风险，这些也都需要在物流项目总结报告中体现出来。

（一）物流项目效益预测

物流项目的效益预测是项目决策的重要依据，它涉及项目的经济效益、社会效益和环境效益等多个方面。以下是效益预测的具体内容：

1. 经济效益预测

此部分我们先了解一下投资回报有关的概念。投资回报率分析：通过对项目的总投资与预期收益进行比较，计算出项目的投资回报率，从而判断项目的盈利能力。经济效益预测不仅是对物流项目营运效果的综合评估，更是为项目决策者提供决策依据的关键环节。

（1）经济效益预测涵盖了物流项目在营运期间的收入预测。这包括对物流服务市场需求的分析，以及基于历史数据和市场趋势的营收预估。通过合理的收入预测，可以初步判断项目的盈利能力和市场前景。

（2）经济效益预测还涉及对项目成本的全面估算。这包括固定成本如设备购置、场地租赁等，以及变动成本如人工成本、运输费用等。通过详细分析各项成本构成，可以为项目的成本控制和预算规划提供有力支持。

（3）经济效益预测还需考虑项目的投资回报率。通过对比项目的预期收入与总投资额，可以计算出项目的投资回报率，从而更直观地评估项目的经济效益。

（4）经济效益预测还需结合风险分析进行综合考虑。通过对市场风险、技术风险等因素的评估，可以更全面地了解项目可能面临的经济风险，并制定相应的风险应对策略。

2. 成本效益分析

成本效益分析需要详细分析项目的成本构成，预测未来的成本变化趋势，并结合预期的收益进行成本效益评估。通过深入分析和预测项目在运营过程中的成本支出和预期收益，总结报告能够全面展示项目的成本效益状况，为项目决策者提供重要的决策依据。

总结报告通过详细的成本分析，展示物流项目在营运期间的各类成本支出。包括固定成本如设备购置、场地租赁等长期投入，以及变动成本如人工成本、运输费用等日常开支。报告通过对比不同成本项目的规模和占比，揭示项目成本结构的特点和变化趋势，帮助决策者了解成本控制的关键环节。

总结报告对项目的预期收益进行合理预测。基于市场需求预测、服务定价策略等因素，报告对项目的营收规模进行估算，并综合考虑项目周期、资金回收期等因素，计算出项目的投资回报率。这样的预测有助于决策者评估项目的盈利能力和经济效益，为项目的投资决策提供参考。

总结报告通过对比成本支出和预期收益，进行成本效益的综合分析。报告不仅计算项目的总成本效益比，还针对不同成本项目和收益项目进行详细的对比分析，找出成本效益的关键点和优化空间。这样的分析有助于决策者识别项目的成本效益瓶颈，提出有针对性的改进措施，提升项目的经济效益。

3. 市场需求预测

基于市场调研和历史数据，预测项目所服务的物流市场的需求变化，为项目的规模和布局提供依据。

首先，总结报告应通过详尽的数据和图表，直观展示市场需求预测的结果。这些数据和图表不仅反映了当前市场的需求状况，还揭示了未来市场需求的趋势和变化。通过这样的展示，项目决策者能够清晰地了解市场需求的变化规律，为项目的运营决策提供有力依据。

其次，总结报告应深入分析市场需求预测对物流项目营运的具体影响。这包括市场需求预测如何指导项目的市场定位、服务策略以及资源配置等方面。通过具体案例的分析和经验的总结，报告能够展示市场需求预测在项目运营中的实际应用效果，为类似项目的运营提供有益的参考。

最后，总结报告还应关注市场需求预测中存在的风险和挑战。通过对市场风险、竞争态势等因素的分析，报告能够提醒项目决策者注意潜在的风险点，并制定相应的应对策略。这样的分析不仅有助于项目的稳健运营，还能够提升项目应对市场变化的能力。

4. 社会效益预测

物流项目不仅关乎经济效益，更对社会环境、资源利用等方面产生深远影响。因此，在总结报告中充分展示社会效益预测，对于全面评价项目的可行性和可持续性具有重要意义。

首先，总结报告应关注物流项目对社会环境的影响。通过分析项目对交通拥堵、环境污染等问题的改善情况，报告能够展示项目在优化社会环境方面的积极作用。同时，报告还应考虑项目对当地就业、社会服务等方面的贡献，体现项目对社区发展的促进作用。

其次，总结报告应评估物流项目在资源利用方面的效益。通过对比传统物流模式与项目所采用的高效、环保物流方式，报告能够展示项目在节约资源、降低能耗等方面的成效。这种资源效益的预测不仅有助于提高项目的经济效益，更体现了项目在推动可持续发展方面的积极贡献。

此外，总结报告还应关注物流项目对社会发展的长期影响。通过对项目未来发展趋势的预测和分析，报告能够揭示项目在推动产业升级、提升区域竞争力等方面的潜在价值。这种长期社会效益的预测有助于决策者从更宏观的角度审视项目的综合价值，为项目的战略规划提供有力支持。

5. 区域经济发展分析

分析项目对周边地区经济发展的影响，如促进产业升级、优化产业结构等。

物流项目作为区域经济发展的重要驱动力之一，其建设和运营对于促进区域经济的增长、优化产业结构、提升就业水平等方面具有显著影响。因此，在总结报告中深入分析物流项目对区域经济发展的贡献和影响，对于全面评估项目的综合效益和推动区域经济的协调发展具有重要意义。

第一，总结报告应全面分析物流项目对区域经济增长的促进作用。通过对比项目投入与产出的经济数据，报告可以展示物流项目在推动区域 GDP 增长、提高经济效益方面的积极作用。同时，报告还应分析项目对区域税收的贡献，体现物流项目在增加财政收入、提升政府服务能力方面的价值。

第二，总结报告应关注物流项目对区域产业结构的优化和升级。物流项目通常涉及多个产业领域，其建设和运营有助于推动相关产业链的发展和完善。报告可以通过分析项目对相关产业的带动作用，揭示物流项目在促进产业结构优化、提升产业竞争力方面的成效。

第三，总结报告还应分析物流项目对区域就业市场的影响。物流项目的建设和运营往往需要大量的人力资源，这有助于缓解区域就业压力，提高居民收入水平。报告可以通过统计项目提供的就业岗位数量、分析就业结构变化等方式，展示物流项目在促进区域就业市场稳定和发展方面的积极作用。

第四，总结报告还应考虑物流项目对区域经济的长远影响。通过对项目未来发展趋势的预测和分析，报告可以评估物流项目在推动区域经济可持续发展、提升区域竞争力等方面的潜在价值。这种长远影响的分析有助于决策者从更广阔的视角审视物流项目对区域经济的贡献，为制定更加科学合理的区域经济发展策略提供有力支持。

6. 环境效益预测

总结报告体现环境效益预测是评估物流项目对生态环境影响及可持续发展的重要环节。随着社会公众对环境保护意识的提升，物流项目在建设和运营过程中对环境的影响越来越受到关注。因此，在总结报告中全面展示环境效益预测，有助于全面评价项目的环保性能，为项目的决策和运营管理提供重要参考。

首先，总结报告应详细阐述物流项目在环境保护方面的措施和投入。这包括采用环保材料、节能设备以及绿色物流技术等手段，以减少项目在建设和运营过程中对环境的负面影响。通过列举具体的环保措施和投入数据，总结报告能够展示项目在环境保护方面的积极态度和实际行动。

其次，总结报告应预测和评估物流项目对环境质量的影响。这包括分析项目对空气质量、水质、土壤等环境要素的潜在影响，以及预测项目在减少污染物排放、提高资源利用效率等方面的成效。通过科学的预测和评估，总结报告能够揭示项目在环境效益方面的优势和潜力，为项目的环保决策提供科学依据。

此外，总结报告还应关注物流项目对生态系统的影响。物流项目往往涉及土地占用、植被破坏等生态问题，因此总结报告需要评估项目对生态系统完整性和生物多样性的影响，并提出相应的生态保护和修复措施。这样的分析有助于决策者更全面地了解项目对生态环境的影响，制定更加科学合理的环保策略。

最后，总结报告应综合考虑物流项目的经济效益和环境效益。通过对比项目的经济效益和环境效益，总结报告能够揭示项目在经济效益和环保性能之间的平衡关系，为决策者提供更加全面的决策支持。同时，总结报告还可以提出优化项目环保性能的建议和措施，为项目的可持续发展提供指导。

7. 资源利用效率分析

总结报告中需分析物流项目在资源利用方面的效率，如能源消耗、土地占用等，以评估项目的可持续发展能力。总结报告对资源利用效率的分析是评估物流项目运营效果的关键环节。资源利用效率的高低不仅直接关联到项目的经济效益，更体现了项目在可持续发展方面的贡献。因此，深入剖析和总结资源利用效率，对于全面评价物流项目的运营绩效和推动资源节约利用具有重要意义。

首先，总结报告应详细分析物流项目在资源投入方面的数据。这包括项目所需的人力资源、物质资源等各方面的投入情况。通过对比不同资源项的投入量和占比，报告能够清晰地展示项目在资源利用方面的总体状况，为后续的效率分析提供基础数据。

其次，总结报告应重点关注物流项目在资源利用方面的效率和效果。通过计算资源利用率、单位资源产出等指标，报告能够量化评估项目在资源利用方面的表现。同时，报告还应分析项目在资源循环利用、废弃物处理等方面的做法和成效，以全面反映项目在资源节约和环境保护方面的努力。

此外，总结报告还应将资源利用效率与项目的经济效益和社会效益相结合进行分析。一方面，报告可以探讨资源利用效率提升对项目经济效益的促进作用，揭示资源节约与成本降低之间的内在联系；另一方面，报告也可以分析资源利用效率提升对区域环境改善和社会可持续发展的贡献，体现项目在推动绿色发展方面的价值。

最后，总结报告还应提出改进资源利用效率的建议和措施。通过对项目在资源利用方面存在的问题和不足进行深入剖析，报告可以提出针对性的改进方案，为项目未来的运营提供有益的参考和指导。

总之，物流项目总结报告通过详细分析资源投入、评估资源利用效率和效果、结合经济效益和社会效益进行分析以及提出改进建议等方式，全面体现物流项目的资源利用效率分析。这样的总结报告不仅有助于全面评价项目的运营绩效和资源利用水平，更能为项目未来的可持续发展提供有力支持。

在进行效益预测时，通常需要运用专业的预测方法，如时间序列分析、回归分析等，并结合项目的实际情况进行综合分析。

（二）物流项目风险分析

物流项目风险分析是指对项目实施过程中可能出现的风险进行识别、评估和制定应对策略的过程。以下是风险分析的具体内容：

1．风险识别

总结报告对于风险识别的体现至关重要，它关乎项目的稳健运营与持续发展。风险识别作为项目管理的重要环节，贯穿项目始终，旨在及时发现并应对各种潜在风险，确保项目的顺利进行。

首先，总结报告应全面梳理项目在运营过程中遇到的风险因素。这些风险可能来自市场环境的变化、供应链的不稳定、技术更新迭代的不确定性等方面。报告应通过详细的数据和案例分析，对这些风险因素进行逐一剖析，揭示其潜在的影响和可能带来的损失。

其次，总结报告应深入分析风险产生的原因和机理。通过对风险因素的深入挖掘，报告能够揭示风险背后的深层次原因，如管理漏洞、决策失误、信息不对称等。这样的分析有助于项目团队更加深入地理解风险本质，从而制定更加有效的风险应对策略。

此外，总结报告还应关注风险之间的关联性和相互影响。在物流项目运营过程中，各种风险往往相互交织、相互影响，形成一个复杂的风险网络。报告应通过系统性的分析，揭示这些风险之间的内在联系和相互影响，为项目团队提供更加全面的风险预警和应对方案。

最后，总结报告应提出有针对性的风险应对措施和建议。针对识别出的各种风险，报告应提出相应的风险规避、风险转移和风险缓解策略，为项目团队提供具体的操作指导和建议。同时，报告还应强调风险管理的持续性和动态性，提醒项目团队在运营过程中不断关注风险变化，及时调整风险管理策略。

2．市场风险

总结报告对市场风险的体现至关重要，它直接关联到物流项目在复杂多变的市场环境中的竞争力和适应能力。市场风险主要源于市场需求、价格波动、竞争态势等不确定性因素，对物流项目的营运和收益产生深远影响。

首先，总结报告应详细分析物流项目面临的市场需求风险。通过对比实际市场需求与项目预期的差异，总结报告能够揭示项目在市场需求预测方面的准确性和有效性。同时，总结报告还应关注市场需求的波动性和变化趋势，分析其对项目运营策略和市场规模的影响，为项目团队提供有针对性的市场应对策略。

其次，总结报告应关注物流项目在价格风险方面的表现。价格风险主要源于原材料、运输成本等关键要素的价格波动。报告应通过数据分析和对比，揭示项目在成本控制和价格敏感性方面的能力，评估项目在价格风险中的承受能力和应对策略。

此外，总结报告还应分析物流项目面临的竞争风险。通过对竞争对手的策略、市场份额、技术实力等方面的分析，报告能够揭示项目在市场竞争中的优势和劣势，为项目团队制定竞争策略提供重要参考。同时，报告还应关注行业发展趋势和政策变化对项目竞争环境的影响，为项目团队提供前瞻性的市场洞察。

最后，总结报告应提出应对市场风险的策略和建议。针对市场需求、价格波动和竞争态势等风险因素，报告应提出相应的风险规避、风险转移和风险缓解措施，为项目团队提供具体的操作指导和建议。同时，报告还应强调市场风险管理的持续性和动态性，提醒项目团队在市场环境变化中不断调整和优化风险管理策略。

3. 技术风险

技术风险是指评估项目实施过程中可能遇到的技术难题和不确定性。总结报告部分对于技术风险的体现尤为关键，它直接反映了项目在技术应用和创新方面的能力和挑战。技术风险主要源于技术更新迭代、技术实施难度以及技术兼容性等不确定性因素，对物流项目的运营效率和成本控制产生深远影响。

首先，总结报告应全面梳理项目在技术应用过程中遇到的技术风险点。这些风险点可能包括新技术的成熟度不足、技术实施的难度较大、技术兼容性问题等。报告应详细列出这些风险点，并对每个风险点进行简要描述，以便项目团队清晰地了解技术风险的来源和性质。

其次，总结报告应深入分析技术风险产生的原因和影响。对于每个技术风险点，报告应探究其产生的根源，如技术本身的局限性、技术应用的外部环境变化等。同时，报告还应分析技术风险对项目营运的具体影响，如可能导致的营运效率低下、成本增加等问题。这样的分析有助于项目团队更加深入地理解技术风险，为制定有效的应对措施提供依据。

此外，总结报告还应关注技术风险的发展趋势和应对策略。随着技术的不断发展和更新，新的技术风险可能会不断出现。报告应关注行业技术动态，预测未来可能出现的技术风险，并提出相应的应对策略。同时，报告还应总结项目在应对技术风险方面的经验和教训，为未来的技术风险管理提供借鉴。

最后，总结报告应强调技术风险管理的重要性和持续性。技术风险是物流项目运营中不可避免的一部分，项目团队应时刻保持警惕，加强技术风险管理。报告应提醒项目团队重视技术风险的识别和应对，建立健全的技术风险管理体系，确保项目的稳健运营。

4．管理风险

管理风险是指识别项目管理团队的能力、组织结构等可能对项目造成的管理风险。总结报告对管理风险的体现至关重要，它直接反映了项目在组织管理、决策执行等方面的能力和潜在问题。管理风险主要来源于管理流程的缺失、人员能力的不足、沟通协作的障碍以及决策失误等因素，对物流项目的顺利进行和最终目标的达成产生重要影响。

首先，总结报告应全面梳理项目在营运过程中遇到的管理风险点。这包括组织结构不合理、管理流程烦琐低效、人员配备不当、沟通不畅等问题。报告应通过实际案例和数据，对这些问题进行具体描述，揭示其对项目运营和管理的负面影响。

其次，总结报告应深入分析管理风险产生的原因和根源。对于每个管理风险点，报告应深入挖掘其背后的原因，如管理理念的落后、管理方法的陈旧、人员素质的不匹配等。这样的分析有助于项目团队更加深入地理解管理风险的本质，为制定有效的应对措施提供依据。

此外，总结报告还应关注管理风险对项目整体绩效的影响。管理风险不仅可能导致项目运营效率的降低，还可能引发成本增加、质量下降等问题，进而影响项目的整体效益。报告应通过对比分析，揭示管理风险与项目绩效之间的内在联系，为项目团队提供警示和借鉴。

同时，总结报告应提出有针对性的管理风险应对措施。针对识别出的管理风险点，报告应提出相应的改进措施和优化建议，如优化组织结构、简化管理流程、提升人员能力、加强沟通协作等。这些措施和建议旨在帮助项目团队提升管理水平，降低管理风险，确保项目的顺利进行。

最后，总结报告应强调管理风险管理的持续性和动态性。管理风险随着项目的进展和外部环境的变化而不断变化，项目团队应时刻保持警惕，加强对管理风险的识别和应对。报告应提醒项目团队建立健全的管理风险预警机制，及时发现和解决潜在的管理风险，确保项目的稳健运营。

5．财务风险

财务风险是指分析项目的资金筹措、成本控制等可能存在的财务风险。总结报告部分对财务风险的体现至关重要，它直接关系到项目的经济效益和财务健康状态。财务风险主要源于资金筹措、成本控制、收益预测以及现金流管理等方面的不确定性，对物流项目的稳定运营和长期发展有着重要影响。

首先，总结报告应详细分析项目在资金筹措方面的财务风险。这包括资金来源的稳定性、资金成本的合理性以及资金使用的有效性等方面。报告应通过数据对比和趋势分析，揭示项目在资金筹措方面的风险点，如资金短缺、融资成本过高等问题，为项目团队提供决策依据。

其次，总结报告应重点关注项目在成本控制方面的表现。成本控制是财务风险管理的关键环节，直接影响项目的盈利能力和市场竞争力。报告应详细分析项目在各项成本支出上的控制情况，如采购成本、运输成本、人工成本等，揭示成本控制方面存在的问题和不足，提出改进措施和建议。

此外，总结报告还应评估项目在收益预测方面的准确性。收益预测是项目决策的重要依据，对项目的财务稳健性至关重要。报告应对比实际收益与预测收益的差异，分析差异产生的原因，揭示收益预测中的不确定性因素，为项目团队提供风险预警和决策支持。

同时，总结报告应关注项目现金流管理的风险。现金流是项目运营的血液，现金流管理不善可能导致项目陷入财务困境。报告应分析项目现金流的流入和流出情况，评估现金流的稳定性和充足性，揭示现金流管理方面的潜在风险，提出加强现金流管理的措施和建议。

最后，总结报告应提出有针对性的财务风险防范和应对措施。针对识别出的财务风险点，报告应提出相应的风险防范策略，如优化资金结构、加强成本控制、提高收益预测准确性、强化现金流管理等。这些措施旨在降低财务风险，保障项目的财务稳健和可持续发展。

综上所述，总结报告通过详细分析资金筹措风险、成本控制风险、收益预测风险以及现金流管理风险等方面，全面体现物流项目在营运过程中的财务风险。

（三）风险评估

总结报告部分对风险评估的体现尤为关键，它是对项目运营期间所遇风险的全面回顾与深入分析，为项目未来的决策提供了重要依据。风险评估作为风险管理的核心环节，其目的在于识别潜在风险、分析风险发生的可能性及影响程度，并制定相应的风险应对策略。

第一，总结报告需详细列出物流项目在营运过程中所识别的各类风险，包括市场风险、技术风险、管理风险以及财务风险等。对于每一种风险，报告都会进行详细的描述和分类，使项目团队能够清晰地了解项目面临的风险种类和范围。

第二，总结报告需对各类风险的发生可能性和影响程度进行量化评估。通过采用合适的风险评估方法和工具，如概率影响矩阵、敏感性分析等，报告能够准确地评估各风险因素的潜在影响，为项目团队提供决策支持。

第三，总结报告需分析各风险之间的关联性和相互影响。物流项目中的风险往往相互交织、相互影响，形成一个复杂的风险网络。报告会揭示这些风险之间的内在联系和相互作用，帮助项目团队更加全面地把握风险状况。

在风险评估的基础上，总结报告会提出有针对性的风险应对策略和建议。针对不同类型的风险，报告会提出相应的风险规避、风险转移、风险缓解等策略，为项目团队提供具体的操作指导。同时，报告还会强调风险管理的持续性和动态性，提醒项目团队在运营过程中不断关注风险变化，及时调整风险管理策略。

第四，总结报告还会对风险评估的准确性和有效性进行反思和总结。通过对比实际风险发生情况与评估结果的差异，报告会分析评估方法的局限性和改进空间，为未来的风险评估工作提供借鉴和参考。

总之，总结报告通过详细列出风险种类、量化评估风险程度、分析风险关联性和相互影响以及提出风险应对策略等方式，全面体现物流项目在营运过程中的风险评估工作。

资料链接 5-4

交付，亦是托付

一、画外音

"09:28 浦东起飞，09:51 虹桥降落。"2024 年 3 月 2 日，交付中国东方航空的第 5 架飞机在客户指定区域安全降落后，作为中国商飞公司这架飞机交付经理的葛坚随即在内部工作群发布消息。

"请王宇交付经理上岗组队开展工作，邓磊继续留任计划主管，葛坚做好经验传递支持。"一架飞机交付结束，意味着下一架飞机交付工作的开始……

二、从客户身上学到了什么

"我们从飞机监造阶段就开始与客户接触，沟通工作远在客户入驻接收前几个月就已经开始。"中国商飞维修交付中心交付部交付计划室主任邓磊表示，交付工作与设计、制造、营销、客服都有关系，涉及全公司范围内工程、构型、质量、适航、试飞、工艺、采供、客服等 10 多个部门。

在维修交付中心副主任、交付部部长蔺西宏看来，交付工作的触角应该伸得更早、更深、更广，从飞机源头设计到制造工艺质量、文件，特别是客户关心的问题，都应该进行全过程管理，"我们要在客户到来的时候，保证飞机状态已经完好，交付资料已经齐备，这样飞机才会交得顺利"。他表示，工作往前延伸的另外一层意义在于，只有往根里挖，问题才会越来越少，飞机的品质才会越来越好，这不仅是对客户负责、对旅客负责，也是对公司负责。

在接收飞机时，航空公司往往会派出一个涵盖飞行、技术、运控、维修、放行、文件检查等多个专业 10 余人的接机团队。交付环节既是飞机设计制造与飞机运营维护两种思想的碰撞点，也是客户需求信息的收集点。交付团队人员必须稳稳地站在这个坐标点上，既要解答来自客户不同专业领域的提问，同时也要解决来自不同专业领域有关方方面面的问题。

从 ARJ21 到 C919，参与 127 架飞机交付的葛坚如此评价多年与客户相处的体会："我们从客户身上学习到很多，学会了倾听客户的声音，并将其反馈到设计、制造、试飞、客服等环节。与客户一起解决问题，让我们的飞机越来越好，也越交越顺。"

三、解决问题的"金钥匙"

2015 年 11 月，ARJ21 交付首家客户。2024 年，C919 加入交付序列。进入新阶段后，公司客户数量增加、批产提速、多型号并举。为保证"批文如期拿到、产品状态完好、客户如期而至、飞机顺利交付"，维修交付中心作为飞机交付的牵头部门，亮出一套"组合拳"。

在维修交付中心综合楼 422 室门上有一张醒目的公示牌"交付晚例会 16:30—17:30"，这是为每天协调解决交付问题专设的会议室。除了在会议室的线下参会人员，还有线上的参会人员，整个会议核心成员共有 40 余人。

交付工作晚例会自2020年5月开始启动，已经开了500余场。"坐在办公室独想全是问题，大家聚在一起讨论全是办法。"这是大家坚持开会的最深体会。

"定事不议事"，这是晚例会的基本原则。会上，通报飞机交付计划执行情况、检查行动项完成情况，汇报各架机状态和计划、问题和风险措施，各职能部门以及工程技术领航专班、采供物料补给专班、三大件专班、客户营销专班、飞机进口报关先遣专班、质量适航安全护航专班、女子行动队专班负责人将各自当日工作需要在会上协调的问题一一提出，如何解决，谁负责解决，什么时间解决，会议当场拍板决定。

除了抓管理、抓技术、抓文件、抓品质、抓节点，如何让客户在接机时有更好的体验，交付团队也想了很多办法。从纪念照合影背景的设置到接送客户车辆的安排，从会议室电视机的摆放到交付手册的优化，每个细微之处都被反复斟酌。

四、面对未来我们准备好了吗

一个交付团队，除了交付经理这个"总管家"，还包括计划主管、客户主管、检查主管、构型主管、技术主管、生产主管、质量主管、工艺主管、适航主管、采供主管、工程主管、试飞主管、客服主管、商务主管等十几名来自不同部门的成员。

蔺西宏表示，交付工作一环扣一环，一个环节出问题就会影响整个后续环节。交付团队每位成员各管一方，必须认真谋划、详细计划、主动对接、精心传递。"每个人之间的工作关系就像两根电缆对接，不仅要把电连接器对接拧紧，还要确保每个电连接器内的每根插针和插孔都能连接好，良好导通不虚接。只有这样，大家才能形成一个整体一个系统，才能保持整个团队工作稳定高效。"

未来已来，为迎接更多型号、更多的客户和更多的飞机，交付团队正在厉兵秣马、砥砺前行。

模块小结

本模块分两部分，分别对物流项目验收、验收评价、如何撰写物流项目总结报告进行了比较详尽的阐述。在第一部分首先对物流项目验收进行定义并阐述意义，介绍了物流项目验收的分类；继而介绍了物流项目验收的内容和程序，在此基础之上引入了验收评价的概念、程序，并且阐明了物流项目验收评价与决策管理的联系。本模块第二部分从语言的风格、数据的整理分析、图表附件运用等角度先概括介绍了物流项目总结报告的体例格式；然后介绍了总结报告中关于建设施工状况的部分、关于效益预测风险分析的部分。如上所述，以验收评价和总结为基础的物流项目收尾工作就完成了。

实训 5

课后练习

一、问答题

1. 物流项目验收有哪些程序？需要验收哪些内容？
2. 简单地讲一讲验收和验收评价有哪些联系和区别。
3. 物流项目总结报告为什么需要有一定格式方面的要求？
4. 物流项目建设施工阶段的总结和未来的效益分析各起到什么作用？

二、案例分析

山西科景昌物流有限公司综合物流园建设项目

一、项目名称

山西科景昌物流有限公司综合物流园建设项目。

二、建设地点

原平经济技术开发区。

三、开工时间

2020 年 8 月。

四、企业简介

公司于 2020 年 4 月注册成立，注册资本 1 亿元。经营范围为货物运输服务、工程机械施工租赁、新能源汽车配件生产销售、新能源技术开发等。

五、主要建设内容及规模

规划占地 300 亩。建设规模：物流配送能力 500 万 t/ 年；动力锂电池生产规模 8GWh/ 年（800 万度 / 年）；两座换电站（3 000kVA×2），每日供 400 台重型货车换电池。

六、原材料及工艺流程

先期建设换电站，购入电动运输汽车，开展物流服务。

七、总投资及资金来源

估算总投资 11.21 亿元，资金自筹。

八、产品市场及前景

开发区具有交通便利、货物流通量大的优势。公司与上海融和电科融资租赁有限公司、上海图远物流有限公司达成了新能源电动重型运输汽车合作协议，在三年内投入我公司运营1 000部新能源电动重型运输汽车，计划今年投放200部，同时开展新能源电池储能项目的研发、生产和应用。

九、效益分析

项目全部投产后，每年销售收入可达10亿元以上，可创税近亿元。

十、项目进展情况

已立项，土地已上报，正在建设生产厂房。项目建设工期为24个月。

十一、下一步打算

下一步建设充电站车间。

十二、存在的困难

无。

思考：

1. 鉴于以上介绍，该项目对应的物流项目部分有哪些？对应的验收评价和总结报告需要注意什么？

2. 考虑到未来电池的报废回收，你对项目二期有什么建议？

三、实训操作

请联系身边的菜鸟驿站，谈一谈驿站的验收评价如何进行，以及怎么写总结报告。

参 考 文 献

[1] 郭致星. 极简项目管理 [M]. 北京：机械工业出版社，2022.
[2] 周晓晔. 物流项目管理 [M]. 3 版. 北京：北京大学出版社，2024.
[3] 肖剑皓. 零基础轻松学项目管理 [M]. 北京：化学工业出版社，2022.
[4] 杨新凤. 物流工程项目管理 [M]. 北京：机械工业出版社，2022.
[5] 斯科特. 项目管理 5.0[M]. 彭相珍，译. 北京：中国青年出版社，2020.
[6] 任康磊. 小团队项目管理 [M]. 北京：人民邮电出版社，2022.
[7] 刘毛华. 项目管理基础工具 [M]. 北京：化学工业出版社，2023.
[8] 魏炜，张振广，朱武祥. 商业模式的经济解释 [M]. 北京：机械工业出版社，2024.
[9] 魏炜，朱武祥. 发现商业模式 [M]. 北京：机械工业出版社，2024.
[10] 魏炜，张振广，朱武祥. 超越战略 [M]. 北京：机械工业出版社，2024.
[11] 坎贝尔 K，坎贝尔 M. 一页纸项目管理 [M]. 周秋泽，译. 北京：东方出版社，2008.
[12] 冯银川. 仓储管理实战 [M]. 北京：人民邮电出版社，2023.